魏都・洛陽から倭都・邪馬台国へ

―『親魏倭王』印の旅―

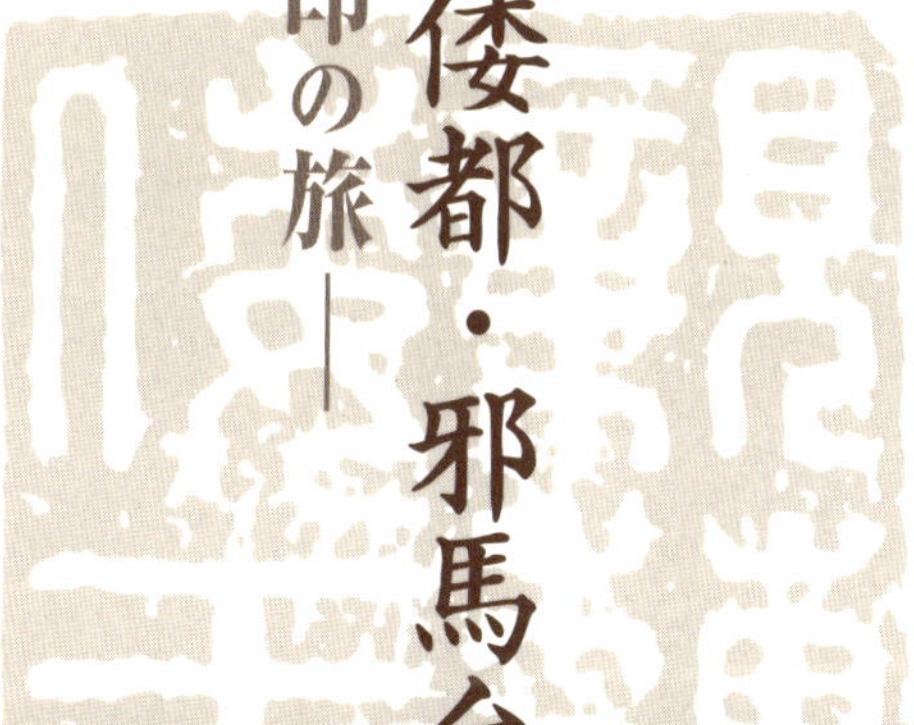

石野 博信 編

石野 博信・来村多加史・高久 健二
久住 猛雄・福永 伸哉・東 潮
藤井 康隆・井上 主税・森岡 秀人
著

雄山閣

はじめに
――ふたかみ邪馬台国シンポジウムの展開と完了――

元・香芝市二上山博物館友の会「ふたかみ史遊会」
会長　木原正昭

新世紀初頭二〇〇一（平成一三）年から始まった「ふたかみ邪馬台国シンポジウム」は当時香芝市二上山博物館館長であった石野博信先生の主導のもと二〇一七年まで一七回にわたり開催してまいりました。

二上山博物館友の会「ふたかみ史遊会」は二上山博物館と共催という形態を取り、例年最大の行事として全国に発信し、毎年多くの邪馬台国ファンが香芝市に足を運びました。

ふたかみ邪馬台国シンポジウム開催の概要は次の通りです（詳細は巻末の表参照）。

開催期間…二〇〇一年～二〇一七年　一七回
開催日数…延三二日　第一回と第一七回は一日　ほかは二日間
発表者数…延一五五名（誌上参加を含む、最小六名・最大一三名）
聴講者数…延約八〇〇〇名（一日平均二五〇名で三二日）

対象地域…近江・吉備・出雲（山陰）・越（北陸）・筑紫・東部瀬戸内・北近畿・摂河泉・西部瀬戸内・東海・南九州・各地クニグニ・関東・甲信・みちのく・対馬壱岐

二〇一六年は韓国南部にあったとされる狗邪韓国も対象とし、最後の二〇一七年は「魏都・洛陽から『親魏倭王』印の旅、楽浪・帯方・三韓から邪馬台国へ」と邪馬台国シンポジウムの最後を飾ることになりました。

このシンポジウムの特徴は「邪馬台国時代の〇〇と大和（近畿）」として、邪馬台国時代前後の各地域と大和や近畿の文化を比較検討することにあり、各地域に精通した研究者の先生方をお招きし、発表を受けシンポジウムで議論することにあります。

毎回、講師の先生から原稿をいただいて資料集を刊行しました。一七回のうち二上山博物館編集で一〇回、ふたかみ史遊会編集で七回刊行し、資料集には新たな情報が含まれていて邪馬台国ファンには人気の冊子となりました。

また、二〇一〇年までに記録集として『邪馬台国時代のツクシとヤマト』『邪馬台国時代の阿波・讃岐・播磨と大和』『邪馬台国時代の丹波・丹後・但馬と大和』『邪馬台国時代の東海と近畿』を二上山博物館編で刊行され、二〇一二年以降の記録集についても『邪馬台国時代のクニグニ南九州』『大集結邪馬台国時代のクニグニ』『邪馬台国時代の関東』をふたかみ史遊会編として刊行いたしました。

これは書き起こしを村下正憲氏（元会員）、編集を丸山照夫氏（元副会長）の協力によるものです。

はじめに

二上山博物館は二〇一七年四月から指定管理者の運営する博物館になり、ふたかみ史遊会は従来通りの事業運営が困難と判断し二〇一七（平成二九）年三月末をもって解散いたしました。邪馬台国シンポジウムの対象地域が日本列島を大略網羅できたことも区切りとなりました。ふたかみ史遊会は解散しても邪馬台国シンポジウムのの成果は邪馬台国ファンの記憶に残るであろうと確信しています。

今回、石野博信先生が「ふたかみ邪馬台国シンポジウム」を総括する意味で本書を刊行されることになり喜んでいます。

一七回のシンポジウムで多くの講師先生方、そして多くの関係者の皆様には大変お世話になりありがとうございました。

目次

魏都・洛陽から倭都・邪馬台国へ

―『親魏倭王』印の旅―

目次

第6章 三世紀の宗像・沖ノ島と大和・三輪山祭祀

序章

倭国から漢・魏洛陽城への憧憬

石野博信

1　はじめに

夕景の中に土城が浮かぶ、土城の幅二〇メートル余。西暦二三九年の秋、ここに倭国の遣魏使一行が到着した。

倭国を出発して六ケ月余り、帯方郡司の案内のもと、ようやく倭使・難升米一行が魏都・洛陽に到着し、数日後に魏皇帝・明帝に謁見し、ここに魏・倭の国交が開始した。

二〇〇九年一一月五日、一七時二五分、倭の都の二上山麓のふたかみ史遊会一行は漢魏洛陽城に到着した。まさに洛陽の落陽の時だった。ポプラ並木の向うに夕日が沈んでいった。

それより前、倭の使節団は朝鮮半島西岸中央にある帯方郡庁で魏王朝への表敬訪問の趣旨を説明して、仲介を依頼し、数日、滞在して水や食料の補給を行ったであろう。

当時の帯方郡庁の所在地は諸説あるが、ソウル近郊の夢村土城もその一つで、二〇一五年一一月に訪れたときは土城外堤の一部を発掘調査中だった。土城は南北約一五〇〇メートル、東西約三〇〇メートルで、漢江沿いに築かれている。土城の外側には基底幅四三メートルの土塁がめぐり、土塁の外側に接して幅約一五メートルの堀がある。少なくとも遣魏使一行は半島西岸を北上し、漢江をさかのぼって夢村土城に入ったのであろう。

調査員の方に倭系遺物の有無をお聞きした。〝倭系のものはないが、魏を含む中国系の土器などは多量にある〟という。

宿舎は洛陽賓館。夕食後のミーティングでは邪馬台国九州説vs大和説が魏都で交錯した。私がはじめて洛陽を訪れた一九八二年一一月の印象を交えながら。

一九九二年四月にオープンする香芝市二上山博物館に以前に北京大学考古系資料室で見た洛陽付近出土の西晋時代（二六四〜三一六）の武人俑をモデルに等身大に復元して、館前に飾ることとなり、一九九一年一二月に急遽、北京に向った。

何故、武人俑なのか。それは市内の別所城山二号墳出土の四世紀の札甲《さねよろい》と類似する甲《ヨロイ》を伝洛陽出土の武人が着用しているからだった。西晋初期のA.D.二六六年には、倭国の使者が洛陽に派遣されており、のちに同博物館で始まる邪馬台国シンポジウムにふさわしい武人像となった。

伝洛陽出土の武人俑は、高さ六五センチの土製品で、三世紀の中国北方民族の顔とよく似ている、と同行の蘇哲さん（北京大学OB、橿原考古学研究所留学生）が教えてくれた。帰国後、奈良市の石工、佐野勝治さんに依頼して二上山産凝灰岩で等身大で作成した。石材の採掘から加工まで予算ゼロで、すべて佐野工業の寄贈となり、香芝市長の感謝状だけで作成して頂いた。結果としては二〇〇一年の

第一回邪馬台国シンポジウムから二〇一七年三月二五日の第一七回の最終シンポまでの一七年間を洛陽の石人が見守ってくれていたこととなった。

漢・魏の頃、洛陽の関門に立つ仏たち
伊河のほとり　冷々として石灰岩の肌　窟の中に仏たちは立つ
真中のみ仏は柔和に　脇侍は丸顔　両端には阿吽の呼吸
岩壁を山のように抉《えぐ》り　仏たちが城を造る
かつて漢・魏の頃　ここは洛陽の関門　たびたび戦さがくり返された
そこに仏たちが立つ　紺碧の流れを追って
人が造るもの　時には人を超える
一九九一年一二月二一日　漢・魏　洛陽城の故地にて

2　はじめての中国考古の旅へ

私が、はじめて中国を訪問したのは一九八二年八月だった。奈良県立橿原考古学研究所では一九七九年以来、中国への留学生を派遣しており、同留学生視察の名目で中国の大阪総領事館に申請書を提出し、当時としては一ケ月というスピードで実現した。到着後、橿原考古学研究所末永雅雄所長から北京大学考古系主任教授宿白先生への招聘状を北京大学学長と教育部外事局長に提出し、後年、実現した。

八月二二日、北京大学学生寮で中国第一夜を迎えた（素泊一〇元＝一四〇〇円）。学生食堂の夕食は一人一元（一四〇円）。

翌二三日、中国国内旅行の手続きをすませ、午後、社会科学院考古研究所を訪問し王仲殊所長をはじめ、安志敏教授や島党書記にごあいさつのあと、同研究所の考古陳列室を見学した。

その時の失敗。室内の床に青銅製の大きな鼎が置いてあった。安先生に〝持ってよろしいでしょうか？〟とお尋ねし〝どうぞ〟ということで持ったとたんに予想以上に重たく、あわやおとしそうになった。日本国内ではどこへ行っても重量感を味わおうとするクセがあり、それがここでも出てしまった。〝おとして壊したら〟と思うとおそろしい。

夕方、歴史研究所の王向栄氏宅を訪問し、ご一緒に北京飯店で食事となった。王先生は〝邪馬台国〟にも詳しい方で中国の研究者の現況を学んだ。

翌二四日夜のノート
「人間に会いすぎ、いささかばてる。自分の経費で、ナゼここまで動かないかんのか。世のため、人のため、研究所のためならエーンヤコラ！」

以下、二六日まで北京市内と郊外の遺跡などを見学したあと、西安への二一時間の列車の旅となった（二等寝台六五元＝七〇〇〇円）。車内の弁当は紙箱におかずをのせたメシ。結構喰えた。車窓から黄土の崖に穴を掘った住居・農小屋・墓などが見えかくれした。同行の河上邦彦君（橿原考古学研究所からの留学生）によると河南省や陝西省に多いという。西安までの車窓からは水田はほとんど見えず、トウモロコシ畑が続いていた。洛陽の手前では数一〇キロの範囲が水害で全滅していた。午後四時三〇分、西安着。夕食のあと友誼飯店で小さな木魚や土鈴を買い、外国人専用店では五銖銭や半両銭など一枚〇・五元で購入した。

3　古都、西安へ

陝西省博物館や碑林を見学したあと西安市街を散歩。鐘楼近くの店で食べたブタマンのようなマントウ（包子）と汁ソバがうまかった（九角六分）。午後は始皇帝陵に登ったり発掘中の華清池で楊貴妃が入浴したという塼敷の浴槽などを見学し、半坡博物館へ。

日本の縄文時代に相当する仰韶文化期の集落遺跡全体を屋根で覆う。円形・方形の竪穴住居群を環濠で囲み、土器には「↑」や「三」などの記号文がある。

大明宮含元殿と昭陵博物館へ。昭陵古墳群は突厥や鉄勒などの少数民族の墓を含んでいるが葬法は唐風で区別は難しい、という。日本列島でも弥生・古墳時代に中国・韓国からの渡来人が在住していたが、埋葬施設からの弁別は難しい。

4　華南の遺跡と倭

浙江省博物館で河姆渡遺跡の展示物に圧倒された。ずらりと並ぶ骨耜（鋤）などによる水稲栽培文化が揚子江流域でB.C.六七〇〇～六三〇〇代に行われていたという。展示説明の歴年代に気がつかず、日本で言えば弥生時代に相当する文化だと思いながらメモをとったりしていて、歴年代に気づいてびっくり。中国、黄河流域のアワ・ヒエ文化とは別に揚子江流域にはコメ文化があったのだ。日本列島の縄文時代の頃に。ノートには「時期は縄文時代で内容は弥生時代。コメあり、石包丁あり、骨製クワあり…」と。

紹興の街並みを歩く。クリークには石橋がかかり船が行き交う。建物の一階はレンガ壁を白壁とし、二階は木造。船でドジョウやフナなどを売り歩いていた。水郷の風情だ。物売りが並ぶ通りに出ると木実・リンゴ・着物・金物・くつ直し・鉄砲打ちゲームなどの出店が続く。大通りは人と自転車のベルとクラクションが交錯。路地に面してトイレあり。歩き疲れて宿舎へ。

高校生の頃、世界史で「夏・殷・周」と習った中国・始祖王の一人・禹陵に向う。禹廟には巨大な禹像があり、大禹陵碑が立つ。とたんに、こちらも伝説上の始祖王・神武天皇陵を思い出した。どこの国も同じだ。昨夜の宿舎・紹興飯店近くの府山に登ったら漢代の土器片が落ちていた。

午後、紹興市内を散歩。八一橋付近のクリークでは魚売りの小舟が行き交っている。気がついたら船頭は足で櫓をあやつり、手で櫂を漕いでいる。八一橋西方の西施山の戦国期の遺跡には基壇があり、青銅器などが出土しているとのことで出かけたが紹興銅鉄工場になっていて今はなにもない、と守衛さんが言っていた。

寧波近郊の農村へ向う。水田に面したクリークには石桶があり揚水器で田に水を入れていた。おそらく以前は水車で揚水していたのだろう。道路やクリークに面して、よくトイレが眼につく。たぶん、肥を田畠に運びやすく考えた立地だろう。そう言えば、漢代墳墓出土の明器には水田に接してトイレが造られており、長い永い伝統なのだ。水田横の扉もないトイレでしゃがんでいる人もいた。

月湖の公園では、胡弓や木琴を持った楽人たちが七人ほど人々に囲まれて演奏していた。皆んな楽しそうだ。反帝橋のたもとに船がたくさん停泊していた。竹を編んだ全長七～八メートルの船に夫婦らしい大人と子供がおり、ナベ・カマが並んでいる。家船で漂海民・蛋民《たんみん》という人々らしい。かつて瀬戸内海など日本列島沿岸にも同じ風景があったらしい。

市内に戻って鼓楼に行った。鼓楼は太鼓で時を知らせる施設で古代日本では奈良県明日香村の水落遺跡がある。今は、鼓楼の上には時計台が造られていた。

午後、寧波から汽車で上海に向う。七時間余り。車窓からのんびり外を眺めていたらクリークに沿って人が一人、前かがみになって歩いていた。気がついたら三〇～四〇メートル後のクリーク内に舟が浮かんでおり、じっと見たら人と舟はロープでつながっている。曳舟だ。とたんに奈良県在住の船曳さんを思い出した。奈良盆地南端の御所市の山間には地名・船路があり、弥生時代前期には和歌山市周辺を故地とする土器片が御所市鴨都波遺跡などから出土している。むかしむかし、和歌山の人々が紀ノ川・吉野川をさかのぼり、峠をこえて奈良盆地に水稲農耕を伝えた、と想像がふくらむ。

クリーク沿いを前かがみに歩く人に気が付いてから注意していたら、このあとも時々みかけるようになった。曳舟は普通のことらしい。寧波は会稽郡だった。『魏志倭人伝』には、倭は「会稽の東冶の東にある」という。寧波沖合いの舟山列島にはかつて帆船が停泊し、風に乗れば一週間で日本列島に到着できた、という。

上海市博物館へ。西周時代の青銅製クシ、長沙、渕城橋、春秋墓の皮甲、商代・春秋期の青銅器鋳型（土型）などのメモの次に東漢（後漢）代の三角縁神獣鏡（径一九センチ）と三角縁竜虎鏡（径二〇センチ）各一面のメモ図がある。河上見解は〝日本流の三角縁神獣鏡ではない〟という。

午後は河上君と別れて浦江遊覧船に乗った。長江河口までの往復三時間半。帆をはったジャンクが往来する。長江の水は黄茶色だが、いつもなのか雨のためか不明。かすかに長江の対岸がみえた。三世紀の魏使が瀬戸内海を運行したとしたら、多分、長江よりせまい川だと思ったのではないか？と川面を眺めながら想像して、旅を終えた。

朝鮮半島の小型丸底壺

一九七三年八月、森浩一さんらとはじめての韓国遺跡めぐりのとき、高麗大学の考古資料陳列室で熊川貝塚出土の小型丸底壺（坩）をみて驚いた。一九七一年以来の奈良県纒向遺跡の多量の弥生末・古墳初の土器を整理しつつあった時期で、韓国にもあるのかという思いだった。その後、府院洞遺跡などでも検出され、朝鮮半島と日本列島の三・四世紀の土器の併行関係をたどる契機となった。まさに布留1式（三世紀末～四世紀前半）に併行すると感じた。

5　倭の遣魏使洛陽に至り、答礼使倭国に来たる
――『日本書紀』神功三九年・四〇年・六六年の怪――

日本書紀神功皇后

三九年。是年《ことし》、太歳己未《つちのとのひつじ》。魏志《ぎし》に云《い》はく、明帝《めいてい》の景初《けいしょ》の三年の六月、倭《わ》の女王、大夫《たいふ》難斗米等を遣《つか》わして、郡《こほり》に詣《いた》りて、天子に詣らむことを求めて朝献す。太守《たいしゅ》劉夏、吏《り》を遣《つかは》して将《ゐ》て送《おく》りて、京都《けいと》に詣《いた》らしむ。

四〇年。魏志に云はく、正始《せいし》の元年に、建忠校尉梯携等《けんちゅうかうゐていけいら》を遣《つかは》して、詔書印綬《せうしょいんじゅ》を奉《たてまつ》りて、倭国《わのくに》に詣《いた》らしむ。

六六年。是年《ことし》、晋《しん》の武帝《ぶてい》の泰初《たいしょ》の二年なり。晋の起居《ききょ》の注に云《い》はく、武帝の泰初の二年の一〇月に、倭の女王、譯《をさ》を重《かさ》ねて貢献《こうけん》せしむといふ。

（坂本太郎・家永三郎・井上光貞・大野晋校注日本古典文学大系『日本書紀』上、一九六七、岩波書店）

飛鳥時代の邪馬台国論争

これによって日本書紀の編者が魏志倭人伝を読んでいたことがわかる。
編者は神功を卑弥呼に想定しているらしい。ところが神功の出身地と動向に二つの邪馬台国が見え隠れする。

○『書紀』の大和説

神功は気長足姫《おきながたらしひめ》であり、気長氏は近江を本拠とし、和邇《わに》氏と密接な関係にある。そして、大和での和邇氏の根拠地は天理市和邇下神社付近にある。そこには四世紀後半の長突円墳（前方後円墳）である東大寺山古墳があり、卑弥呼即位年に近い後漢の年号「中平」銘（一八四〜一八八）を刻む鉄刀を保有する。ここに書紀編者の大和説が垣間見える。

○『書紀』の九州説

他方、神功は「三韓出兵」のあと筑紫で応神を生み、応神とともに大和に入る。その折、大和北部の豪族、忍熊王らと戦って勝つが、まるで卑弥呼東征、邪馬台国東遷説である。

飛鳥、奈良時代にも邪馬台国論争があり、書紀編纂時にも決着がつかなかった。そのため二説併論の形をとらざるを得なかったのではないか。

そしてこの時、すでに国家意識が芽生えており、倭人伝の「下賜」や「生口」などの倭を下位とする記事や「卑弥呼」などの卑字は引用していない。

その上、書紀引用の年紀には奇妙なことがある。さきに示したように神功三九年（景初三年）に倭の女王が魏に遣使し、同四〇年（正始元年）に倭国に帰国したと記している。景初と正始の年号は魏志の通りであるが、景初三年は西暦の二三九年であり、正始元年は二四〇年である。書紀編者は西暦を知っていた？

つまり、西暦の二〇〇年代であることを省略して、『倭人伝』記載の魏の景初三年、正始元年と西晋の泰始二年を神功三九年・四〇年・六六年におきかえている。

もしかしたら、書紀編者は神功を女王・卑弥呼、応神を「男弟」に当てているのだ。さらに考えを広げると、書紀編纂段階の天皇は「天武」であり、完成したときの天皇は「天武」の皇后である「持統」であることに気がつく。「持統」は書紀編纂担当の舎人親王から『日本書紀』稿本の説明を受けたとき、伝説上の神功・応神の物語に加えて、自身を「卑弥呼」に、天武を「男弟」になぞらえ、ほほえんだかもしれない。

『古事記』・『日本書紀』には「卑弥呼」も「男弟」も登場しないが「持統」の脳裏には「壬申の乱」以来「天武」と共に進めてきた国土統一の日々がよみがえり、『日本書紀』をみやげに野口王墓（天武天皇陵）への合葬のひとこまに加えた、と想像するのも娯しい。

第1章 三世紀の魏都・洛陽と倭

来村多加史

1　三段落に分かれる「魏志倭人伝」

来村でございます。今日が十七年間続いたシンポジウムの最後ということで、できるだけ柔らかく進めたいと思います。

資料集の他の先生方の内容を拝見しておりますと、いずれも「魏志倭人伝」をお話のベースにされていますので、私は「魏志倭人伝」のおさらいをする役目と心得まして、務めさせていただきます。表1の「魏志倭人伝」の書き下し文をご覧ください。洛陽につきましては、そのつど付け足してまいります。

一般に「魏志倭人伝」と言いますのは、通称と言いますか、俗称でして、正式に言えば、『三国志』の「魏志」の「烏丸・鮮卑・東夷伝」の一段落です。その段落は「倭人」という言葉から始まりますので、「倭人伝」と言われるのです。分量はけっこうたっぷりとありまして、漢字にして二〇〇〇字余りです。ひらがなを交えて二〇〇〇字でしたら、それほどたいした量ではありませんが、漢字ばかりの二〇〇〇字は、内容的に凄く濃い。ですから、卑弥呼がいた時代の邪馬台国の様子がよくわかります。

二〇〇〇字の文章は大体三等分されていまして、第一段落は、皆さんが関心をお持ちの邪馬台国までの里程といいますか、行程です。距離と方向で示されています。第二段落は、当時の倭人たちの社会、風俗などで、彼らがどのような生活をしていたのか記しています。そして、第三段落には卑弥呼を交えた歴史が記されています。

2　「魏志倭人伝」第三段落を読む

今日のシンポジウムは歴史的な話しがメインになりそうですので、一段落目と二段落目は省きまして、三段落目からお話ししましょう。それが表1の書き下し文です。読み上げながら説明をしてまいります。

表1　卑弥呼の遣使と豪華な贈答品―「魏志倭人伝」書き下し文―

（1）　難升米たちが吏将に連れられて洛陽まで行く

景初二年六月　倭女王遣大夫難升米等　詣郡　求詣天子朝獻　太守劉夏　遣吏將　送詣京都

景初《けいしょ》二年（三の誤りで、二三九年とするのが定説）六月、倭の女王大夫難升米《なしめ》らを遣《や》り（帯方）郡に詣《いた》らせ、天子に詣《まみ》えて朝献《ちょうけん》するを求めしむ。太守劉夏《りゅうか》、吏将《りしょう》を遣《や》りて京都《けいと》（洛陽）に送詣《そうけい》せしむ。

（2）　魏斉王の詔1―卑弥呼からの貧相な献上品―

其年十二月詔書報倭女王曰　制詔親魏倭王卑彌呼　帶方太守劉夏遣使　送汝大夫難升米

次使都市牛利　奉汝所獻男生口四人　女生口六人　班布二匹二丈以到

その年の十二月、詔書《しょうしょ》もて倭の女王に報《むく》いて曰く、「詔《みことのり》を親魏倭王《しんぎわおう》なる卑弥呼に制《つく》る。帯方太守劉夏《りゅうか》、使《つかい》を遣りて汝《なんじ》が大夫難升米《なしめ》、次使都市牛利《としぬり》を送り、汝が献ぜしところの男生口四人、女生口六人、班布《はんぷ》二匹二丈を奉《たてまつ》り、以て到らしむ。

※一匹＝二丈（約五メートル）の反物×二巻　二匹二丈＝五メートルの反物五巻

（3）魏斉王の詔2―卑弥呼に贈られた親魏倭王の金印紫綬―

汝所在踰遠　乃遣使貢獻　是汝之忠孝　我甚哀汝　今以汝爲親魏倭王　假金印紫綬
裝封　付帶方太守假授汝　其綏撫種人　勉爲孝順

汝の所在《すまい》は踰《こ》ゆるに遠し。乃ち使を遣わし貢献《こうけん》すは、是《こ》れ汝の忠孝《ちゅうこう》なり。我れ甚《はなは》だ汝を哀《いつく》しむ。今、汝を以て親魏倭王となし、金印紫綬《きんいんしじゅ》を假《か》す。装封《そうふう》し、帯方太守に付けて汝に假授《かじゅ》す。それ種人《しゅじん》を綏撫《すいぶ》し、勉《つと》めて孝順《こうじゅん》をなせ。

（4）魏斉王の詔3―難升米と都市牛利に贈られた銀印青綬―

汝來使難升米牛利涉遠道路勤勞　今以難升米爲率善中郎將　牛利爲率善校尉
假銀印青綬　引見勞賜遣還

汝が来使なる難升米《なしめ》と牛利《ぬり》は、渉《わた》ること遠く、道路《みちみち》勤労なり。今、難升米を以て率善中郎将《そつぜんちゅうろうしょう》となし、牛利もて率善校尉《そつぜんこうい》となし、銀印青綬《ぎんいんせいじゅ》を假《か》し、引見《いんけん》し労賜《ろうし》し、遣りて還す。

（5）魏斉王の詔4―献上品に見合う通常の贈答品―

今以絳地交龍錦五匹　絳地縐粟罽十張　蒨絳五十匹　紺青五十匹　答汝所獻貢直

今、絳地交龍錦《こうちこうりゅうきん》五匹、絳地縐粟罽《こうちすうぞくけい》十張、蒨絳《せんこう》五十匹、紺青《こんせい》五十匹を以て汝が献ぜしところの貢《みつぎ》の直《あたい》に答う。

（6）魏斉王の詔5―銅鏡百枚を含む特別な贈答品―

又特賜汝紺地句文錦三匹　細班華罽五張　白絹五十匹　金八兩　五尺刀二口　銅鏡百枚　真珠鉛丹各五十斤

また特に、汝に紺地句文錦《こんちこうもんきん》三匹、細班華罽《さいはんかけい》五張、白絹《はっけん》五十匹、金《こがね》八両、五尺刀《ごせきとう》二口、銅鏡百枚、真珠《しんじゅ》・鉛丹《えんたん》おのおの五十斤を賜う。

（7）魏斉王の詔6―贈答品の意味―

皆裝封　付難升米牛利　還到録受　悉可以示汝國中人　使知國家哀汝故　鄭重賜汝好物也

みな装封《そうふう》し、難升米と牛利に付く。還り到らば録受《ろくじゅ》し、悉《ことごと》く以て汝が国中の人に示し、国家の汝を哀《いつくし》むがゆえに、鄭重《ていちょう》に汝に好物《こうぶつ》を賜《たま》いしを知らしむべし」とのたまう。

（8）難升米たち倭国へ帰り、魏使が卑弥呼に詔書と贈答品を渡す

正始元年　太守弓遵　遣建忠校尉梯儁等　奉詔書印綬　詣倭國　拝假倭王　并齎詔賜金帛錦罽刀鏡采物　倭王因使上表　答謝恩詔

正始《せいし》元年（二四〇年）太守弓遵《ゆうじゅん》、建忠校尉《けんちゅうこうい》の梯儁《ていしゅん》らを遣《や》り、詔書《しょうしょ》と印綬《いんじゅ》を奉じ、倭国に詣《いた》り、倭王に拝假《はいか》し、并せて詔賜《しょうし》の金《こがね》・帛《きぬ》・錦《にしき》・罽《ちじみ》・刀《かたな》・鏡《かがみ》・采物《さいぶつ》を齎《もたら》さしむ。倭王、使《つかい》に因《よ》りて表《ひょう》を上《たてまつ》り、恩詔《おんしょう》に答謝《とうしゃ》す。

（9）正始四年の朝貢

其四年　倭王復遣使大夫伊聲耆掖邪狗等八人　上獻生口倭錦　絳青縑　緜衣帛布丹木拊　短弓矢　掖邪狗等　壹拝率善中郎將印綬

その四年（二四三年）、倭王また大夫の伊聲耆《いせき》・掖邪狗《えやく》ら八人を遣使し、生口《せいこう》・倭錦《わきん》・絳青縑《こうせいれん》・緜衣《めんい》・帛布《はくふ》・丹木𤝔《にぼくふ》・短弓矢《たんきゅうし》を上献せしむ。掖邪狗《えやく》ら壹《ひと》ごとに率善中郎《そつぜんちゅうろう》将の印綬を拝す。

（10）難升米に贈られた黄幢

其六年　詔賜倭難升米黄幢　付郡假授

その六年（二四五年）、詔もて倭の難升米に黄幢《こうどう》を賜い、郡に付けて假授《かじゅ》す。

（11）狗奴国と交戦状態にはいり、魏より応援が駆けつける

其八年　太守王頎到官　倭女王卑彌呼　與狗奴國男王卑彌弓呼　素不和　遣倭載斯烏越等　詣郡　説相攻撃状　遣塞曹椽史張政等　因齎詔書黄幢　拝假難升米　爲檄告喩之

その八年（二四七年）太守王頎《おうき》、官に到る。倭の女王卑弥呼、狗奴《くな》国の男王卑弥弓呼《ひみゆこ》と素《もと》より不和なり。倭に載斯《さいし》・烏越《うえつ》らを遣り、郡に詣《いた》り、あい攻撃《こうげき》するの状《さま》を説《と》かしむ。塞曹掾史《さいそうえんし》の張政《ちょうせい》らを遣り、因《よっ》て詔書と黄幢を齎《もた》らし、難升米に拝假《はいか》し、檄《げき》をつくり、これを告喩《こくゆ》せしむ。

（12）女王壹与の朝貢

壹與遣倭大夫率善中郎將掖邪狗等二十人　送政等還　因詣臺　獻上男女生口三十人　貢白珠五千孔青大句珠二枚異文雜錦二十匹

壹与、倭の大夫率善中郎将掖邪狗《えやく》ら二十人を遣わし、政らの還《かえ》るを送り、因《よっ》て台（朝廷の役所）に詣《いた》り、男女生口三十人を上献し、白珠《はくじゅ》五千、孔青大句珠《こうせいだいこうしゅ》二枚、異文雑錦《いもんざっきん》二十匹を貢《みつ》がしむ。

（1）「景初二年六月、倭の女王、大夫難升米らを遣り、郡に詣らせ天子に詣えて朝献するを求めしむ。大守劉夏、吏将を遣りて京都に送詣せしむ」と読みます。漢文の読み方は人それぞれで、書き下しは、どのように漢文の意味をとるかによって違ってきます。「私はこのように意味を採りました」ということで、人によって違う所は、それがその人の考えであると、ご理解下さい。

突然ですが、自己紹介を忘れておりました。皆さんは、網干善教先生をご存じですね。あの高松塚古墳を発掘調査された先生でして、私は弟子でございます。私は、大学に入る時から中国の考古学をやろうと決めておりまして、その後、日本と中国の考古学を勉強してまいりました。中国にも一年半行ってきまして、皇帝陵とか都城などを単独踏査してまいりました、というような経歴です。

中国の考古学をしておりましたら、文献を勉強しないと研究にはならない。あちらの考古学の先生は驚くほど文献に明るく、私の北京大学の先生は宿白先生でしたが、文献に精通され、どの時代の話しを持ちかけましても、「このような史料があるよ」と、頭の中から引き出される方でした。それなら私も文献を読まなければ、ということで、歴史学者の真似事をしています。

余談になりましたが、表の（1）に戻ります。冒頭の「景初二年」ですが、別の書物には「景初三年」と書いたものもあります。「景初二年」は西暦二三八年でして、魏に歯向かう公孫氏が中国の東北で勢力をもっていた時ですので、朝鮮半島から陸路で魏へは進めない。その公孫氏が滅ぼされて、次の年が二三九年に当たりますので、状況からして、景初三年がよいのではないかと考えられています。

「倭の女王」は卑弥呼のことです。「難升米」の読み方は様々で、漢音では「ナンショウベイ」とも読めますが、昔から日本風の「ナシメ」という読み方が定着していますので、長いものに巻かれて、私も「ナシメ」と読みます。この人は、今で言えば、大臣に相当するような人物です。そういう要人が自ら魏へ出向いて行ったわけです。気合が入っていますね。

「郡に詣らす」の「郡」は帯方郡であり、それまでの小国の使者は、帯方郡とか楽浪郡でお勤め終了でしたが、この時の使者は非常に大事な役目をもっていましたので、帯方郡で追い返されてはなるものかと、「首都の洛陽まで行かせてください」とお願いしたようです。「天子に詣えて朝献するを求めしむ」と記されるのは、そういうことを物語ります。都へ行くのが難升米たちの役目であったのです。

「太守」は、郡の長官です。長官の劉夏が「吏将を遣りて」というところがポイントでして、「吏将」の意味をしっかりとつかんでおくことが大事です。お役人は二通りあります。一つは文官であり、いわゆる行政官です。もう一つは軍官であり、いわゆる軍事をつかさどる役人です。文官と軍官がいて、初めて役人の組織が成立するのです。このとき劉夏は「吏将」、つまり文官と軍官を難升米たちに付けて洛陽まで送り届けたのです。文官を連れて行かないと、図1のように、諸郡の役所あるいは招待所みたいな所に泊る際に困ります。自分たちの身分と目的を告げるためには、文官、つまり行政官が必要なのです。一方で、公孫氏が滅ぼされたといっても、まだまだ国内には不穏な空気がありますので、難升米たちを守るという意味においても、武官が必要だったのです。それと、異国の人に国

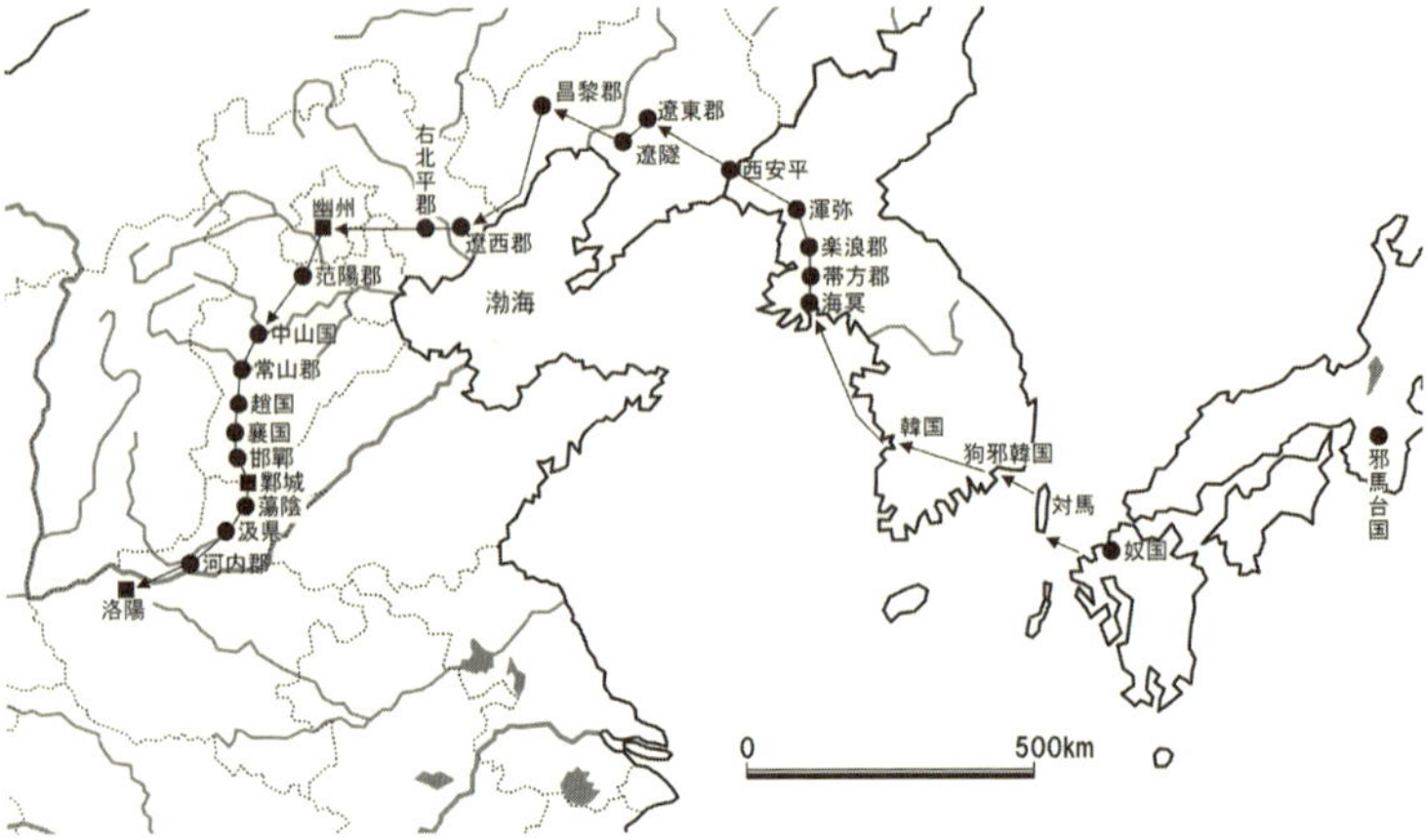

図１　倭使がたどった道（来村作成）

帯方郡（黄海北道鳳山郡沙里院）—65km—楽浪郡（平壌市）—250km—西安平（丹東市）—220km—遼東郡（遼東市）—430km—遼西（秦皇島市）—300km—幽州（北京市）—750km—洛陽（洛陽市）

内を勝手に動き回られても困るということで、彼らは監視の役目も担っていました。「京都」というのは、ここでは洛陽です。そこまで送り届けたということです。

次に「魏の斉王の詔」と書いておりますが、「斉王」はこの時はまだ幼少で、とても詔書を書けるような年齢ではありません。ですので、斉王の名で朝臣たちが書いたものです。成人したのちも、皇帝が自分で文を考えることは滅多にありません。詔書を作る役所がありますので、そういう所で作って形式的に皇帝に見せるわけです。これは斉王が卑弥呼に宛てた手紙ですが、詔という形で綴られています。

（２）「その年の十二月、詔書をもて倭の女王に報いて曰く」とありますが、難升米たちが派遣された時は六月でしたので、詔書をもらうまで半年もかかっていますね。よく朝貢外交という言葉が使われますが、使者には必ず役目がありまして、元旦の朝賀の儀に臨席しなければいけません。元旦に外国の使者を一堂に集めて、皇帝の面前に並ばせる儀式です。もちろん、諸国の使者がそれぞれの貢物を献上するのです。その儀式に参列し役目を果たさないと、朝貢は完了しません。ですから詔書は十二月に出されていますが、難升米たちは翌年の元旦まで洛陽に留まり、それから解放されて帰って来たのです。

「詔を親魏倭王なる卑弥呼に制る」とあります。制は「つくる」と読みます。例えば、「制」の下に衣を付けると「製」となります。のちに「制詔」は決まり文句となり、手紙における「拝啓」のような慣用句になりますが、この時はまだ本来の意味を留めており、卑弥呼のために詔、つまり手紙を作りました、という意味をもたせています。ここですでに「親魏倭王」の称号をもらっていることにも注意しておいて下さい。

「帯方太守劉夏、使いを遣りて、汝が大夫難升米、次使都市牛利を送り、汝が献ぜしところの男生口四人、女生口六人、班布二匹二丈を奉り、以て到らしむ」とあります。帯方郡の太守が供をつけて大使と副使を送り届け、そして彼らが贈り物だとして持ってきた品々も洛陽まで届けてきた、という意味です。贈り物は男生口四人と女生口六人。生口は奴婢だと言われますが、男女合わせても、たったの十人ですね。それ以外の贈り物も班布二匹二丈だけです。二丈は一巻の反物です。一匹と言いますのは、二丈の反物二巻のことです。つまり、二匹二丈は五巻の反物となります。つまり、難升米たちが献上したのは、奴婢十人と反物五巻だけだったのです。のちの朝貢では、品物がかなり増えています。魏の朝廷では、「よくもまあ、この程度の貢物を持って、やって来たものだ」と呆れたはずです。

(3)「汝の所在は踰ゆるに遠し」とは、卑弥呼の住んでいるところが魏から遠く離れているという意味です。「乃ち使いを遣わし貢献すは、是れ汝の忠孝なり。我れ甚だ汝を哀む」とは、「そんなに遠く離れているのに、使者を遣わすのは、よほど私に忠義を示したいということでしょう。だから、私もあなたを大切に思うのです」という意味です。哀しむといえば、哀れなという意味にも取れますが、ここはそういう意味ではなく、好きであるという、Love の意味です。

「今、汝を以て親魏倭王となし、金印紫綬を假す。装封し、帯方太守に付けて汝に假授す。それ種人を綏撫し、勉めて孝順をなせ」と読みます。志賀島で発見された金印の文字は「漢の倭の奴の国王」と五文字で、漢の字が二倍の長さになっていました。親魏倭王は四文字で、印は必ず真四角ですので、四角を四分割して、右上から左下にかけて、親魏倭王と彫られた金印をもらったのでしょう。金印は返しませんので、日本のどこかに眠っているはずです。まだ発見されていませんが、発見されたところが邪馬台国ですね。

金印は中国国内でしたら皇帝の息子さんとか総理大臣級の人物でないともらえません。オリンピックのように、印には金・銀・銅のランキングがありまして、一般の役人はみんな銅です。地方のボス程度になりましたら銀印がもらえるのですが、金印はなかなかもらえない。ところが中国の朝廷は中華思想にもとづく寛大な心をもって、諸外国の王様には金印をあげることが慣例となりました。ですから、卑弥呼に金印が贈られたのは、慣例通りで、卑弥呼が特別に優遇されたのではありません。

志賀島の金印は、皆さんもご存知のように、上に蛇の鈕が付いています。その鈕に長い紐を懸けて、ぶら下げると言いますか、携帯するのです。その紐を「綬」と言います。印と綬は組み合わせが決まっていて、金印には紫色の綬、銀印には青色の綬となります。あとで難升米たちが銀印青綬をもらっています。

この当時の印は粘土に押して使います。高級な洋酒の瓶に赤い封印が付いていますが、ああいう風な使い方をするのです。ただ、金印クラスになりますと、身分の象徴であって、実用ではないのですが。印はまた身分の証にもなり、印を入れたポシェットから綬だけを出します。中の金印が見えなくても、紫綬が見えたら、その先に付いているのは金印であるとわかるのです。綬にはそういう意味があるのです。

「装封し」と書かれているのが大事な点です。装封の装は梱包することです。封は封印を押すことです。途中で中身をすり替えらることを防ぐために封印をするのです。皆さんも手紙などを出される時に、封筒の口をふさいだ後に「〆」にしますね。あれと同じことですね。「開けたらわかるよ」と言うことです。

「帯方太守に付けて汝に假授す」とあるのは、帯方郡の使者に渡して卑弥呼に送り届けるという意味です。難升米と都市牛利が行っているので、普通でしたら難升米と都市牛利に預けたらよいではないか、と思いますが、そうはしないのです。もし難升米たちに変な気持ちが起これば、金印をもって親魏倭王を名乗るかも知れません。だから第三者である中国の使者が直接卑弥呼に渡すのです。

「假授す」の「假」とは「仮に」と言うことです。親魏倭王という名称は、魏の皇帝が同盟国の王として卑弥呼に与えるものです。ですので、もし倭国が呉国などと手を組んで逆らったならば、返してくれ、という意味で「仮に」という言葉を使うのです。また、本来ならば、与えられた人が亡くなった時には、魏に返さなければならないのです。卑弥呼の死後に壱与が女王になりますが、彼女も使者を洛陽に派遣して、同じような金印をもらっています。称号をもらいたければ、必ずそのつど使者を派遣しなさいということです。諸外国の王は印綬を返還しなくてもいいのですが、墓に葬って、次の世代には伝えてはいけない。そういう不文律があったのです。なので、中国の各地の墓から諸外国に与えた金印が出土するのです。「それ種人を綏撫し、勉めて孝順をなせ」というのは、親魏倭王の金印の役目を示しています。種人とは倭国の民です。金印を彼らに見せて、魏が後ろ盾についていることを示し、逆らわないようにさせなさい、という意味なのです。

(4)「汝が来使なる難升米と牛利は、渉ること遠く、道路勤労なり。今、難升米を以て率善中郎将となし、牛利もて率善校尉となし、銀印青綬を假し、引見し労賜し、遣りて還す」という文は、難升米たちに対する褒美を言ったところです。称号を褒美として与えています。難升米は大使ですので一等高い中郎将をもらえました。副使の都市牛利は一等低い校尉を与えられました。どちらも軍官ですが、実際に兵隊を付けてもらえるのではなく、あくまでも箔を付ける称号です。それに対する印綬は銀印青綬でした。

「引見し労賜し、遣りて還す」とは、斉王のいるところまでやってこさせ、ねぎらって帰すという意味です。ただ、皇帝のいる宮廷までは入れますが、皇帝と直接目と目を合わせられるほど接近できたわけではありません。同じ空間の中にいたというだけの話です。斉王の詔書では、次に、生口十人、反物五巻に対する贈答品が列挙されています。

(5)「今、絳地交龍錦五匹、絳地縐粟罽十張、蒨絳五十匹、紺青五十匹を以て汝が献ぜしところの貢の直に答う」とは、あなたたちが貢いでくれたお返しとして、これらを差し上げますということです。これだけで、すでに反物五巻を遥かに越えています。十倍返しどころではないですね。無茶苦茶お返しをもらっているのです。魏としては、当たり前の礼儀なのでしょうが、お返しをもらった方としては、嬉しいというよりも、かなり恥ずかしい思いをしたことでしょうね。

(6)「また特に、汝に紺地句文錦三匹、細班華罽五張、白絹五十匹、金八両、五尺刀二口、銅鏡百枚、真珠・鉛丹おのおの五十斤を賜う」というのは、卑弥呼個人に対する贈り物です。先のものは魏国が倭国に贈ったもので、これらは斉王が卑弥呼に贈ったものです。このような公私に分けた特別な下賜は、魏志の他の外国列伝を見ましても、ほとんど例がありません。本当に「特に」なのです。諸外国に比べて倭国は魏に重要視されていたことがよくわかります。

金八両と言うのは金の塊でしょうね。五尺の刀の一尺は大体二五センチくらいですので、一二五センチの刀となります。これはかなり長い刀で、しかも二振りも贈られています。銅鏡一〇〇枚は異常な数ですので、たぶんこれは難升米たちが「卑弥呼さんは鏡が好きなので」などと言って、おねだりしたのかも知れませんね。中国では銅鏡は日用品であって、下賜する品ではありません。鉛丹の鉛は白粉に使いますので、そういう意味が籠っているのかも知れません。丹と言うのは、倭人伝の第二段落で、倭人は中国人が白粉を使って色をつけるのと同様、身体を赤く塗る習慣があると書いておりますので、身体に塗るための赤色顔料かもしれません。

（7）「みな装封し、難升米と牛利に付く」というところが、金印紫綬の渡し方と違います。金印は帯方太守の使者に託して渡していますが、下賜の品々は、難升米と牛利に託していますね。こんなものは別に奪ったところで、彼らが王になれるわけでもありません。だから託しても大丈夫なのです。こう比較してみますと、金印紫綬のもつ意味の重さがわかります。

「還り到らば録受し、悉く以て汝が国中の人に示し、国家の汝を哀むがゆえに、鄭重に汝に好物を賜いしを知らしむべし、とのたまう」という文は一気に最後まで続けて読まないと意味が通じません。使者が持ち帰った品々を受け取りなさいという段ですが、ここで大事なことは「録受」の「録」で、録は記録することです。今でも電気製品や家具などで、送った品物や部品をリストアップした書類が梱包の中に入っていますね。それを一つ一つチェックしながら開けて下さいということです。ここではそれと同じ事をしなさいと言っているわけで、詔書がリストの役目も果たしているのです。中国でも途中で品物を抜かれることがよくあったようで、それを防ぐために色々な規定が作られました。録授はそのひとつなのです。

「国中の人に示し」とは、金印だけではなく、下賜した品々を全て国民に見せなさい、しまい込んでしまっては意味がないということです。どれほど魏国が倭国を大事にしているかを、贈った品々をもって感じさせてくれと。そういう言葉で締めくくっています。なかなかよくできた詔だと思います。

（8）「正始元年（二四〇年）大守弓遵、建忠校尉の梯儁らを遣り、詔書と印綬を奉じ、倭国に詣り、倭王に拝假し、并せて詔賜の金・帛・錦・罽・刀・鏡・采物を齎さしむ。倭王、使いに因りて表を上り、恩詔に答謝す」とのことですが、難升米らは二四〇年の元旦に朝賀の儀を済ませたあと、帯方郡を経由して倭に帰ったようです。太守弓遵とあります。それまでの太守は劉夏でしたが、交代しているのです。太守は朝廷から派遣される役人ですので任期があります。

弓遵が難升米につけた梯儁は建中校尉で、軍官です。彼に大事な金印紫綬を持たせて卑弥呼に渡したわけです。梯儁は邪馬台国に行ったのです。「魏志倭人伝」の記載は現地に行ったことがないと書けない情報が満載でして、おそらく梯儁のような帯方郡の使者が書いたのでしょう。マルコポーロの『東方見聞録』のようなものであったと。

「倭王に拝假し」とありますが、ここにも「假」と言う字が使われていますね。「金・帛・錦・罽・刀・鏡・采物」とあるのは、卑弥呼にあてた特別な贈答品です。全ての物が卑弥呼の手元まで届けられたのです。「倭王、使いに因りて表を上り、恩詔に答謝す」とありますが、使いとは梯儁のことです。それに託して斉王にお礼の手紙を送ったということです。下の者が上の者に手紙を書くときは、表を上るという表現を使います。当然、倭王は魏の皇帝よりも身分が下ですので、この表現でいいのですが、梯儁に手紙を託すのは礼儀違反です。本来は卑弥呼がまた使者を魏の洛陽まで派遣して手紙を渡すのが礼儀なのです。手抜きと言われても仕方がありません。

また、さすがに梯儁さんに「お礼の手紙を書いてくれ」とは言えません。倭国の誰かが書いたのでしょう。ということは、邪馬台国に中国語が出来る人がいたことになりますね。古墳時代まで日本人は漢字を知らなかったという人もいますが、漢字を知らずして中国との外交はできません。卑弥呼の時代よりもずっと前から使者や通訳が頻繁に出向いていますので、恐らく渡来の知識人だとは思いますが、漢字が出来る人が卑弥呼の近くに居たことは充分に考えられます。
(9)「その四年(二四三年)、倭王また大夫の伊聲耆・掖邪狗ら八人を遣使し、生口・倭錦・絳青縑・緜衣・帛布・丹木𤝔・短弓矢を上献せしむ。掖邪狗ら壹ごとに率善中郎将の印綬を拝す」とある二四三年は前回の遣魏使から四年後のことです。前回は難升米と都市牛利の二人だけでしたが、今回は八人に増えています。何故でしょうか。また、こちらからの献上品が増えていますね。前回は生口と反物五巻だけでした。それが随分増えています。前に持っていった物が余りにも貧相で、恥ずかしいと思ったのでしょうね。今度は増やしています。
そして、「壹」と言う字がある場合は「ひとたび」とか「ひとりごとに」とか、回数や人数を示すことになります。一人ごとに率善中郎将の印綬をもらったのです。銀印青綬の印を八人に与えたのですが、さて、これで倭国は幾つの印綬をもらったことになりますか。卑弥呼に金印一つ、難升米たちに銀印を二つ、加えて掖邪狗たちに八つですので、全部で十一個です。十一個の金印や銀印が日本のどこかに眠っていることになります。将来、どこかで発見されるかも知れません。

(10)「その六年（二四五年）、詔もて倭の難升米に黄幢を賜い、郡に付けて假授す」とあるのですが、倭人伝の記す内容が、このあたりから、きな臭くなってきます。魏の朝廷から倭の難升米に黄幢が与えられています。黄幢と言いますのは図の、うしろの騎者が掲げている茸のような旗です。錦の御旗だと思って下さい。これを見せると、うしろから魏の軍勢がついてくるという意味になります。黄幢の色が黄色であるのは魏王朝の色なのです。秦漢時代から五行に従って王朝の色が決められました。漢王朝の場合は赤色であり、魏王朝は黄色なのです。黄幢は魏の軍勢が後ろ盾になっていることの証なのです。

後漢画像の幡
孫機『漢代物質文化資料図説』より

(11)「その八年（二四七年）大守王頎、官に到る。倭の女王卑弥呼、狗奴国の男王卑弥弓呼と素より不和なり。倭に載斯・烏越らを遣り、郡に詣り、あい攻撃するの状を説かしむ。塞曹掾史の張政らを遣り、因て詔書と黄幢を齎らし、難升米に拝假し、檄をつくり、これを告喩せしむ」ということで、いよいよ女王国が狗奴国と交戦して危機に瀕します。この時には帯方太守が弓遵から王頎に代わっています。ここに「素より」と書いておりますので、以前から卑弥呼と卑弥弓呼が喧嘩状態であったことがわかります。邪馬台国大和説をとるならば、西日本代表の邪馬台国に対して、狗奴国は東日本の代表と考えられます。東西対決といった感じですね。後の時代になっても、関東平野や濃尾平野の武士たちは強いですから、軍事的には狗奴国の方が強かったのではないでしょうか。邪馬台国は劣勢であったのです。

載斯や烏越らは戦の経験が豊富な人と思われ、戦の状況を見ただけで優劣がわかった。そういう軍官を派遣して、邪馬台国の状態を探らせたものと思われます。彼らはアドバイスはせずに、そのまま現状を報告したようです。その報告がかなり深刻であったのでしょうか、さっそく朝廷は塞曹掾史の張政を派遣します。身分はそれほど高くはありませんが、たぶん軍師と言われるような人でしょう。今風に言えば、軍事アドバイザーですね。このような軍師を派遣したことを裏返せば、邪馬台国はかなり危ない状態であったということです。
(12)「壹与、倭の大夫率善中郎将掖邪狗ら二十人を遣わし、政らの還るを送り、因て台に詣る。男女生口三十人を上献し、白珠五千、孔青大句珠二枚、異文雑錦二十匹を貢ぐ」とあって、すでに壹与が卑弥呼にかわって女王となっています。張政らを帯方郡に送り返していますので、危険な状況が過ぎた、すなわち戦いに一段落ついたのでしょう。軍師張政の役目は終わったのです。孔青大句珠はヒスイの勾玉です。これを景初三年の貢物と比べたら、どれほど贈り物が充実してきたかがわかります。この時は掖邪狗ら二十人が行っていますね。最初は二人、その次は八人、そして今度は二十人です。どんどん使者の数が増えています。やはり銀印がもらえるからでしょうね。「我も、我も」となったのでしょうね。邪馬台国は三十ケ国の連合国家ですので、国々の代表者が銀印を欲しがったのかも知れません。

3　洛陽城の討論に向けて

時間が迫ってきましたので、図を紹介しておきます。先に掲げた図1は、難升米たちがこのような郡の役所を通過しながら洛陽まで行ったのではないか、という地図です。図2の系統図は『三国志』の成立過程を示しています。『三国志』と命名されたのは、かなり後のことで、日本で言うと、平安時代のことです。ずっと長い間、『魏書』『呉書』『蜀書』の名で並行して伝わって来たわけです。

図3以降なりますが、ここからは洛陽の話をする時に必要な都城史をまとめました。図4の地図は、洛陽の都城遺跡を尋ねて歩く時には有用な地図でございますので、お使いください。図5は後漢時代の洛陽城でございます。魏王朝もあまり形を変えずに使っています。難升米が行った時には、大体このような姿であったものと思われます。図6の北魏の時代には外郭城が築かれて、ずいぶん形が変わりました。邪馬台国の時代よりもずっとあとですので、参考までに、というところです。漢魏洛陽城を中核にして条里が布かれています。都が広がりました。こういった設計が唐の長安城につながり、日本の平城京に影響を与えたのです。図7も参考です。魏の副都である鄴城で、このあとの話に出てくるかもしれません。

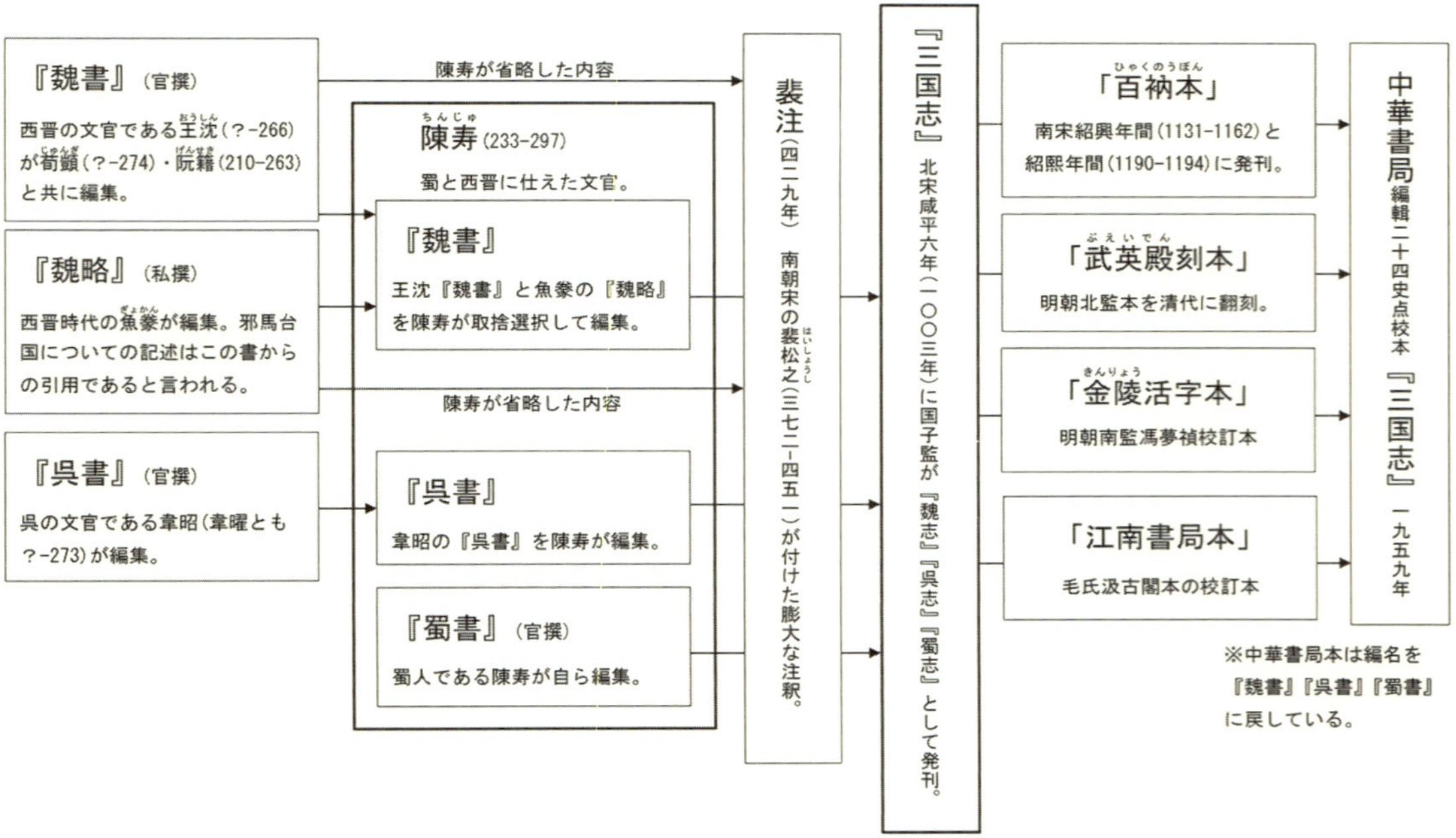
『魏書』（官撰）
西晋の文官である王沈《おうしん》（？-266）が荀顗《じゅんぎ》（？-274）・阮籍《げんせき》（210-263）と共に編集。
『魏略』（私撰）
西晋時代の魚豢《ぎょかん》が編集。邪馬台国についての記述はこの書からの引用であると言われる。
『呉書』（官撰）
呉の文官である韋昭（韋曜とも？-273）が編集。
陳寿が省略した内容
陳寿《ちんじゅ》（233-297）
蜀と西晋に仕えた文官。
『魏書』
王沈『魏書』と魚豢の『魏略』を陳寿が取捨選択して編集。
陳寿が省略した内容
『呉書』
韋昭の『呉書』を陳寿が編集。
『蜀書』（官撰）
蜀人である陳寿が自ら編集。
裴注（四二九年）
南朝宋の裴松之《はいしょうし》（三七二-四五一）が付けた膨大な注釈。
『三国志』
北宋咸平六年（一〇〇三年）に国子監が『魏志』『呉志』『蜀志』として発刊。
「百衲本《ひゃくのうぼん》」
南宋紹興年間（1131-1162）と紹熙年間（1190-1194）に発刊。
「武英殿刻本《ぶえいでん》」
明朝北監本を清代に翻刻。
「金陵活字本《きんりょう》」
明朝南監馮夢禎校訂本
「江南書局本」
毛氏汲古閣本の校訂本
中華書局
編輯二十四史点校本
『三国志』
一九五九年
※中華書局本は編名を『魏書』『呉書』『蜀書』に戻している。

図２　『三国志』成立までの経緯（来村作成）

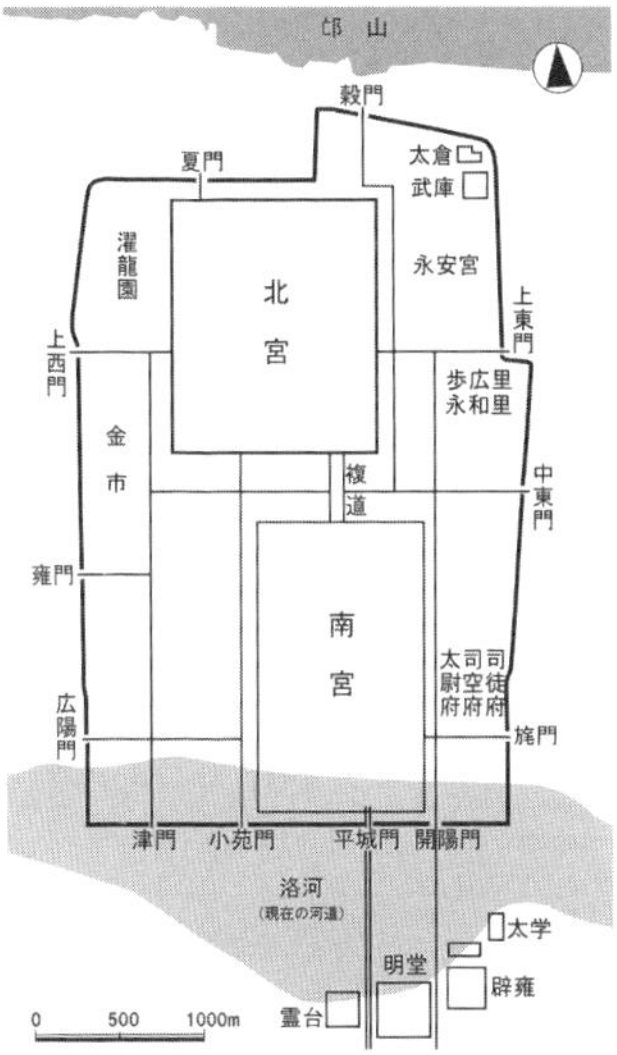

図５　後漢雒陽城の配置

（『中国古代都城考古発現与研究』の挿図に来村が加筆）

『中国古代都城考古発現与研究』（劉慶柱主編、社会科学文献出版社、2006 年）の挿図に来村が加筆。

図３　漢魏洛陽故城の変遷

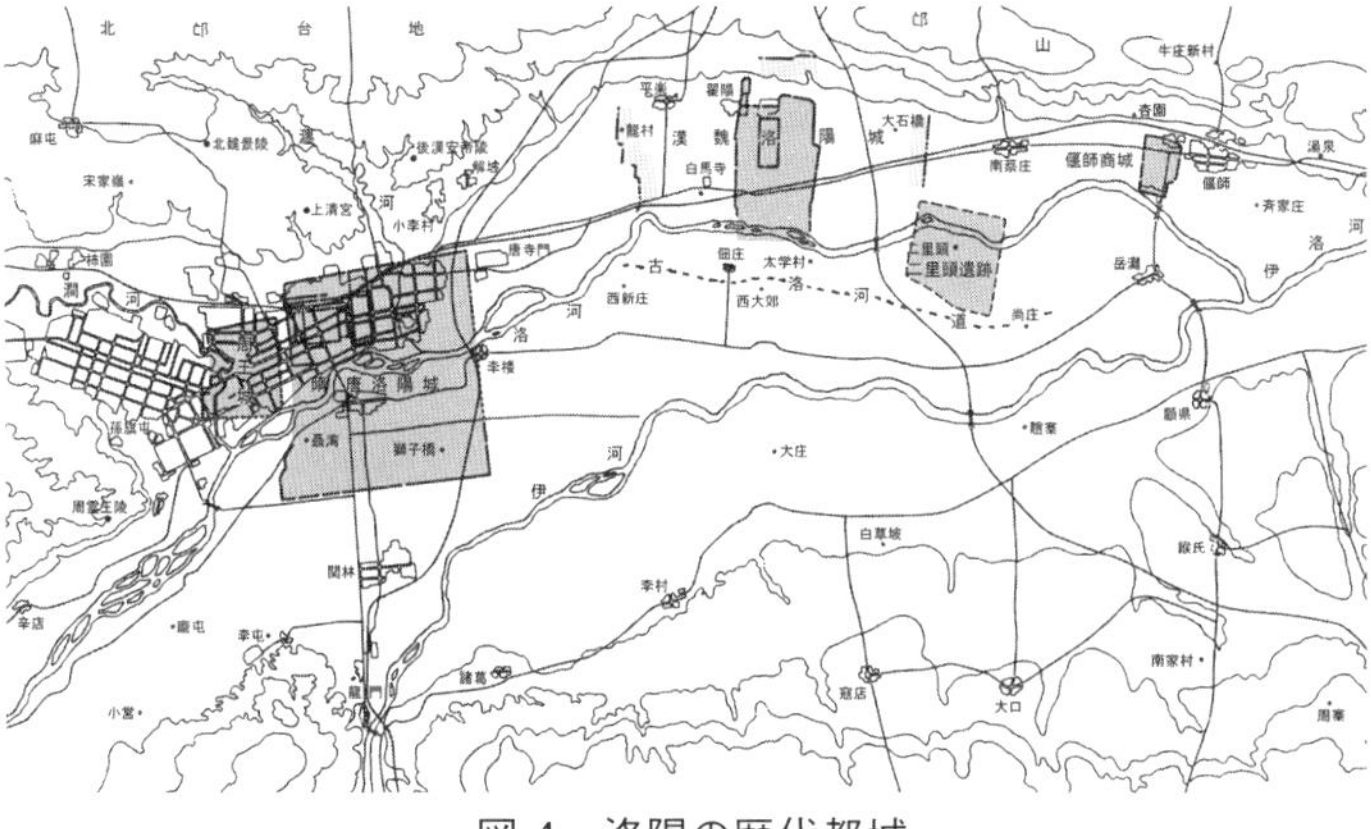

図４　洛陽の歴代都城

『隋唐洛陽城 1959-2001 年考古発掘報告』（中国社会科学院考古研究所、文物出版社 2014 年）挿図に来村が加筆。

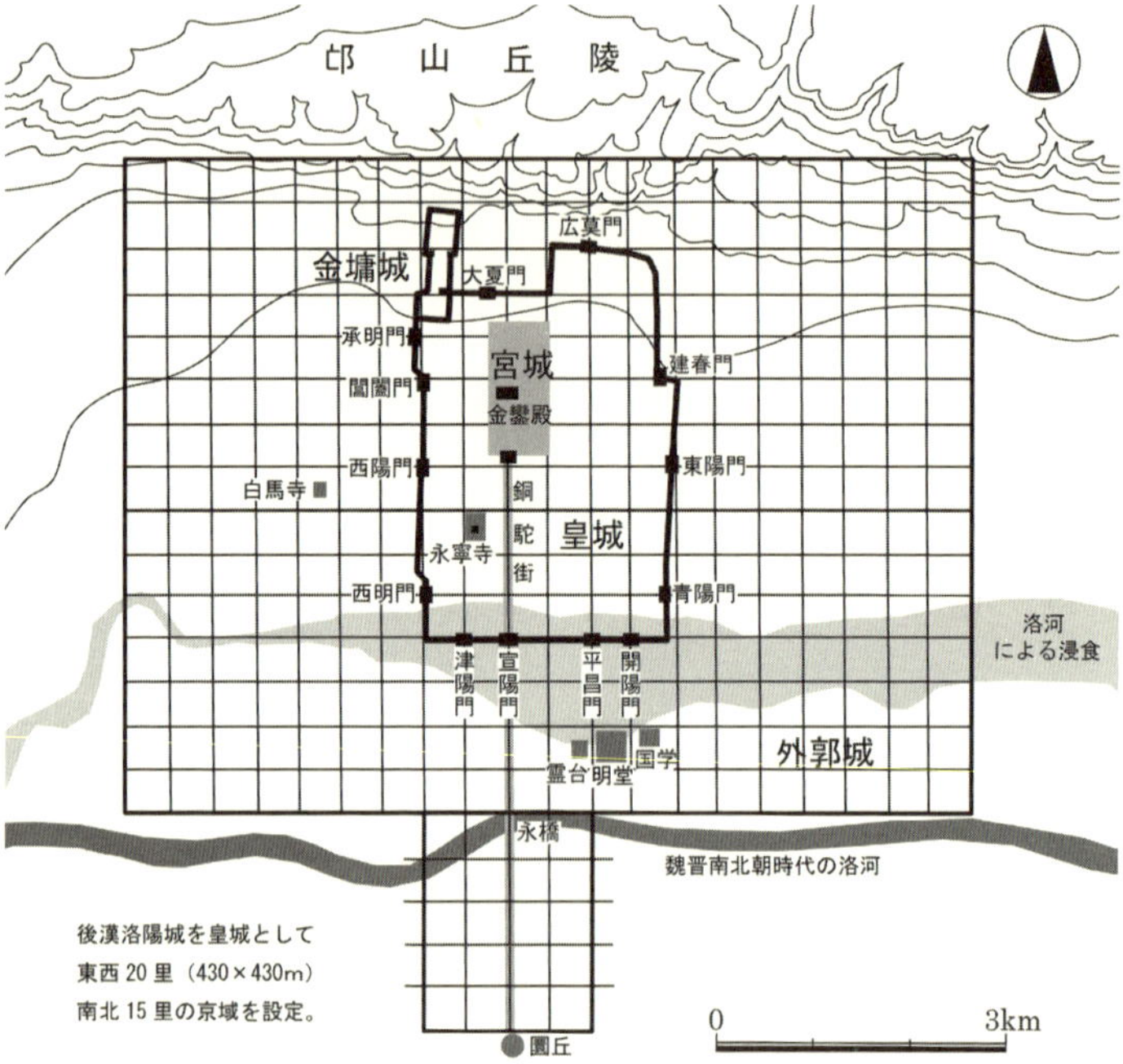

図６　北魏洛陽城の地割模式図（来村作成）

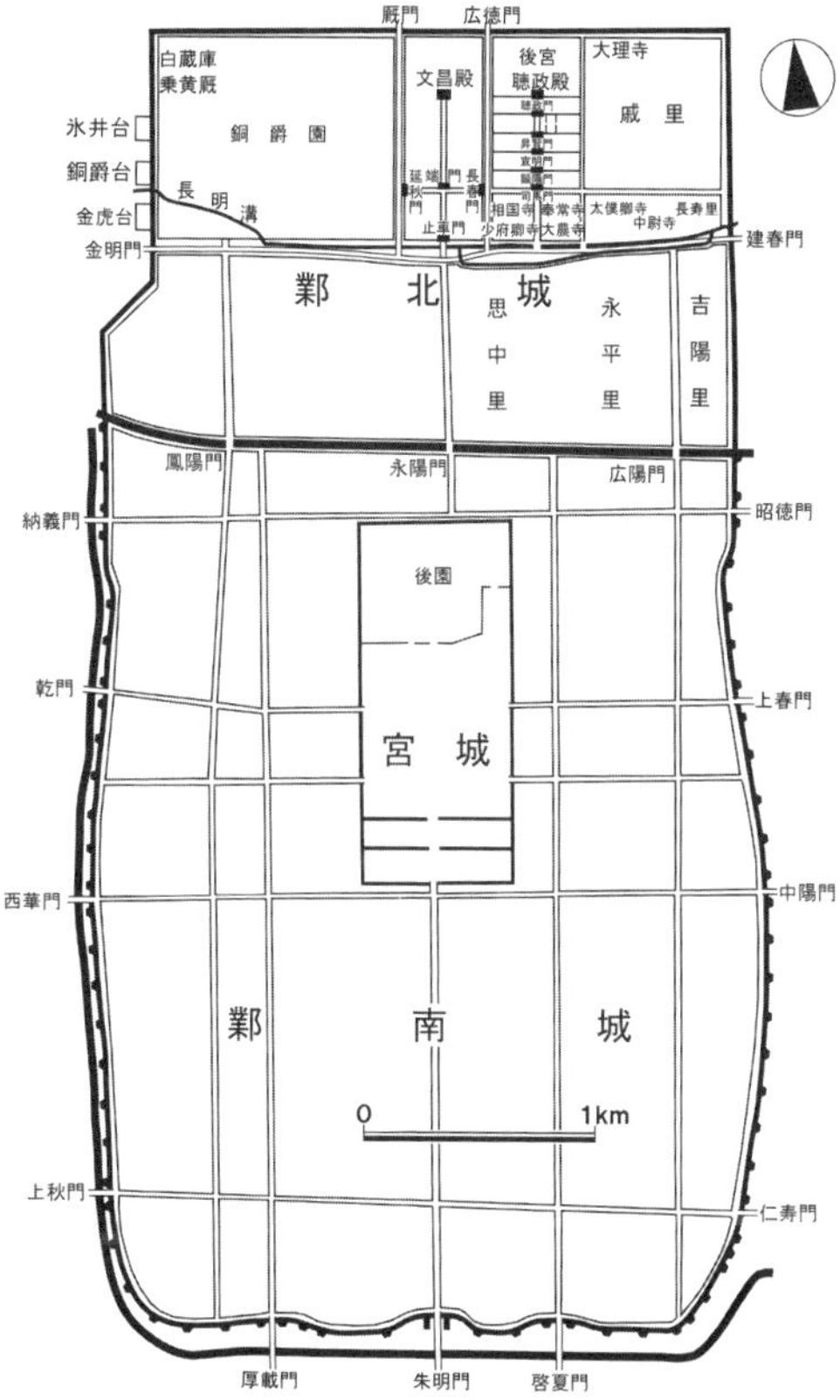

図7　鄴北城と鄴南城（『中国古代都城考古発現与研究』の挿図に来村が加筆。）

第2章 三世紀の楽浪・帯方郡と韓・倭

高久健二

1　はじめに

専修大学の高久と申します。私に与えられたテーマは、三世紀の楽浪・帯方郡と韓・倭です。今日、私がお話しする内容は、はじめに、二～三世紀の楽浪郡および三世紀に新たに設置された帯方郡について、とくに古墳文化を中心に詳しくお話をしていきたいと思います。つぎに、当時、朝鮮半島の南部にあった韓、いわゆる三韓と楽浪・帯方郡との交流関係、さらに日本列島の倭との交流関係についてお話ししたいと思います（図1）。

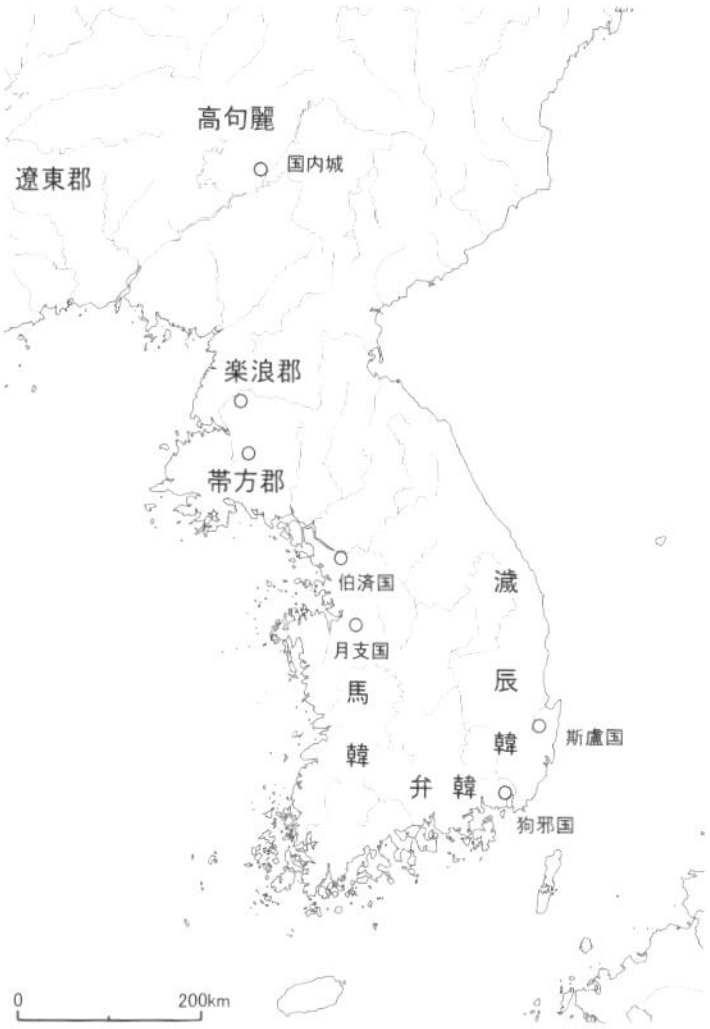

図1　3世紀の朝鮮半島

倭との関係については、久住さんが詳しくお話しをされますので、私は三韓との交流を中心にお話ししていきたいと思います。

本論に入る前に、楽浪・帯方郡の概要についてお話しします。楽浪郡は前漢の武帝が紀元前一〇八年に、朝鮮半島の西北部に設置した郡県です。この楽浪郡の設置によって、はじめて朝鮮半島と中国王朝との直接的な交流ルートが形成されるという、画期的な出来事になります。日本列島の倭も『漢書』地理誌にあるように、楽浪郡に定期的に使いを送っていました。

2　楽浪・帯方郡の推移

二世紀代に入ると、中国の後漢王朝の勢力がしだいに衰えていくにつれて、楽浪郡も疲弊していき、衰退期をむかえます。そのようななか、初平元年（一九〇年）に公孫氏が遼東地域を支配下に治めます（『三国志』魏書・公孫度伝）。おそらく、このころに楽浪郡も公孫氏の支配下に入ったであろうと考えられます。そして、公孫氏の支配下にあった楽浪郡で大きな改革が行われます。建安九年（二〇四年）頃に公孫康が楽浪郡の南側を分けて帯方郡という新しい郡を設置したのです（『三国志』魏書・東夷伝）。ですから、帯方郡というのは最初からあったわけではなくて、三世紀に楽浪郡の南半分を分けて設置された新しい郡であるといえます。

そして、景初二年（二三八年）に魏は公孫氏を滅ぼし、楽浪・帯方二郡を接収します（『三国志』魏書・東夷伝）。邪馬台国の卑弥呼はこの翌年に帯方郡を通じて魏に使者を送っています。そして魏から晋へと禅譲された後は、晋王朝の支配下に入っていきます。

最終的には、美川王十四年（三一三年）に高句麗によって楽浪郡が滅ぼされ、翌年には帯方郡も滅ぼされ、郡県としての楽浪・帯方郡は滅亡します（『三国史記』高句麗本紀）。当時、高句麗の首都は集安にありましたが、長寿王十五年（四二七年）に楽浪郡の故地である平壌に遷都します。

3　楽浪・帯方郡の古墳文化

具体的に楽浪・帯方郡の文化についてみていきましょう。楽浪郡の中心地は平壌であり、大同江に面して位置する楽浪土城が楽浪郡治であると推定されます。帯方郡は文献史料にも記されているように、楽浪郡の南側を分けて設置されています。つまり、楽浪郡を南北に分けて、南側を帯方郡にしたということです。したがって、帯方郡は現在の黄海道地域と考えられ、載寧江流域にあたります。帯方郡治は黄海北道鳳山郡智塔里土城に置かれていたと考えられます。帯方郡ソウル説もありますが、私はこの黄海道説をとっています。

楽浪郡の中心地には多くの古墳が残っており、とくに大同江の南側一帯の緩やかな丘陵地域に集中的に分布しています（図２）。楽浪土城の背後の丘陵地域に五〇〇〇基を下らない古墳群が造営されています。現在は楽浪郡の中心地域の都市開発が進んでいますが、おそらくまだ多くの古墳が残されていると考えられます。

まず、楽浪郡の後半段階である二世紀後葉から三世紀中葉の古墳文化についてみていきます。先ほど申し上げましたように楽浪郡は二世紀に衰退期をむかえます。古墳の数が減少していき、副葬品も量・質ともに減少していきます。ところが二世紀後葉になると、楽浪郡の中心地である平壌地域で

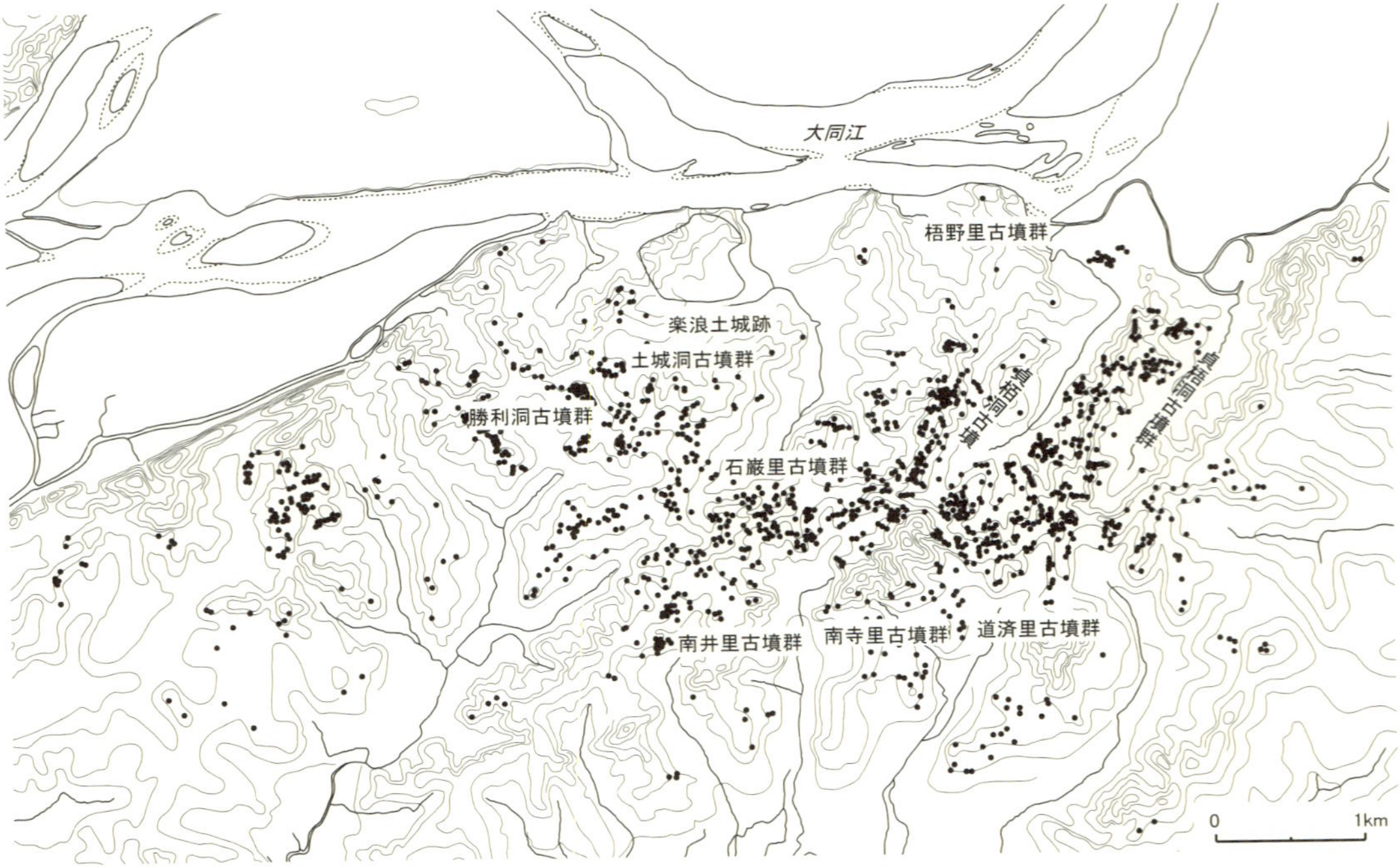

図２　朝鮮・平壌市楽浪区域一帯の楽浪古墳分布図（●：古墳）

は、古墳の数が再び増加しはじめ、復興期をむかえます。その背景には、公孫氏による郡県の再編成があったのだろうと考えます。

この時期に楽浪郡で造られた古墳が塼室墓です。塼室墓は、土で焼いた塼（煉瓦）を積み上げて造った古墳です。楽浪郡の前半期には、木の角材で大きな槨を造ってその中に木棺を埋葬する木槨墓という墓制が主体を占めていました。それがこの時期から多数の塼室墓が造営されるようになります。中国大陸では、前漢時代から塼室墓が造られており、後漢時代になると、木槨墓はほとんど無くなり、塼室墓に替わっていきます。ところが、楽浪郡では塼室墓の導入がとても遅れるのです。

塼室墓の特徴としては、横穴式構造である点があげられます。横から墓室の中に入る構造になっており、身分によって墓室の数などが決まっていました。平壌市南寺里29号墳は塼室墓であり、墓室が四室ありますので、上位階層の古墳であると思われます（図5）。大多数の塼室墓は墓室が一室の単室墓であり、この時期に多く造られます。平壌市貞柏里24号墳は単室塼室墓であり、鏡やカマド形明器などが副葬されていました（図4）。カマド形明器は木槨墓にはみられない副葬品です。木槨墓は多数の豪華な品々を副葬し、手厚い埋葬を行う厚葬墓です。これに対して塼室墓は副葬用の土製品などを納める薄葬の墓制です。このように楽浪郡の古墳は二世紀後半を境にして厚葬の木槨墓から薄葬の塼室墓へと変化していきました。

一方、楽浪郡の南側を分けて新たに設置された帯方郡の地域でも古墳が発掘調査されています（図3）。調査例はとても少ないですが、その一部が報告されています。黄海北道銀波郡養洞里3号墳は、二室

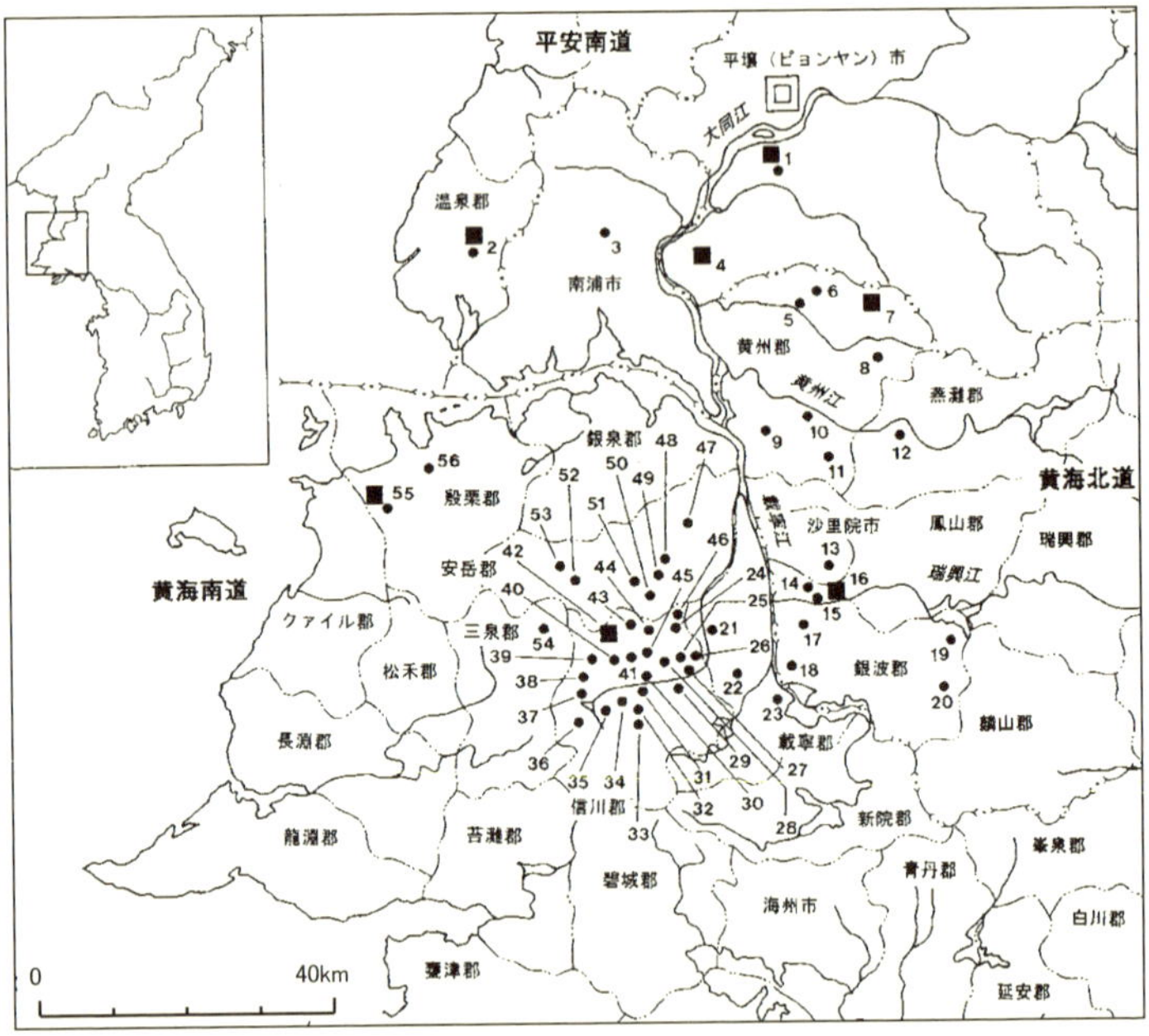

図３　楽浪・帯方郡関係遺跡分布図（●：古墳、■：土城）（高久 1999）

1　楽浪土城・楽浪区域古墳群　2　城峴里土城（於乙洞土城）・葛城里古墳群　3　台城里古墳群　4　唐井里土城　5　金石里古墳　6　黒橋里古墳　7　高淵里土城　8　天柱里古墳　9　青龍里鄭村古墳群　10　順天里古墳群　11　仙峰里古墳　12　金鳳里古墳　13　胎封里１号墳　14　松山里古墳群　15　石城里古墳　16　智塔里土城（唐土城）　17　都塚洞古墳群（立峯里 柳亭里 養洞里古墳群）　18　玉里古墳　19　金大里古墳群　20　葛峴里古墳　21　新井里古墳群　22　富徳里古墳　23　石灘里古墳群　24　干城里古墳群　25　西井里古墳群　26　白石里古墳群　27　松橋里古墳群　28　松梧里古墳群　29　長財里古墳群　30　社稷里古墳群　31　校塔里古墳群　32　書院里古墳群　33　鳳凰里１号墳　34　滌暑里古墳群　35　三皇里古墳群　36　南山里古墳群　37　福隅里古墳群　38　青松里古墳群　39　花山里古墳群　40　山竹里古墳群　41　野竹里古墳群　42　青山里土城（信川土城）・古墳群　43　西湖里古墳群　44　石塘里古墳群　45　大館里古墳群　46　牛山里古墳群　47　伏獅里古墳群　48　柳城里古墳群　49　柯亭里古墳群　50　柳雪里・下雲洞古墳群（安岳３号墳）　51　兪順里古墳群　52　龍東里古墳群　53　柳川里古墳群　54　楸陵里古墳　55　雲城里土城・古墳群　56　冠山里古墳群

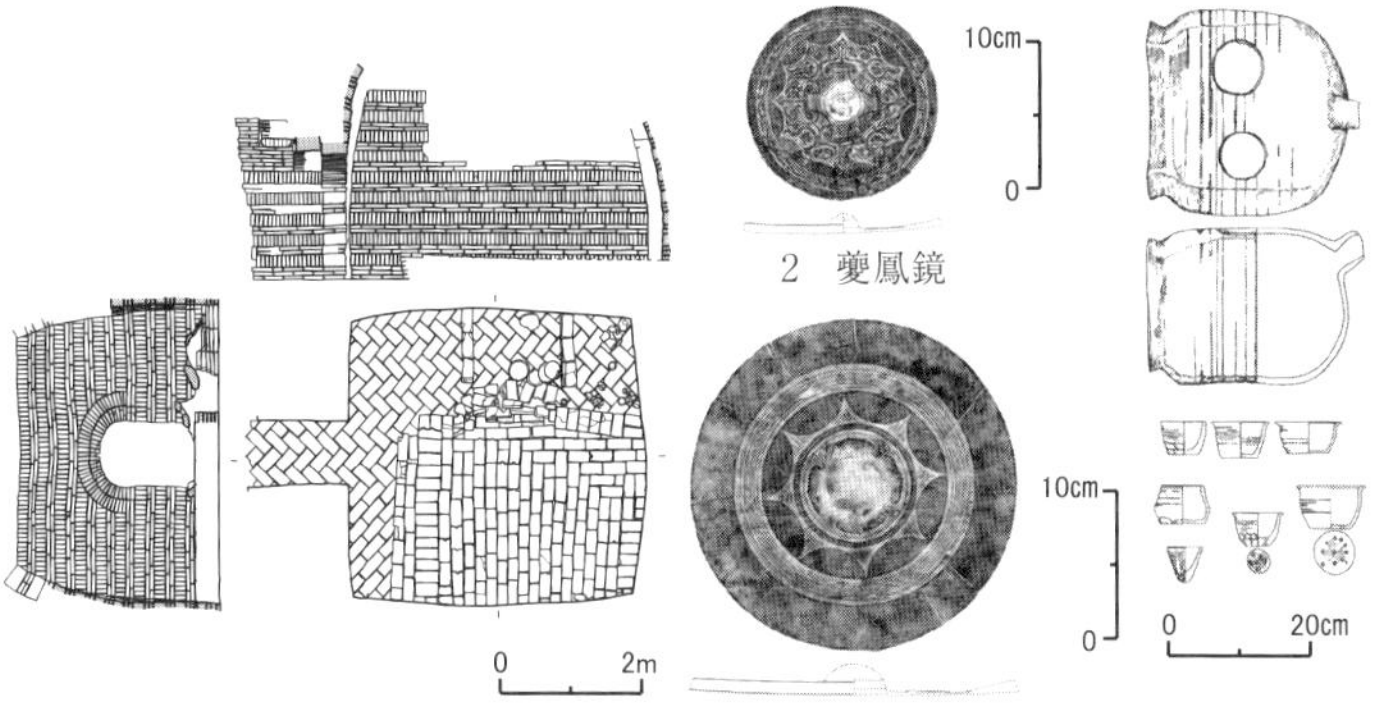

1　穹窿式塼天井単室塼室墓　2　夔鳳鏡　3　内行花文鏡　4　カマド形明器

図４　朝鮮・平壌市 貞柏里 24 号墳（有光・藤井 2003）

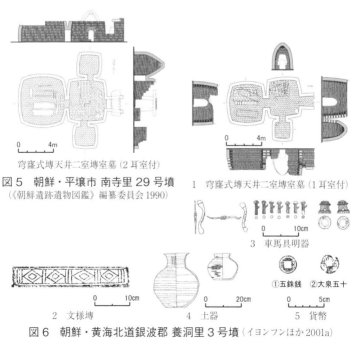

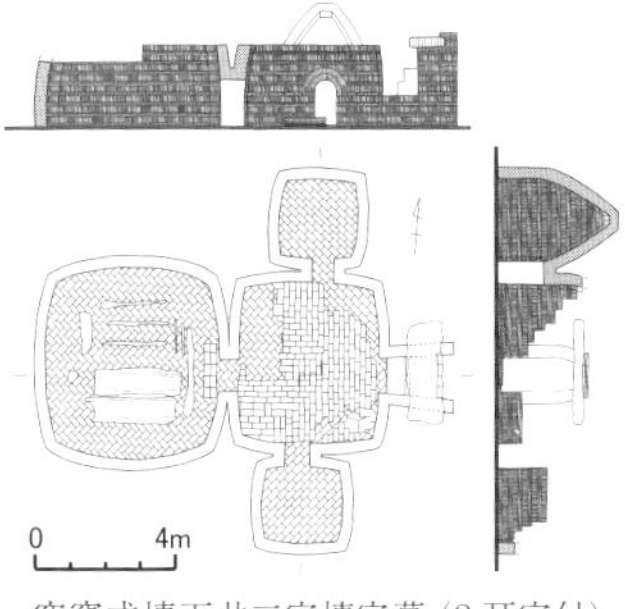

穹窿式塼天井二室塼室墓（2 耳室付）

図５　朝鮮・平壌市 南寺里 29 号墳

（《朝鮮遺跡遺物図鑑》編纂委員会 1990）

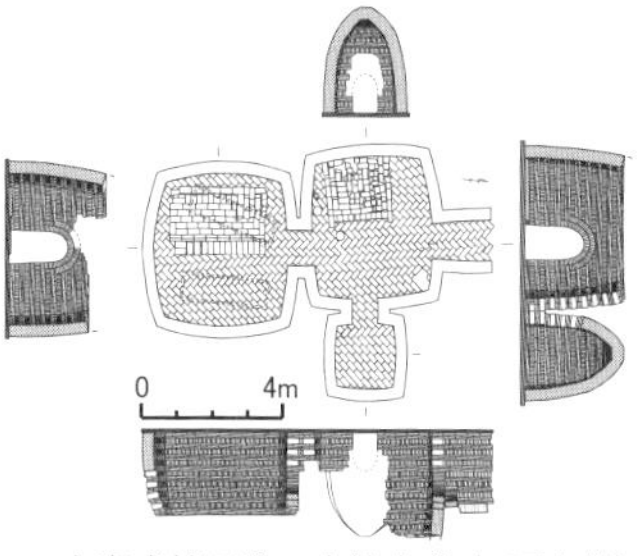

1　穹窿式塼天井二室塼室墓（1 耳室付）

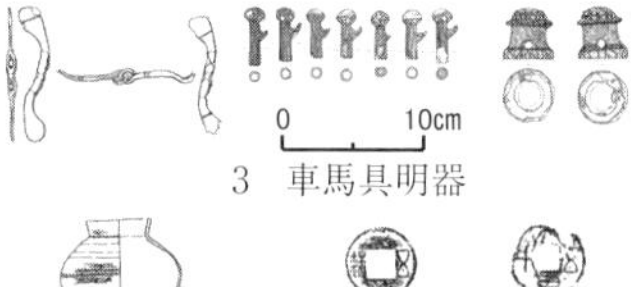

3　車馬具明器

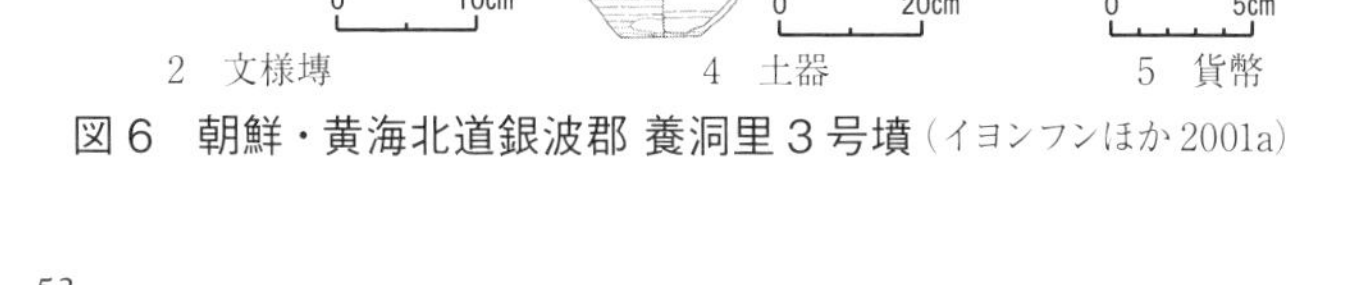

2　文様塼　4　土器　5　貨幣

図６　朝鮮・黄海北道銀波郡 養洞里３号墳（イヨンフンほか 2001a）

からなる大型の塼室墓です（図6）。墓室の形態は基本的に楽浪郡の塼室墓と同じです。墓室に使用された塼の文様も楽浪郡と共通しています。

これら楽浪郡や帯方郡で造られた塼室墓は外来的な墓制です。二世紀後半以前には楽浪郡に塼室墓はなく、木槨墓を使用していましたので、塼室墓はこの時期に新たに外部から入ってきた墓制といえます。楽浪郡の塼室墓と最も類似する塼室墓は中国東北部の遼東地域にみられます。墓室の平面形態、天井の構造、使われている塼の文様などが楽浪郡の塼室墓と共通しています。したがって、楽浪郡の塼室墓は遼東地域からもたらされたものであると考えられます。

さきほど述べたように、二世紀末に公孫氏が遼東地域を支配下におさめ、この時、楽浪郡もその支配下に入ったと考えられますので、公孫氏勢力の中心地である遼東地域と楽浪地域は密接な関係をもっていたとみられます。おそらく、公孫氏政権下において遼東地域の塼室墓が楽浪・帯方郡地域に入り、急速に普及していったと考えられます。

ただし、帯方郡の領域には、楽浪郡の塼室墓と系譜が異なるものも存在しています。黄海南道信川郡セナル里古墳は、魏の嘉平四年（二五二年）の紀年銘塼が出土しており、築造年代がわかります。この塼室墓は二室からなっていますが、墓室の平面形態や耳室の天井形態が楽浪郡のものとは異なっています（図7—1）。また、使用されている塼の文様も画像文が多くみられ、幾何学文が主体を占める楽浪郡とは異なっています（図7—2）。このような塼室墓はもともと楽浪郡地域にはなかったものであり、どこからきたものであるのかが問題となります。

それを知る手がかりとして重要な古墳が同じ信川郡にある鳳凰里1号墳です。この古墳からは魏の正始九年（二四八年）の紀年銘塼が出土しています（図8）。この紀年銘塼には、被葬者が帯方郡長岑県の王卿という人物であり、七三歳で亡くなったことが記されています。そして、王卿の出身地については「東莱黄人」と書かれています。この「東莱黄人」とは、東莱郡黄県出身の人物であるという意味であり、東莱郡は現在の中国・山東省煙台市付近にあったと推定されています。

したがって、王卿はもともと帯方郡出身の人物ではないことがわかります。王卿は二四八年頃に七三歳で亡くなっていますので、そこから逆算すると、働き盛りの三十代がちょうど帯方郡が設置される時期に当たります。つまり、公孫氏が楽浪郡の南側を分けて帯方郡を設置した時に、山東半島か

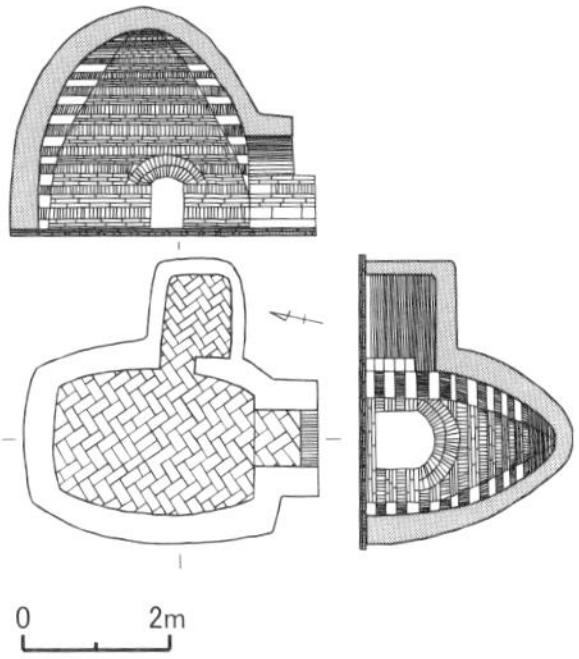

1　穹窿式塼天井単室塼室墓（耳室付）

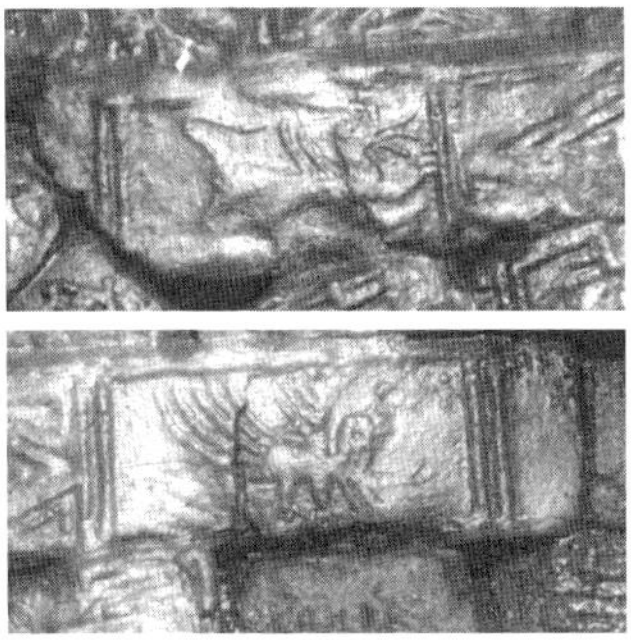

2　文様塼

図７　朝鮮・黄海南道信川郡セナル里古墳（ユンソンハク 2004）

銘文
守長岑長王君　君諱卿」（第1塼）
年七十三　字徳彦　東莱黄人也」（第2塼）
正始九年三月廿日壁師王徳造」（第3塼）

石材天井単室塼室墓（銘文塼）

図８　朝鮮・黄海南道信川郡鳳凰里１号墳（王卿墓）（チョンヂュノン 1962）

ら渡ってきた人物である可能性が高いと考えられます。おそらく、王卿は帯方郡設置に伴って公孫氏が山東半島から招聘した豪族ではないかと推定されます。

セナル里古墳の被葬者も同じように外部から帯方郡に渡ってきた人物ではないかと思います。このような人物が帯方郡にはかなりいたのではないかと考えています。つまり、帯方郡には郡設置以前から楽浪郡にいた在地豪族のほかに、郡設置とともに周辺地域から渡ってきた新興豪族層がいたということです。実はここに公孫氏政権が楽浪郡を分けて帯方郡を設置した、もう一つの理由があるのではないかと考えています。

一般的には、帯方郡は、朝鮮半島南部の韓の勢力や日本列島の倭の勢力を統治・管轄するために設置されたと考えられています。しかし、もう一つの理由として考えられるのは、公孫氏のフロンティア構想です。もともと楽浪郡には楽浪王氏という強い勢力をもった土着豪族がいました。もちろん郡県は中央から派遣されてきた官僚がトップに君臨していましたが、実質上の業務の多くは在地豪族層から登用された官僚がおこなっていました。その在地豪族層のトップに立っていたのが楽浪王氏です。彼等は大型の古墳を造れるほどの財力をもっていました。

そのような在地豪族層が支配する地域を新たに公孫氏が統治しなければならないのですから、様々な困難があったものと考えられます。そこで公孫氏は在地豪族層の影響力が少ない楽浪郡の南側を分けて、新たに帯方郡を設置したのではないかと推定されます。つまり、帯方郡の設置は公孫氏政権が新たな郡県支配を目指すためのフロンティア構想だったのではないかと考えています。そのようなフロンティアに王卿のような新興豪族を招聘したのではないかと考えられます。

この時期の楽浪古墳ではもう一つ重要な特徴があります。これまでみたように、二世紀後半から三世紀代には、楽浪郡の古墳は塼室墓が主体を占めています。ところが、同時期に楽浪郡にはまだ木槨墓が残っているのです。中国ではすでに消滅してしまった木槨墓が、三世紀代まで造営されつづけるというのが楽浪郡の古墳文化の特徴です。平壌市梧野里19号墳は角材で大きな槨を造って、その周囲に塼を積み上げており、木槨のなかに四つの木棺を合葬した大型木槨墓です（図9―1）。ここからは画文帯神獣鏡が出土していますので、二世紀後半をさかのぼることはありません（図9―3）。つまり、二世紀後葉～三世紀前半くらいまで、このような木槨墓が楽浪郡で存続していることを示しています。

平壌市南井里116号墳（彩篋塚）も角材で墓室を構築した古墳で、横穴式の構造をもっています（図10―2）。横穴式ですので木槨墓ではなく、木室墓とよんでいますが、これも木槨墓系統の古墳であると考えられます。副葬されていた上方作系浮彫式獣帯鏡（図10―3）からみて、年代的には三世紀前半、ちょうど帯方郡が設置された時期に築造された楽浪古墳です。この木室墓は前室と後室からなる大型墓であり、後室に三つの木棺が埋葬されていました。また、前室には漆器をはじめとした大量の副葬品が納められており、同じ横穴式構造をもつ塼室墓とは全く異なる典型的な厚葬墓です。

ここから文字が書かれた木札が出土しています（図10―6）。内容は、被葬者の昔の部下であった「朝鮮丞」の職にあった田肱が埋葬に際して、絹織物を献上したというものです。この内容からみて、

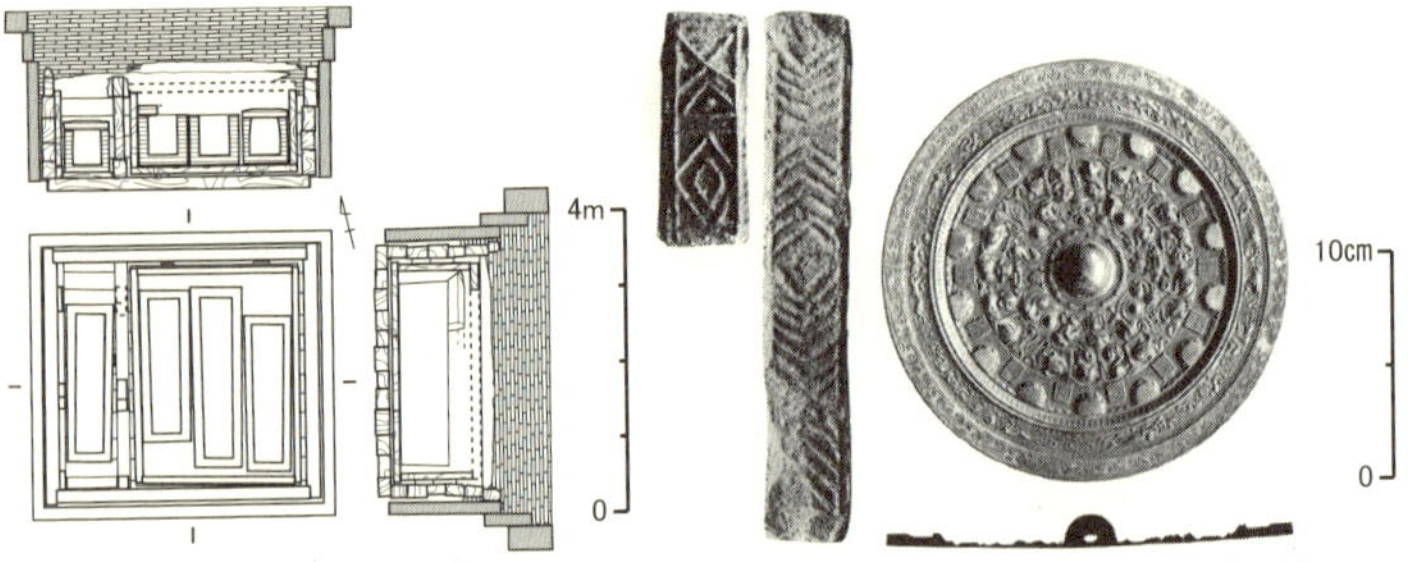

1　同穴合葬木槨墓　　2　塼（木槨周囲）　　3　画文帯求心式神獣鏡

図９　朝鮮・平壌市 梧野里 19 号墳（野守ほか 1935）

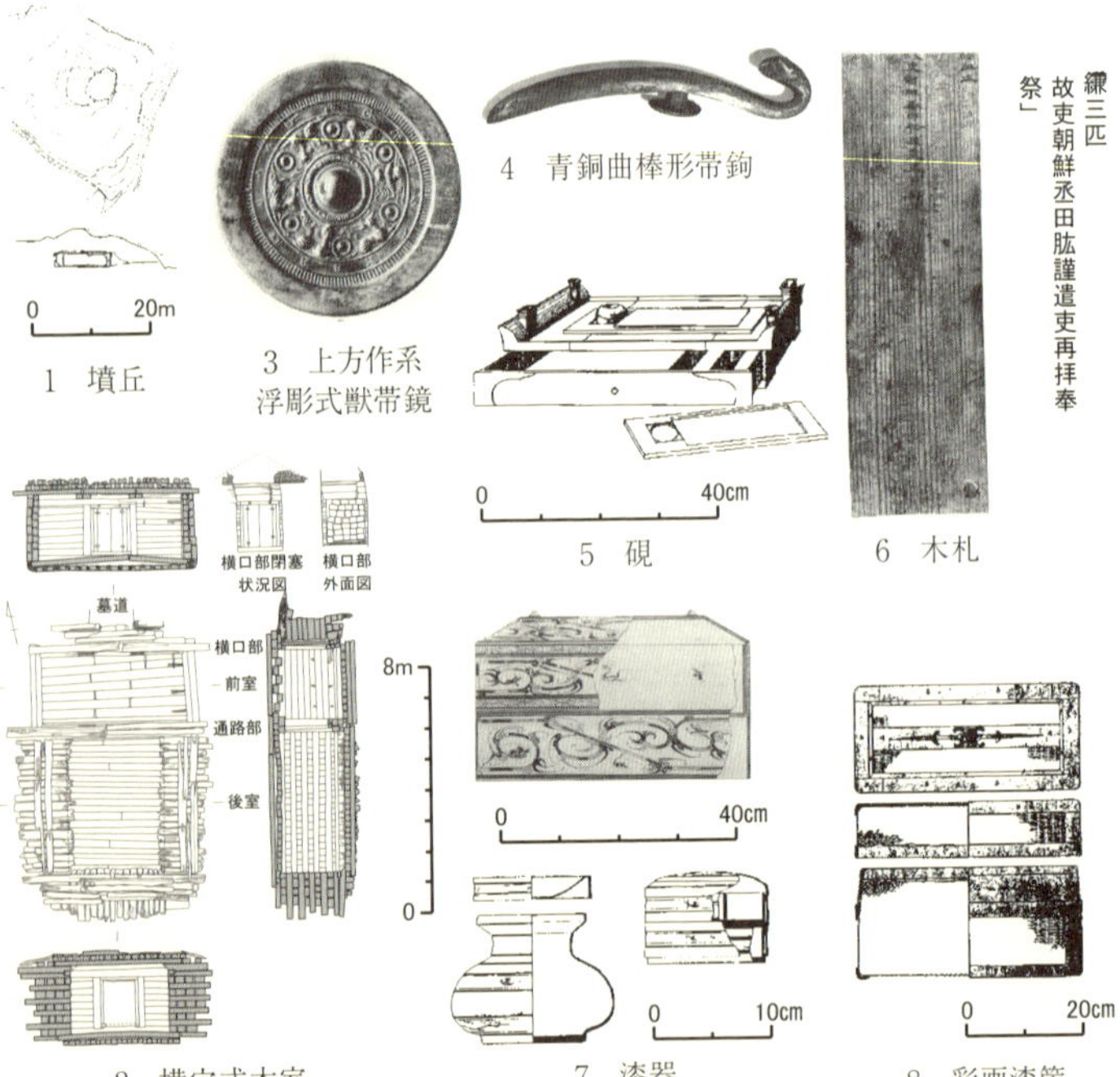

1　墳丘

3　上方作系浮彫式獣帯鏡

4　青銅曲棒形帯鉤

5　硯

6　木札

2　横穴式木室　　7　漆器　　8　彩画漆篋

図 10　朝鮮・平壌市 南井里 116 号墳（彩篋塚）（小泉・澤 1934）

被葬者は「朝鮮丞」より上位の人物であったことがわかります。すなわち、楽浪郡における最上位クラスの人物の墓であると推定されます。したがって、楽浪郡の中心地では、三世紀前半代まで上位階層がこのような木槨墓系統の墳墓を造りつづけていたといえます。これは、三韓や倭の墓制を考える際にも重要なポイントになります。

次は三世紀後葉～四世紀の楽浪・帯方郡の古墳文化についてみてみます。三世紀後葉になると、楽浪郡の中心地である平壌地域では古墳の数が激減します。それまで築造されていた塼室墓が急速に減少していき、上位階層で造られていた木槨墓も姿を消してしまいます。それに変わって新しい墓制が登場します。それが平壌市勝利洞96号墳のような横穴式石室墓です（図11）。楽浪郡の末期に登場した横穴式石室墓は平壌市南井里119号墳のように郡滅亡後も存続していきます（図12）。

平壌駅前佟利墓は東晋の永和九年（三五三年）の紀年銘塼をもっています（図13―2）。楽浪郡の滅亡は三一三年ですので、これは明らかに楽浪郡滅亡以後の古墳であり、数は少ないですが、郡滅亡以後も古墳が造られつづけていることがわかります。またこの紀年銘塼には「佟利」という被葬者の名前が記されています。この「佟」はそれ以前にはみられなかった姓ですので、楽浪郡滅亡期に新たに登場した新興豪族であると考えられます。

墓室の構造は、下部を塼で造り、上部は石材を使用した石材天井塼室墓です（図13―1）。塼室墓に横穴式石室墓の要素を加えた折衷様式といえます。このような墓室構造は三世紀代に出現すると考えられますが、楽浪郡が滅亡した後である四世紀代まで造られつづけます。

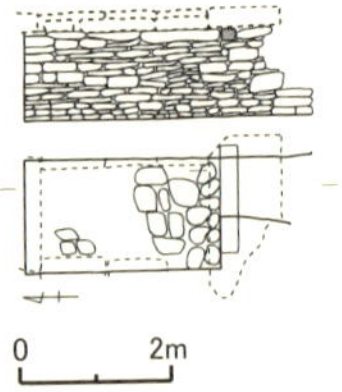

片袖式横穴式石室

図11　朝鮮・平壌市 勝利洞96号墳
（キムヂェヨン2007）

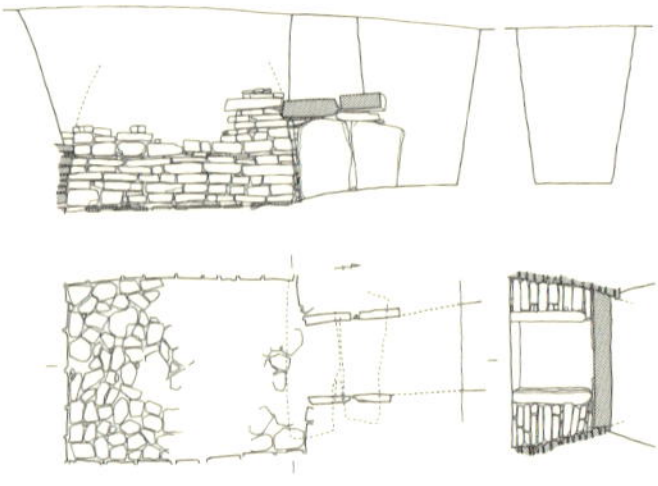

0　2m　両袖式横穴式石室

図12　朝鮮・平壌市 南井里119号墳
（小場・榧本1935）

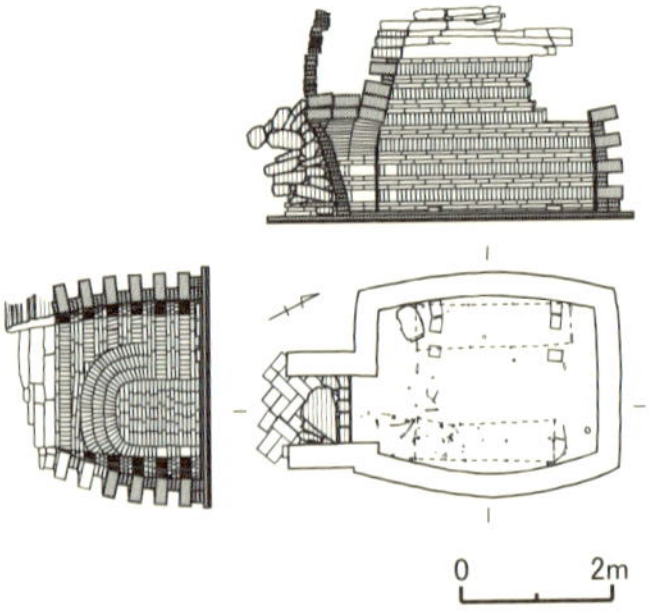

1　石材天井単室塼室墓

永和九年三月十日遼東韓玄菟太守領佟利造

2　紀年銘塼

図13　朝鮮・平壌市 平壌駅前佟利墓（榧本・野守1933）

　このように三世紀後半～四世紀代になると、楽浪郡では古墳の数が激減するとともに、それまで見られなかった新たな墓制が登場しており、新興豪族層の台頭がみられます。したがって、楽浪郡の土着勢力は三世紀後半を境にして急速に衰退していったと考えられます。

　これに対し、楽浪郡の南側の帯方郡は少し状況が異なって

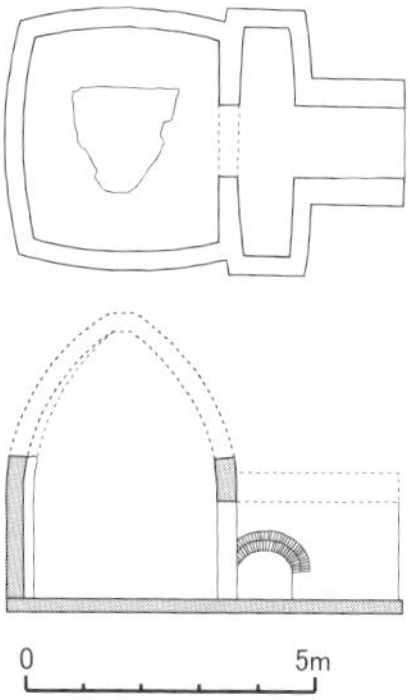

1　石材天井単室塼室墓？

2　銘文塼

図 14　朝鮮・黄海北道沙里院市 胎封里１号墳（関野ほか 1915）

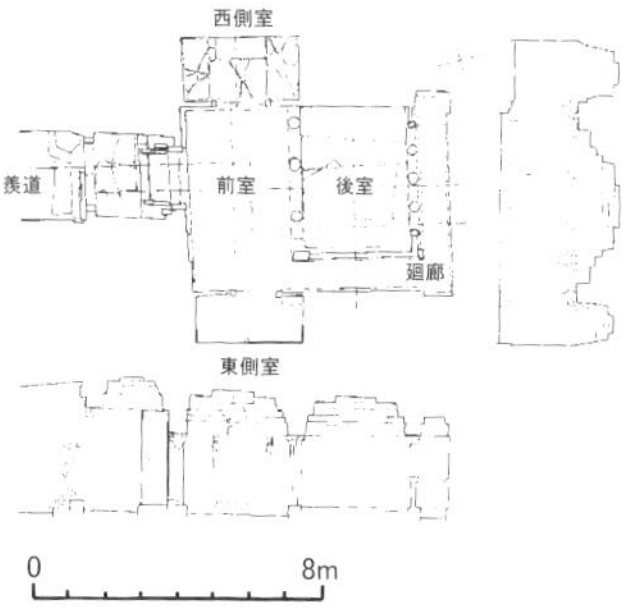

1　横穴式石室

2　西側室入口

3　西側室内部

4　前室東壁・回廊

図 15　朝鮮・黄海南道 安岳３号墳（冬寿墓）

（科学院考古学および民俗学研究所 1958）

います。帯方郡においても、楽浪郡の場合と同様に、郡滅亡以後も古墳が造られつづけます。黄海北道沙里院市胎封里1号墓は塼室墓であり、「帯方大守張撫夷」を名乗る人物の古墳です（図14—1）。ここから発見された銘文塼には「漁陽張撫夷」と記されています（図14—2）。漁陽は現在の河北省ですので、この被葬者も新たに帯方郡地域に入ってきた人物といえます。この人物は「帯方大守」を名乗っていますが、この古墳はその構造からみて、帯方郡が滅亡した後の古墳であると考えられます。それにもかかわらず、「帯方太守」を名乗る人物が帯方郡の故地に古墳を造れるほどの勢力を維持したまま存続していることを示しています。おそらく、この人物は帯方郡滅亡以後も高句麗の庇護のもと、ある程度の勢力を保持していたものと考えられます。

これと同様な事例として、黄海南道安岳郡安岳3号墳があげられます。安岳3号墳は横穴式石室墓であり、墓室内に彩色壁画が描かれています（図15）。さらに壁画のなかに東晋の永和十三年（三五七年）の墨書墓誌が記されており（図15—2）、やはり帯方郡が滅亡した後の古墳になります。墨書墓誌には被葬者が「冬寿」という人物であることが記されています。この「冬寿」については、『資治通鑑』巻九五に記された「佟寿」と同一人物と考えられています。佟寿はもともと前燕の慕容皝に仕えていましたが、咸康二年（三三六年）に高句麗に亡命した人物です。つまり、帯方郡の故地には、このような亡命豪族がいたことがわかります。さきほど取り上げた平壌駅前古墳の被葬者も同じ「佟氏」ですので、もしかしたら同族かもしれません。

また、帯方郡地域からは塼室墓に使用された紀年銘塼が多数出土しています（図16）。楽浪郡地域

1　黄海道　2　黄海道信川郡　3　黄海道信川郡北部面　4　黄海道信川郡北部面西湖里東方

図16　帯方郡地域出土紀年銘塼（井内1976）

ではこのような紀年銘塼はあまり出土していません。これらをみると帯方郡滅亡以後の年代が記された紀年銘塼が多く存在することがわかります。これは帯方郡滅亡以後もそれ以前と同様な塼室墓が造営されていたことを示しています。最も年代が下るものは、東晋の元興三年（四〇四年）銘であるので（図16―4）、少なくとも五世紀初頭までは塼室墓が造られていたことがわかります。したがって、楽浪郡地域とは異なり、帯方郡地域では四世紀代も多くの古墳が造られつづけていたのではないかと推定されます。すなわち、楽浪郡の故地が衰退していくなか、帯方郡の故地では、高句麗の庇護のもと、比較的安定した地域経営がおこなわれていたと考えられます。

したがって、三世紀後葉以後は、楽浪郡よりもむしろ帯方郡のほうが中心的な役割を担っていたのではないかと考えられます。公孫氏政権が目論んでいた帯方郡フロンティア構想が、その滅亡以後に花開いたわけです。

4　楽浪・帯方郡と三韓・倭との対外交流

次に、楽浪・帯方郡と朝鮮半島南部の三韓、日本列島の倭との交流関係についてお話ししていきたいと思います。『三国志』魏書東夷伝には韓・濊・倭が魏や西晋に朝貢したという記事が多数みられ、魏が楽浪・帯方二郡を接収したのちに、南の韓諸国の首長層に邑君や邑長の位を与えたことが記されています。尚州出土の「魏率善韓佰長」獣鈕銅印（図19）や慶尚北道迎日郡出土の「晋率善穢佰長」獣鈕銅印（図20）は、魏～西晋時期に半島南部の首長層に官位とともに与えられたものと考えられます。

三韓地域では二世紀後葉になると大型木槨墓が造営されるようになり、これら上位階層の木槨墓には楽浪郡などとの交流を示す漢式遺物が副葬されています。良洞里162号墳は二世紀後葉に造られた弁韓の大型木槨墓で、多数の鉄製品が副葬されていました（図17―1）。木槨内には板状（柱状）鉄斧（図17―7）が十本一束で四か所に置かれており、その上に木棺が置かれていたと推定されます。弁韓地域では鉄器が単なる道具としてではなく、上位階層を象徴するものであったことがわかります。三韓の上位階層はこの時期から厚葬墓を強く志向するようになります。また、良洞里162号墳には後漢鏡が副葬されており（図17―2）、楽浪郡と交流をおこなっていたこと示しています。さらに、北部九州産と考えられる小型仿製鏡も副葬されており、同時に北部九州との交流もおこなっていたことがわかります。

良洞里235号墳は三世紀前半の大型木槨墓ですが、三世紀になって木槨墓がさらに大きくなっていく

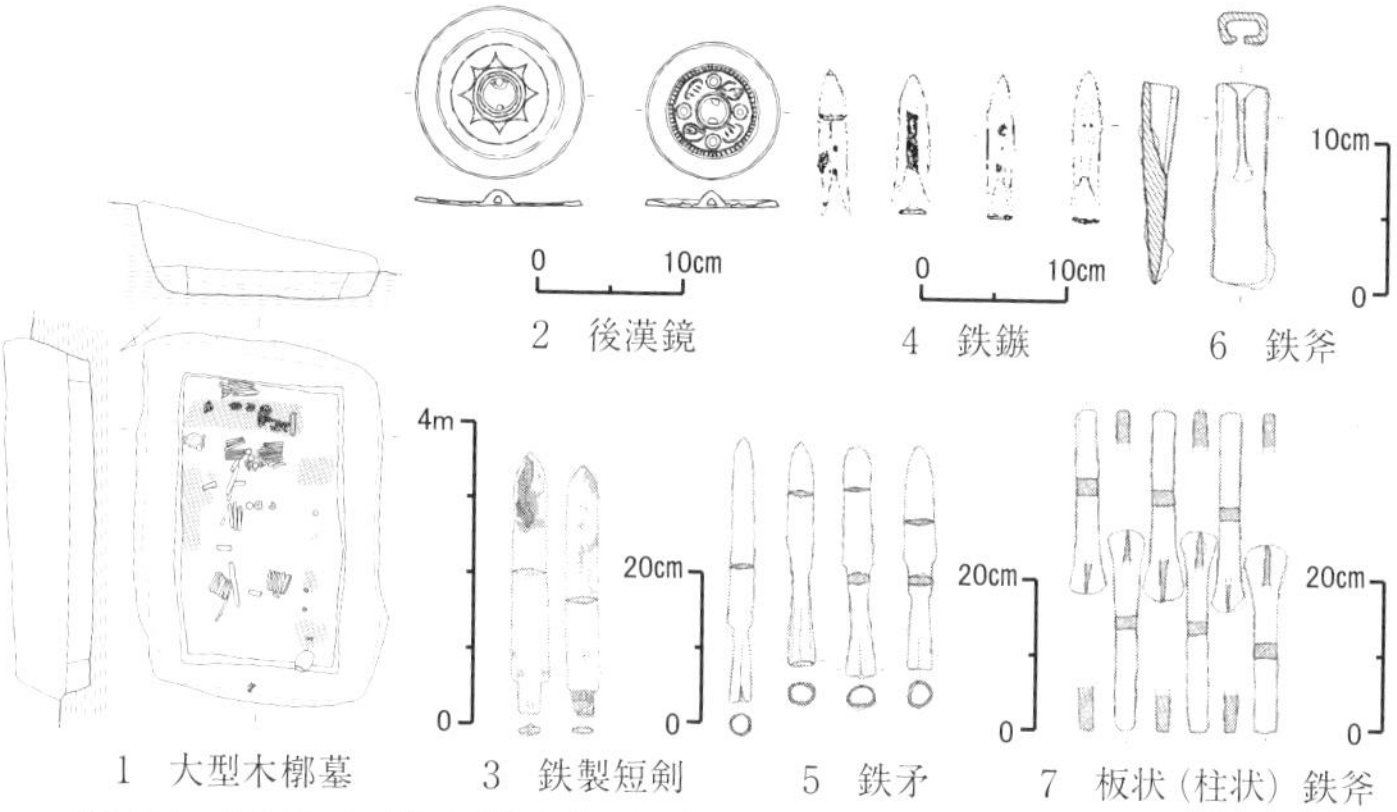

図17　韓国・慶尚南道金海市 良洞里162号墳（イムヒョテクほか2000）

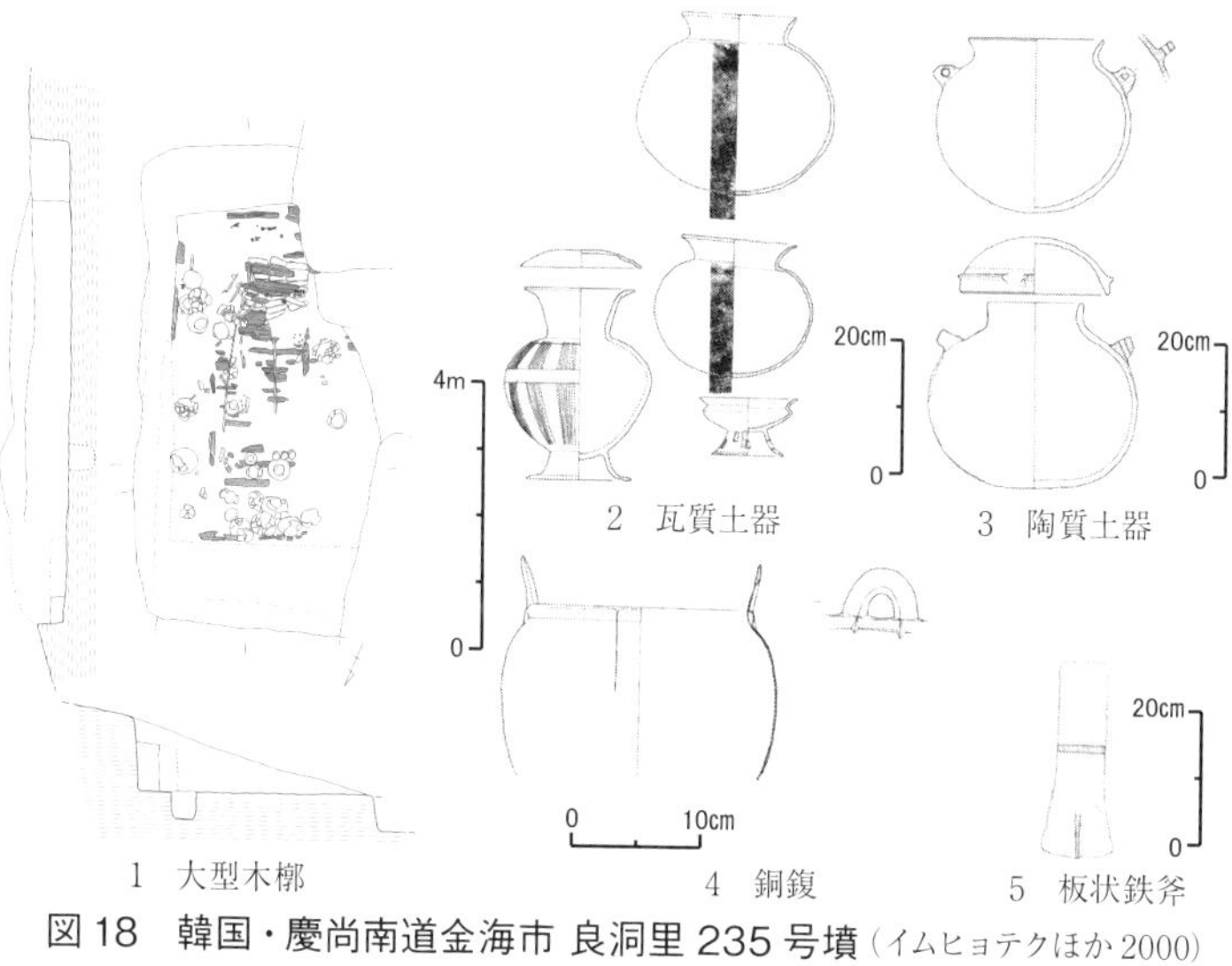

図18　韓国・慶尚南道金海市 良洞里235号墳（イムヒョテクほか2000）

「魏率善韓佰長」獣鈕銅印

図 19　韓国・
慶尚北道尚州市
（西谷 2009）

「晋率善穢佰長」獣鈕銅印

図 20　韓国・
慶尚北道迎日郡
（イヨンフンほか 2001b）

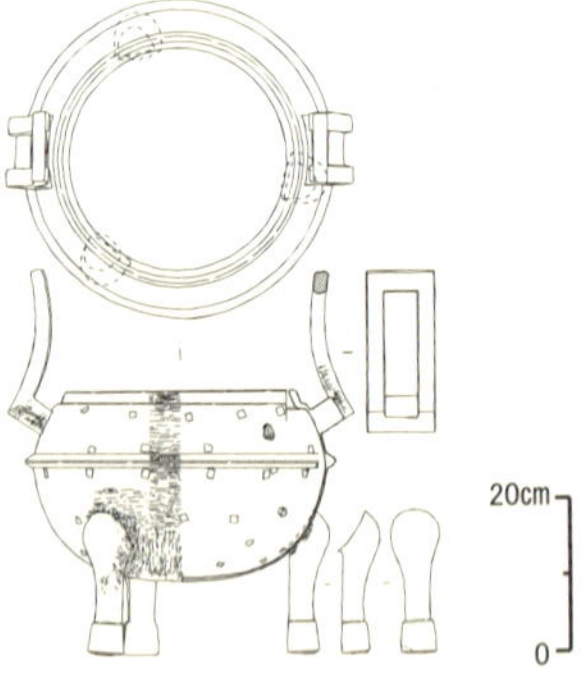

銅鼎

図 21　韓国・
蔚山市下垈 ka-43 号墳
（イヂェヒョンほか 1997）

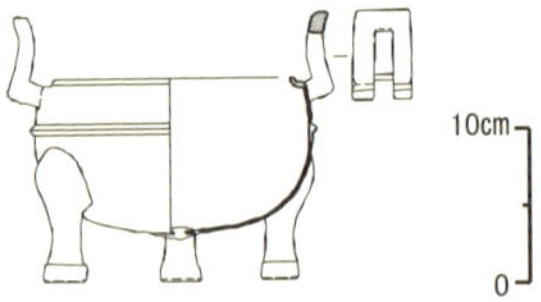

銅鼎

図 22　韓国・慶尚南道金海市
良洞里 322 号墳
（イムヒョテクほか 2000）

銅鼎

図 23　朝鮮・平壌市
石巌里 9 号墳
（関野ほか 1925・1927）

ことがわかります（図18―1）。木槨の中央部には長い環頭大刀が副葬されています。そして、被葬者の頭部付近には板状鉄斧が集中的に置かれています（図18―5）。やはり、副葬品のなかで鉄器が重要な意味をもっていることがわかります。また、土器類においては、この時期から瓦質土器（図18―2）に加えて、陶質土器（図18―3）が出現します。良洞里322号墳には銅鼎という漢式遺物が副葬されていました（図22）。銅鼎は辰韓の大型木槨墓である蔚山市下垈ka―43号墳でも出土しています（図21）。同様なものが楽浪郡の古墳からも出土していますので（図23）、楽浪郡経由で入ってきたものであろうと思われます。

このように三韓地域には大型木槨墓という厚葬墓が登場し、これらは次の三国時代へとつながっていきますが、これら厚葬大型木槨墓の要素の一部は、楽浪郡から導入されたのではないかと考えられます。楽浪郡の上位階層では木槨墓系統の墓制が三世紀まで存続しており、それらが三韓の上位階層に取り入れられたと考えられます。

倭においても三韓とほぼ同じ時期に木槨墓が導入されます。岡山県倉敷市楯築墳丘墓は弥生時代後期後半の墳墓であり（図24）、良洞里162号墳とほぼ同じ時期であると考えられます。楯築墳丘墓の埋葬主体部は木槨墓を採用しており（図24―2・3）、吉備の首長層が三韓の首長層と同様に木槨墓を導入したことがわかります。これは偶然の一致とは考えられません。やはり、これは倭の首長層も三韓と同様に、楽浪郡の上位階層を象徴する墓制である厚葬木槨墓を強く志向していたことを示しているのだろうと考えられます。

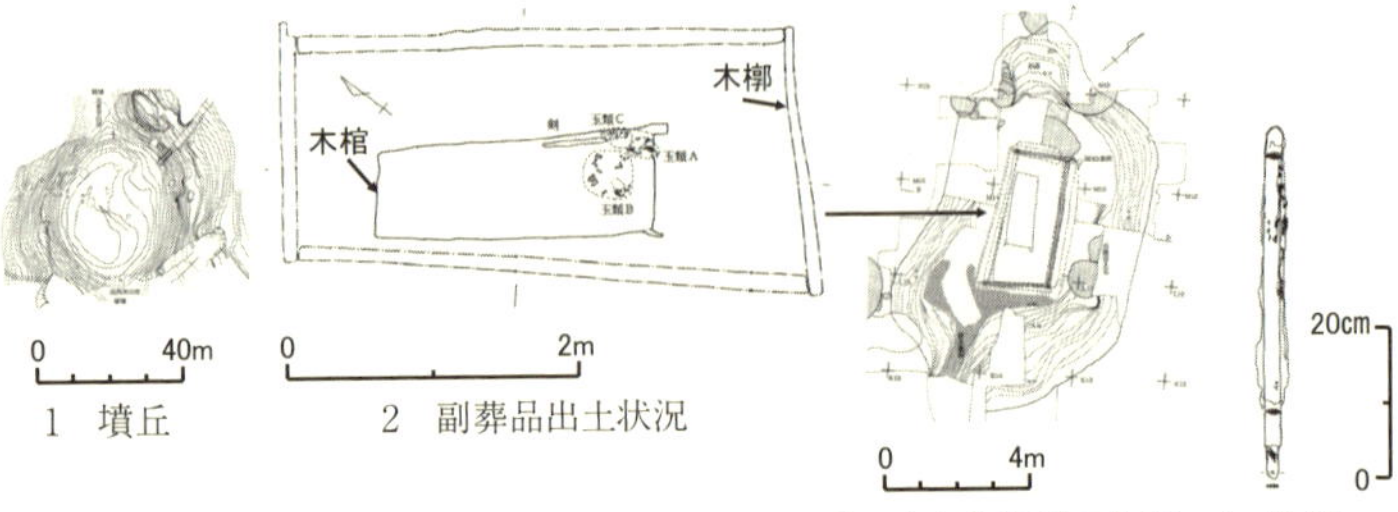

1 墳丘　2 副葬品出土状況　3 中心主体部の木槨　4 鉄剣

図 24　岡山県倉敷市 楯築墳丘墓（近藤 1992）

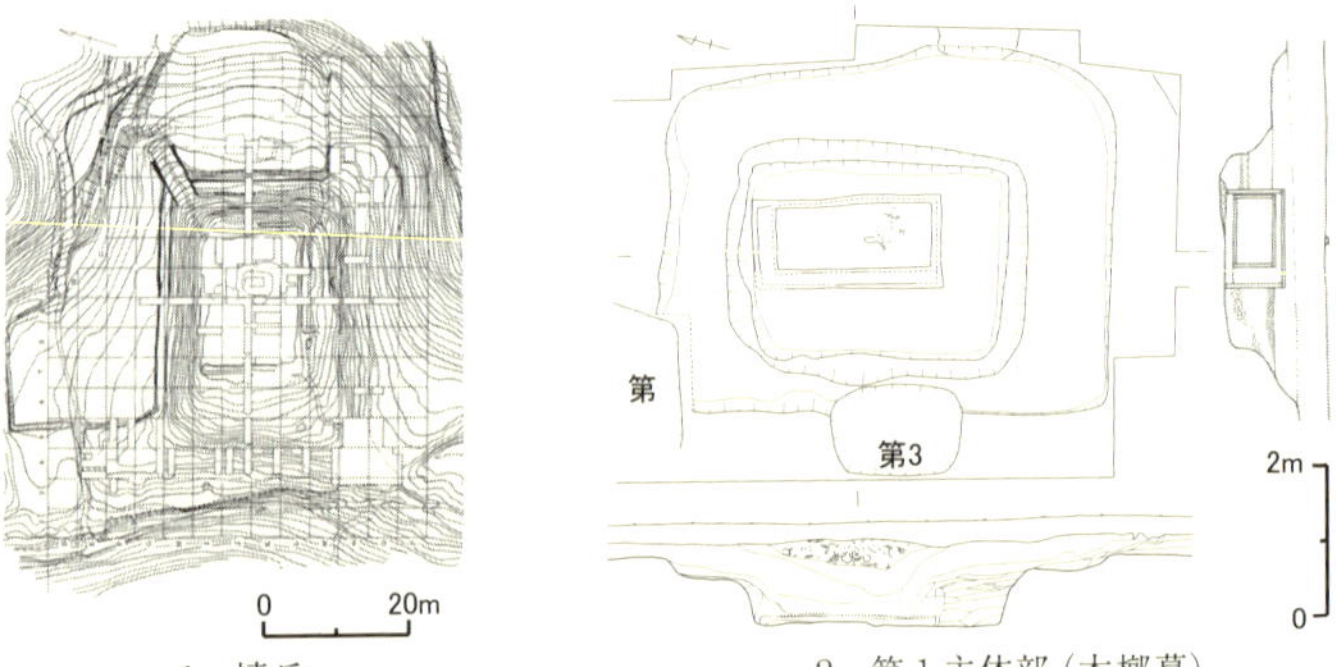

1 墳丘　2 第 1 主体部（木槨墓）

図 25　島根県出雲市 西谷 3 号墓（田中ほか 1992）

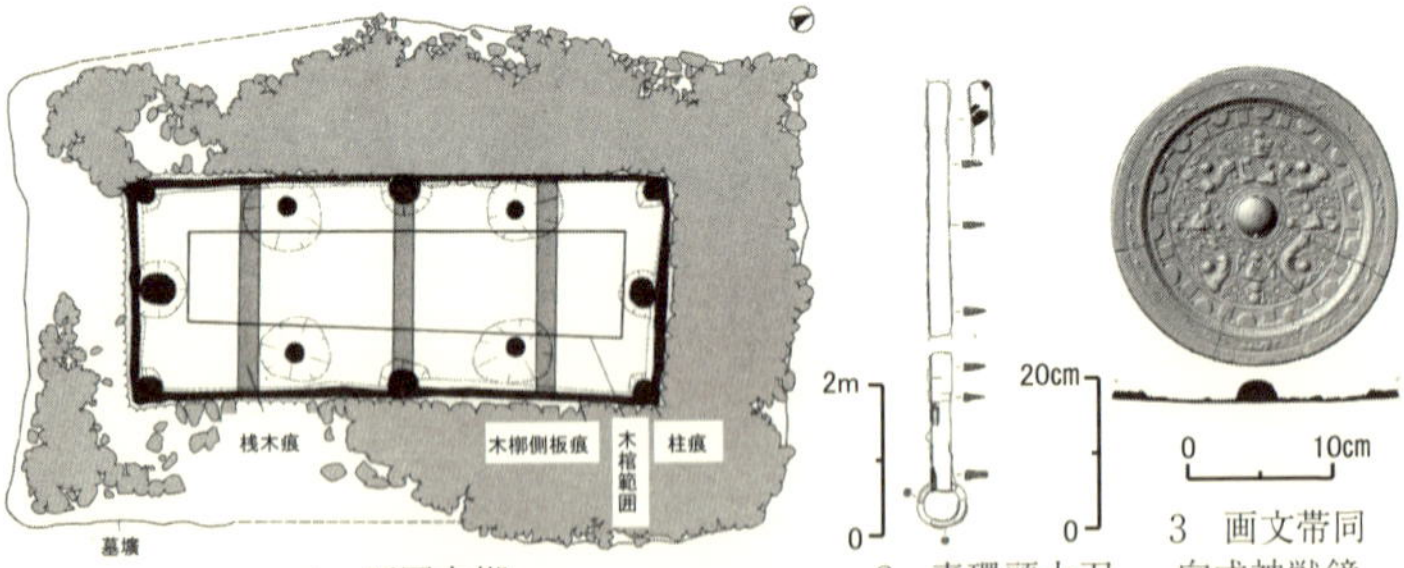

1 石囲木槨　2 素環頭大刀　3 画文帯同向式神獣鏡

図 26　奈良県桜井市 ホケノ山古墳（岡林ほか 2008）

同様な木槨墓は山陰地域にもみられます。島根県出雲市西谷3号墓は四隅突出形墳丘墓であり（図25―1）、良洞里162号墳とほぼ同じ時期に当たります。西谷3号墓の埋葬主体部にも木槨墓が採用されています（図25―2）。瀬戸内地域の吉備だけでなく、山陰地域の出雲でも木槨墓が導入されていることがわかります。

さらに、畿内地域でも三世紀前半になると木槨墓が導入されます。奈良県桜井市ホケノ山古墳では石囲木槨という埋葬主体部が造られていました（図26―1）。のちの大和王権の中枢においても木槨墓が導入されており、大型前方後円墳の出現前夜に厚葬墓が強く志向されていたことがわかります。

また、倭においても二世紀後葉～三世紀前半には鏡などの漢式遺物が増加することから、楽浪郡、あるいはこの時期に新たに設置された帯方郡との交流が活発におこなわれていたことがわかります（図26―3）。さらに、倭と楽浪・帯方郡との交流だけでなく、三韓と倭の交流も重要です。弥生時代後期後半になると福岡県糸島市平原1号墓のように長い環頭大刀が出現します（図27）。もともと環頭大刀は漢式文物であり、同時期の楽浪郡の古墳からも出土しています（図28―1）。しかし、この時期になると、三韓地域でも環頭大刀を製作するようになります（図28―2・3）。それらが日本列島にも入ってきています。

さらに、北部九州地域だけでなく、東日本にも三韓系文物が入ってきています。長野県木島平村の根塚遺跡では渦巻文装飾付鉄剣が出土しています（図29）。柄の部分に渦巻文装飾が作り出されている長剣です。同様な渦巻文装飾付鉄剣は弁韓の良洞里212号墳から出土しており（図30）、渦巻文装飾

環頭大刀

図 27　福岡県糸島市
平原 1 号墓
（原田 1991）

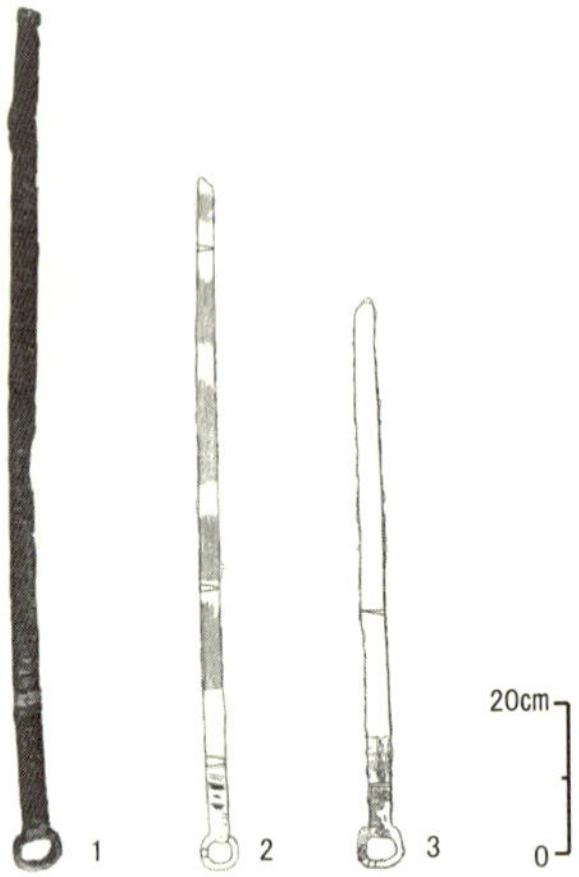

図 28　楽浪郡・三韓の環頭大刀

1　道済里 50 号墳（楽浪郡）（梅原・藤田 1948）
2　清堂洞 22 号墳（馬韓）（ハンヨンヒほか 1993）
3　下垈 43 号墳（辰韓）（イヂェヒョンほか 1997）

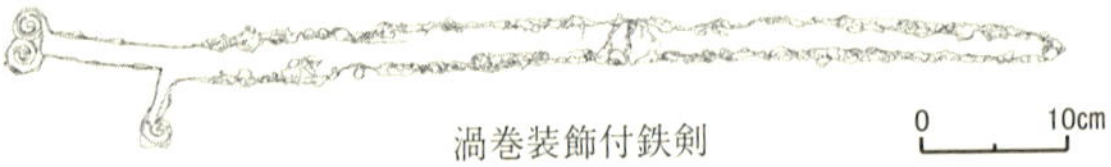

渦巻装飾付鉄剣

図 29　長野県木島平村 根塚遺跡（高橋ほか 2002）

渦巻装飾付鉄剣

図 30　韓国・慶尚南道金海市
良洞里 212 号墳（イムヒョテクほか 2000）

馬形帯鉤

図 31　長野市 浅川端遺跡
（藤尾ほか 2006）

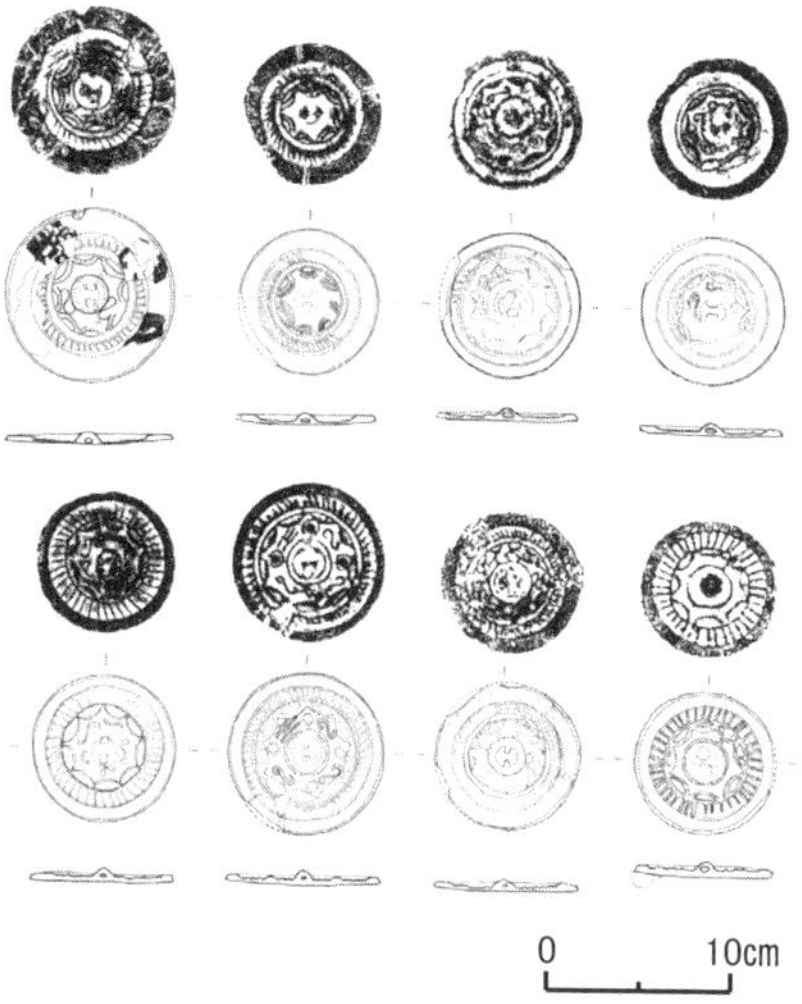

内行花文日光鏡系小型仿製鏡
1　良洞里 162 号墳

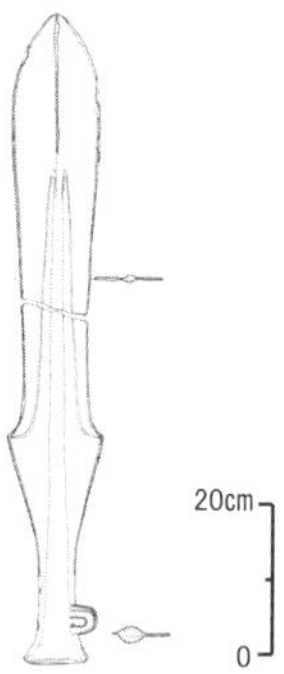

広形銅矛
2　良洞里 200 号墳

図 32　韓国・慶尚南道金海市良洞里遺跡（イムヒョテクほか 2000）

は弁韓や辰韓地域の鉄器の特徴といえます。このような弁韓や辰韓の文物が中部地域にまで入ってきたことを示しています。

　また、馬形帯鉤という装身具がありますが、これは馬韓であった忠清道を中心に多くみられるものです。長野市浅川端遺跡で出土している馬形帯鉤（図31）は、馬韓の地からはるばる中部地域まで渡ってきたものです。半島における馬形帯鉤の出土地を線でつなぐと、嶺南地域から洛東江をさかのぼって湖西地域へと至る内陸ルートがみえてきます。おそらく、これが倭から楽浪・帯方郡へと向かうルートの一つではないかと考えられます。『魏志倭人伝』には西海岸ルートが記されていますが、西海岸一帯は航海の難所であり、当時の倭の船でここを航行するのは困難ではなかったかと思います。

また、良洞里遺跡では北部九州産の小型仿製鏡（図32―1）や中広形・広形銅矛などの青銅製武器形祭器（図32―2）が出土しています。これは北部九州と嶺南地域との密接な交流関係を示しており、北部九州と郡県の交渉においても、韓国南部地域との相互交流が基盤となっていたことがわかります。

【参考文献】

【日本語】

有光教一・藤井和夫　二〇〇三『朝鮮古跡研究会遺稿Ⅲ―平壌石巌里第218号墳・平壌貞柏里第24号墳発掘調査報告一九四三―』ユネスコ東アジア文化研究センター・財団法人東洋文庫

井内　功　一九七六『朝鮮瓦塼図譜Ⅰ　楽浪帯方』井内古文化研究室

池内　宏　一九二九「公孫氏の帯方郡設置と曹魏の楽浪・帯方二郡」『史苑』第2巻第6号（『満鮮史研究』上世第1冊、吉川弘文館、一九五一年所収）

梅原末治・藤田亮策　一九四八『朝鮮古文化綜鑑』2、養徳社

岡崎　敬　一九六四「安岳三号墳（冬寿墓）の研究―その壁画と墓誌銘を中心として―」『史淵』93集、37―76頁

岡林孝作ほか　二〇〇八『ホケノ山古墳の研究』橿原考古学研究所研究成果第10冊、奈良県立橿原考古学研究所

岡村秀典　一九九九『三角縁神獣鏡の時代』吉川弘文館

小田富士雄ほか　一九七四『対馬―浅茅湾とその周辺の考古学調査―』長崎県文化財調査報告書第17集、

長崎県教育委員会
小場恒吉・榧本亀次郎　一九三五『楽浪王光墓』古跡調査報告第二、朝鮮古跡研究会
榧本亀次郎・野守　健　一九三三「永和九年在銘塼出土古墳調査報告」『昭和七年度古跡調査報告第一冊』朝鮮総督府
窪添慶文　一九八一「楽浪郡と帯方郡の推移」『東アジア世界における日本古代史講座』第３巻、学生社、21─55頁
小泉顕夫・澤　俊一　一九三四『楽浪彩篋塚』古跡調査報告第一、朝鮮古跡研究会
近藤義郎　一九九二『楯築弥生墳丘墓の研究』楯築刊行会
関野　貞ほか　一九一五『朝鮮古跡図譜』１、朝鮮総督府
関野　貞ほか　一九二五『楽浪郡時代ノ遺跡（図版）』古跡調査特別報告第四冊、朝鮮総督府
関野　貞ほか　一九二七『楽浪郡時代ノ遺跡（本文）』古跡調査特別報告第四冊、朝鮮総督府
清水竜太・風間栄一　二〇〇五「長野市浅川端遺跡出土の馬形帯鉤」『考古学雑誌』第89巻第２号、76─87頁
高久健二　一九九五『楽浪古墳文化研究』学研文化社
高久健二　一九九九「楽浪郡と帯方郡」『歴史九州』第109号、海援社、２─12頁
高久健二　二〇〇一「三韓の墳墓」『東アジアと日本の考古学Ⅰ』同成社、33─62頁
高久健二　二〇〇九「楽浪・帯方郡塼室墓の再検討─塼室墓の分類・編年、および諸問題の考察─」『国立歴史民俗博物館研究報告』第151集、161─210頁
高橋　桂ほか　二〇〇二『根塚遺跡─墳丘墓とその出土品を中心にして─』木島平村埋蔵文化財調査報告書№12、木島平村教育委員会

武末純一　二〇一八「日韓交流と渡来人―古墳時代前期以前―」『専修大学古代東ユーラシア研究センター年報』第4号、5―42頁
田中清美　一九九七「弥生時代の木槨と系譜」『堅田　直先生古希記念論文集』真陽社、109―127頁
田中義昭ほか　一九九二『山陰地方における弥生墳丘墓の研究』島根大学法文学部考古学研究室
田村晃一　一九九三「朝鮮半島北部の塼室墓について」『論苑考古学』天山舎、709―736頁（『楽浪と高句麗の考古学』同成社、二〇〇一年所収）
西谷　正　二〇〇九『魏志倭人伝の考古学―邪馬台国への道―』学生社
野守　健ほか　一九三五『平安南道大同郡大同江面梧野里古墳調査報告』昭和五年度古跡調査報告第一冊、朝鮮総督府
原田大六　一九九一『平原弥生古墳：大日孁貴の墓』葦書房
福田一志ほか　二〇〇五『原の辻遺跡　総集編Ⅰ―平成16年度までの調査成果―』原の辻遺跡調査事務所調査報告書第30集、長崎県教育委員会
藤尾慎一郎ほか　二〇〇六『東アジア地域における青銅器文化の移入と変容および流通に関する多角的比較研究　平成16年度文部科学省研究費補助金基盤研究（B）（2）課題番号09208103』国立歴史民俗博物館
三上次男　一九六四「楽浪郡社会の支配構造」『朝鮮学報』第30集、11―61頁（『古代東北アジア史研究』吉川弘文館、一九六六年所収）
李　成　市　一九九八『古代東アジアの民族と国家』岩波書店

【韓国・朝鮮語】

アンビョンチャン・ホンウォンピョ　一九九〇「新たに発見された楸陵里塼墓」『朝鮮考古研究』1990-1、

43―45頁
イヂェヒョン（李在賢）ほか　一九九七『蔚山下垈遺跡―古墳Ⅰ』釜山大学校博物館遺跡調査報告第20集、釜山大学校博物館
イソンヂュ（李盛周）ほか　二〇〇〇「蔚山茶雲洞・中山里遺跡の木棺墓と木槨墓」『第9回嶺南考古学会学術発表会　三韓のムラと墳墓』、131―165頁
イヒョンへ（李賢恵）　一九八四『三韓社会形成過程研究』一潮閣
イムヒョテク（林孝澤）ほか　二〇〇〇『金海良洞里古墳文化』東義大学校博物館学術叢書7、東義大学校博物館
イヨンフン（李栄勲）ほか　二〇〇一a『鳳山養洞里塼室墓』日帝強占期資料調査報告2、国立中央博物館
イヨンフン（李栄勲）ほか　二〇〇一b『楽浪―The Ancient Culture of Nangnang―』国立中央博物館
科学院考古学および民俗学研究所　一九五八『安岳3号墳発掘報告』遺跡発掘報告3、科学院出版社
キムヂェヨン　二〇〇七「楽浪区域勝利洞石室封土墳について」『朝鮮考古研究』2007-4、11―16頁
《朝鮮遺跡遺物図鑑》編纂委員会　一九九〇『朝鮮遺跡遺物図鑑』2、《朝鮮遺跡遺物図鑑》編纂委員会
チョンヂュノン（田疇農）　一九六二「信川から帯方郡長岑長王卿の古墳発見」『文化遺産』1962-3、76―77頁
ハンインドク（韓仁徳）　二〇〇三「路岩里石天井塼室墓について」『朝鮮考古研究』2003-3、35―40頁
ハンスンソプ（咸舜燮）ほか　一九九三『清堂洞Ⅱ』国立博物館古跡調査報告第27冊、国立中央博物館
ハンヨンヒ（韓永熙）ほか　一九九三『清堂洞』国立博物館古跡調査報告第25冊、国立中央博物館
ユンソンハク　二〇〇四「黄海南道信川郡セナル里塼室墓発掘報告」『朝鮮考古研究』2004-4、39―43頁

第3章 三世紀のチクシと三韓と倭国

久住猛雄

1　はじめに

奴国代表として参りました、福岡市埋蔵文化財課の久住です。どれくらい丁寧にお話しできるか判りませんが、今回、邪馬台国シンポジウムの最後ということで、最後だから石野先生に言いたいことを話せと言われていたのでかなり大胆なことを話すかも知れませんのでよろしくお願い致します。

早速、本題に入りますが、写真1は筑前型庄内甕といいまして、福岡平野北部の中央、比恵・那珂遺跡群とか博多遺跡群の周辺によく出てくる庄内式甕の地域型です。実は、福岡平野の中枢部は大和の地と非常に深い関係があります。今日はそういう話もするのですが、これは大和型庄内甕の工人が来て、それが少し変化して在地化して広まった土器です。

今日は、まずは時間軸と暦年代の話しをしたいと思います。最近は極端な年代観を言われる方が居られます。どういう年代観かと言いますと、国立歴史民俗博物館の先生方のグループが、土器に付いたススやコゲの炭素14年代を測って、それをAMSという精度が高いと言われている方法を用いて年代を推定しています。その結果、庄内式というのは、今までは二世紀末位から、人によっては二〇〇年頃からとか一八〇年頃からとか色々言われておりましたが、それくらいから始まるとされていた庄内式の年代が、なんと一二〇年代位から始まるという説を、歴史民俗博物館によるAMSの測定結果をもとに岸本直文さんが言われております。しかし、これは無理だろうという話しをします。

さらに、箸墓古墳が卑弥呼の墓だということが、何となく通説になっておりますけれども、それにも異議を唱えたいと思います。これに関しては名誉館長の石野さんも、箸墓は卑弥呼とは違うのではないか（次の女王台与）と言っておられるので心強く思っております。

次に私の主たるテーマである、三世紀前後の北部九州の話しをします。その中で平原という伊都国の王墓がありますが、あの墳墓の位置づけをきちんとしたいと思います。あとは、伊都国、奴国というのは如何に凄いかという話しをします。その中で伊都国と奴国はお互いにライバル関係でもありましたが、これらの国がヤマト政権の成立に何らかの関わりがあるという話しをします。さらに、これは北部九州ではないのですが、狗奴国の話もします。

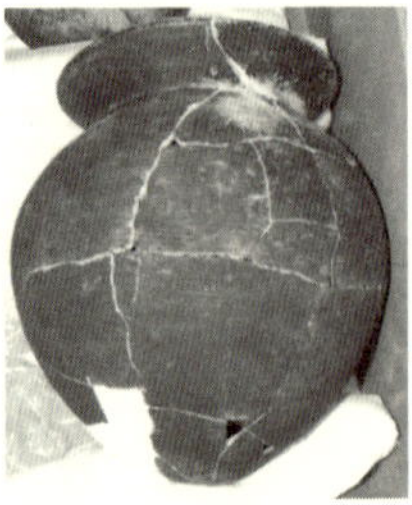
写真１　筑前型庄内甕
（雀居遺跡出土、久住撮影、福岡市埋蔵文化財センター蔵）

私は九州に住んでおりますが、九州説の皆さんには申し訳ありませんが、私は、邪馬台国は畿内すなわち大和と思っておりますので、邪馬台国九州説を期待されておられる方には予めお断りしておきます。ところが狗奴国の位置については畿内説では、東海地方が有力とされておりますが、実はこれは甚だ問題がありまして、私は畿内説でありながら狗奴国については肥後（熊本平野）説を採っております。これは、実は学史をひもときますと、近代に入ってからの畿内大和説の元祖であります、内藤湖南は意外にも（狗奴国）肥後説を採っております。そういった学史も踏まえて述べたいと思います。

あとは（倭国と）三韓とか楽浪郡・帯方郡との交易や外交の話をします。「（対外）交易機構」という、白井克也さんが最初に述べられた構想（白井克也二〇〇二）を私が発展させた話（久住二〇〇四・二〇〇七）をします。それから倭国の話ですが、「倭国」というのはおそらく二世紀の初めに伊都国を中心に成立したと思いますが、それが倭国乱れる、の後に再び成立するのですが、その成立過程に関しては、ここで新説を述べたいと思います。

2　時間軸と暦年代

図1に、二〇一四年の岸本直文さんの論文（岸本直文二〇一四）に、寺沢説、北條説、岸本説というのが出ておりますが、大体が今迄の通説は、寺沢説とか北條説のように、大体庄内式の始めは二〇〇年かそれを少し遡る頃に考えて、楯築の墳丘墓は二世紀の後半から末までの間で造られたという説でありました。箸墓を卑弥呼の墓くらいにするか、あるいは少し下らせるかという差はあります。そして纒向石塚、おそらく纒向古墳群で一番古い「古墳」ですが、この古墳が大体三世紀前半の何処かというのが今までの説でしたが、先ほど言いました炭素14年代測定のAMS法によりますと、そのデータを（年輪年代による）較正年代で読みとると、庄内式の初めは二世紀の前半になってしまうこと

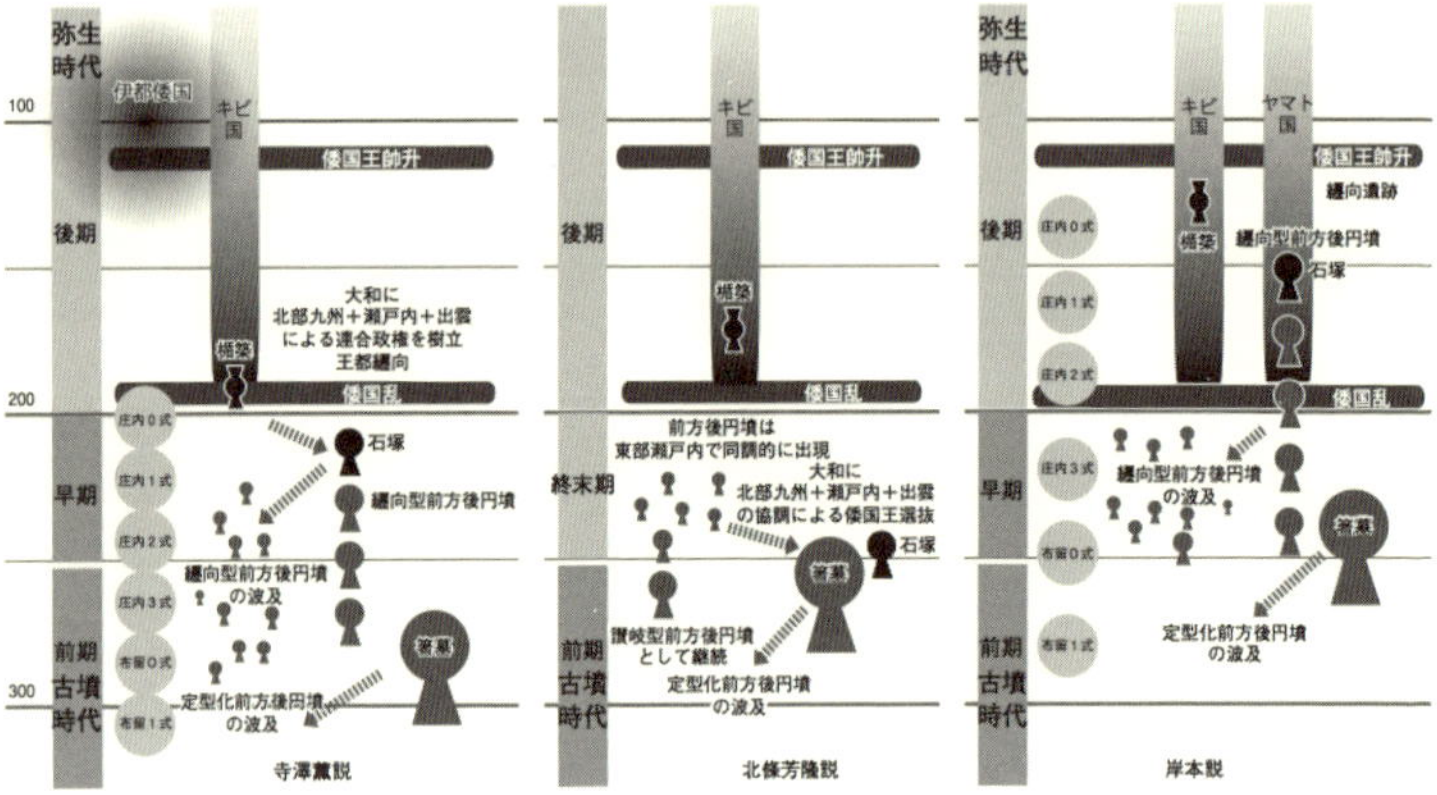

楯築墓と纒向諸墳および纒向型前方後円墳の関係（岸本 2014）

図１　岸本直文氏の整理によるヤマト政権の成立過程と暦年代観諸説

になります（岸本直文説）。そうすると纒向石塚は二世紀の中頃位までに出来ていて、纒向古墳群だけが他の地域に著しく先駆けて大きい古墳が出来ていて、ヤマト〈帝国〉（岸本氏は「帝国」とは言っていないが、ヤマトの先駆的な優位性を強調するので、あえてこう表現する）が二世紀前半から存在するというようなものが岸本説で、箸墓古墳は卑弥呼の墓とするのは当たり前であるということになりますが、さて如何でしょうか。

実は炭素14の較正というものは年輪年代で補正しながら作ってきていますので年輪年代資料による暦年代推定について、それは違うとして、ＡＭＳ法による暦年代推定を重視し優先する人がいれば自己矛盾を来すことになります。

ここで、石川県金沢市の大友西遺跡の井戸枠の（最外輪の）年輪年代（「樹皮型」のため伐採年代）が一六九年ということが判っています（図2）。従って、この井戸の構築の年代は一六九年かその直後ということに

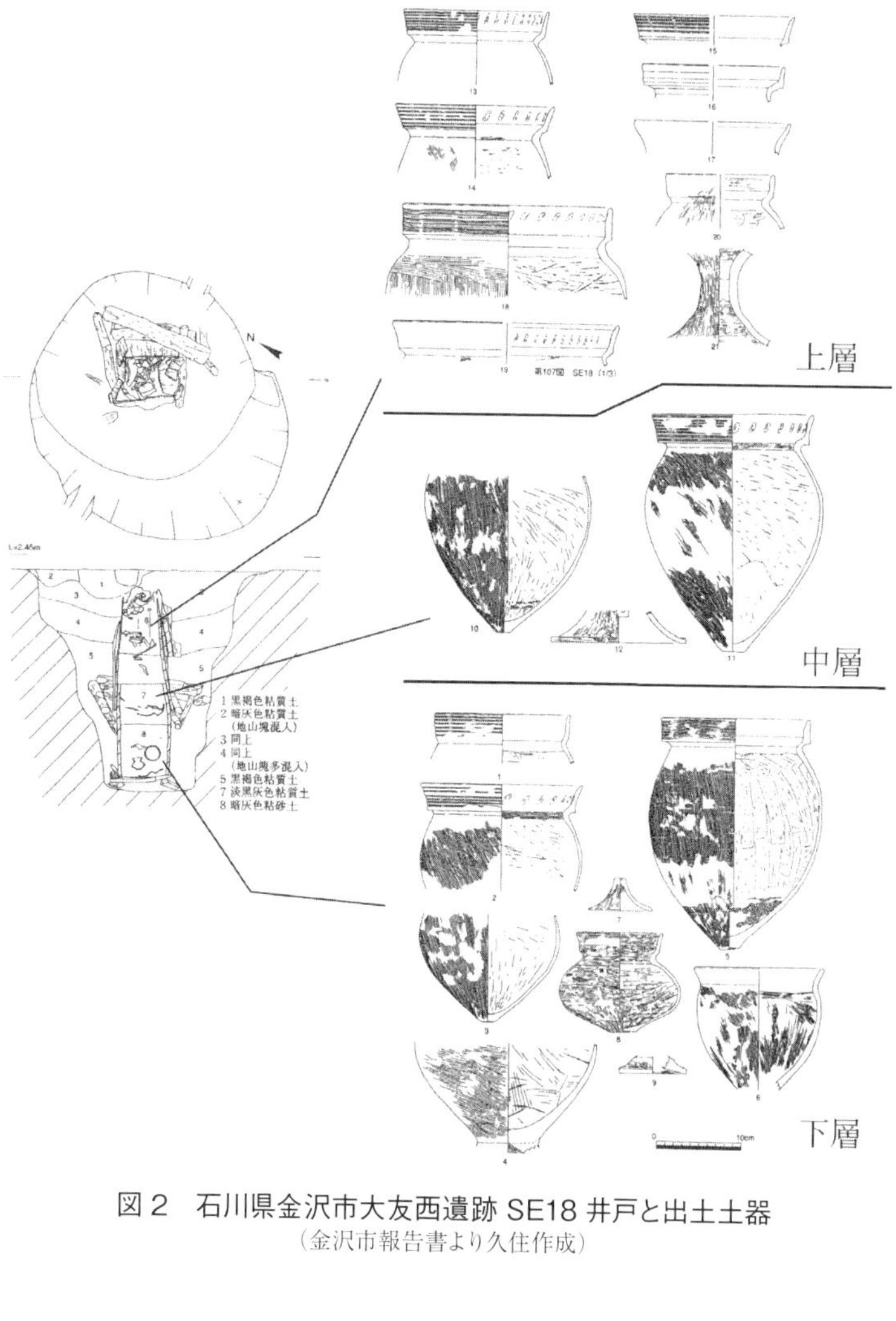

図２　石川県金沢市大友西遺跡 SE18 井戸と出土土器
（金沢市報告書より久住作成）

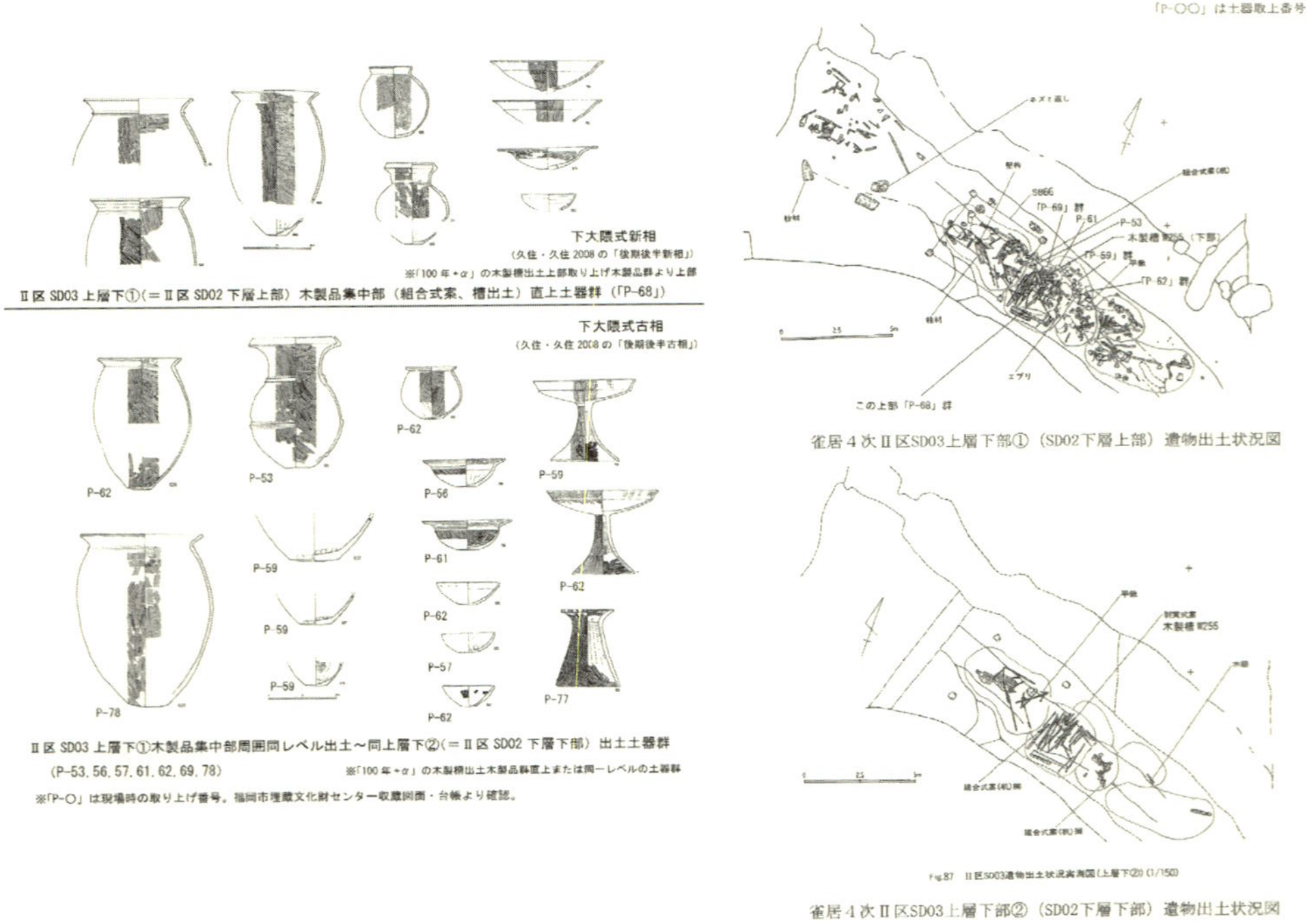

図３　福岡市博多区雀居遺跡４次の年輪年代測定木槽ほか遺物群出土状況と上部層・直上層の共伴土器
（福岡市報告書と原図から久住作成）

写真2　雀居遺跡4次環濠下層上部遺物群出土状況
（福岡市埋蔵文化財調査報告書）

写真3　雀居遺跡4次環濠下層下部年輪年代測定木槽出土状況
（写真2の下）

なります。その井戸が使われてしばらくしてから（直後ではない）、比較的早い段階で下層に纒向1式（寺沢薫編年の庄内0式）に併行する土器（北陸西部の「月影Ⅰ式」）が廃棄されておりました。ですから、纒向1式というのは、ほぼ庄内0式かその直前を含む様式の幅ですので、庄内式の始まりが一二〇年ということになりますと、この年輪年代資料からいえばあり得ないことになります。

ところがAMS年代を最優先する人達は、（井戸の）中層に月影Ⅱ式という土器群があって、これが庄内1式から2式（寺沢編年）ぐらいに併行だから、AMS法による庄内1式から2式の年代推定と合っていると、わけのわからないことを言っています（岸本直文二〇一五）。しかし、中層というのは井戸を使わなくなった時の祭祀の土器の廃棄なのです。井戸の構築とは明らかに時間差があります。先ほどのような無理な説明を論理学では「強弁」といいます。ですから、これはあり得ない話です。

次に意外に知られていないことですが、福岡市の福岡空港の国際ターミナルの下には、雀居《ささい》遺跡という弥生後期の拠点的な集落があります。かなり大きな集落で凄い遺物がたくさん出ておりますが、福岡平野では（集落の階層ではトップクラスでなく）二番目、三番目クラスの遺跡です。ここの後期後半位の環濠の中層から下層にかけて、ある部分に木製品や土器などが集中して捨てられている場所がありました。そこは特別な遺物が多く出るということで、調査の際には、ここだけは特に大事に細かく記録を残しております（図3）。ここの環濠下層上部（報告では「上層下部①」）からは、北部九州の後期後半の新相の土器群が出ております。この資料ですけれども比較的一括性の高い資料です。そしてそれを取り外すと多数の木製品とともに後期後半の古相の土器群が出ております（報告では「上層下部②」）。これも一括性が高い遺物群です。そしてこれらの出土品を外したら下部の様々な遺物の中に木槽（報告では「刳貫式案」）がありまして、これの年輪年代が（最外輪で）一〇〇年、光谷拓実さんによると、これは芯材といってあと三〇年くらいは外側にあるはずであるということで、一三〇年くらいの伐採と考えられ（「一三三年」とも推定している）、その材を使って作られた木製品であると推定されております（光谷二〇〇三）。これが後期後半の古相の土器群の下から出ているのです（写真2・3）。しかも、伐採＝製作年代にプラスして使用年数があるはずです。

これ（後期後半古相）は、畿内大和との併行関係でいいますと、V様式の中相から新相の古いところにかけての時期に相当するので、庄内式が一二〇年代に開始とする説とは完全に矛盾します。ということで、年輪年代資料の大友西遺跡とこの雀居遺跡の二点からすると、二世紀前半の庄内式開始説というのは絶対にあり得ないとは言いませんが、相当厳しい、まあほぼあり得ないのではないかと思

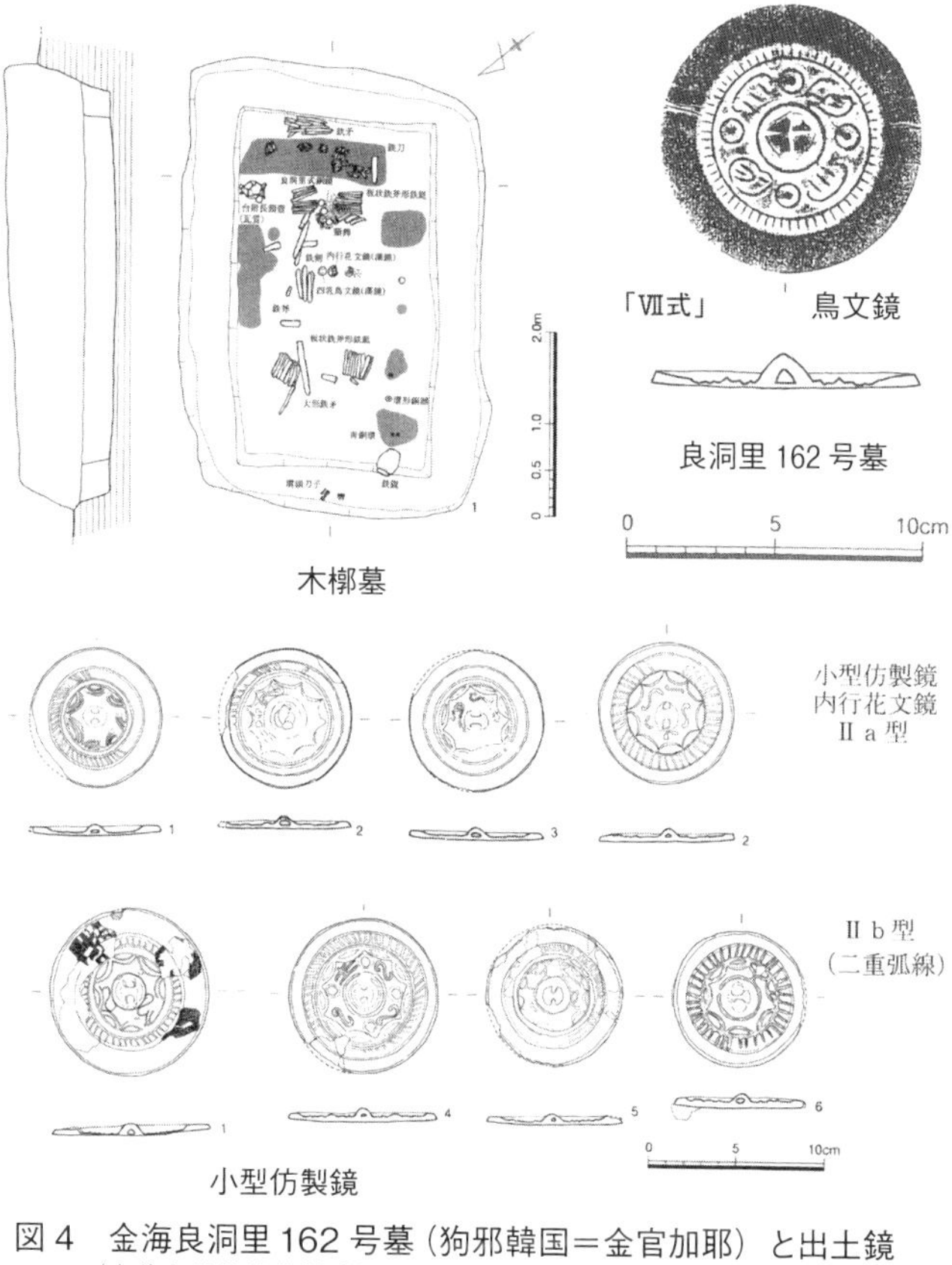

図4　金海良洞里162号墓（狗邪韓国＝金官加耶）と出土鏡
（東義大学校博物館『良洞里古墳文化』報告書より久住作成）

います。そうしますと二世紀後半から末までの何処かで庄内式が始まるとする説が最も矛盾が少ないということになると思います。

先ほどの高久さんの話にも出てきましたが、金海良洞里の遺跡の大きな木槨墓（162号墓）に北部九州系の小形仿製鏡が出ているという話がありました（図4）。

この小形仿製鏡がⅡa式、Ⅱb式というもので、Ⅱb式の一番古い副葬例になりますが、一緒に後漢鏡が二面ありまして、うち一面は鳥文鏡です。この鳥文鏡が問題です。また金海長有里遺跡というところの住居址から「高島式」という今の北九州市域から豊前地方の壺形土器が出ています（図5）。ここで一緒に出ている土器は先ほどの良洞里162号墓の土器と同じ様式です（李盛周編年の「Ⅰ－7＝Ⅱ－1期」、表1）。ですから、北部九州の後期後半（の一部）と良洞里162号墓は、ほぼ併行するというのは間違いありません。

この良洞里162号墓の鳥文鏡は、岡村秀典さんの編年で言っても（岡村一九九三a）、その最後の（細線式獣帯鏡）Ⅵ式とされるものよりも鳥の文様が退化してしまって、鳥の模様というよりも温泉マークの様な文様になっておりまして、「漢鏡6期」の（二世紀末～）二世紀前半でもかなり新しいところ、二世紀中頃に近い鏡と思われます（久住は仮に「Ⅶ式」とする）。これが後期後半の時期に出ているのです。ということは先ほどの年輪年代でも、後漢鏡でも、年代推定はほぼ同じになるということが出来ます。

その次の、庄内式の前半（庄内0・1式）の年代ですが、徳島県の萩原1号墓の鏡は楽浪に同型鏡がありますけれども、この画文帯神獣鏡の紋様にある「雲車」というものが一番古い型式ではないということで（小山田宏一一九九三、福永伸哉ほか二〇〇五）、これは余り下手なことを言いますと、福永さんに突っ込まれそうですので控え目に言っておきますが、多分一八〇年代のものである、中平年間の神獣鏡よりはいくらかは新しくなると思います（図6）。そして、萩原1号墓にある阿波型小型

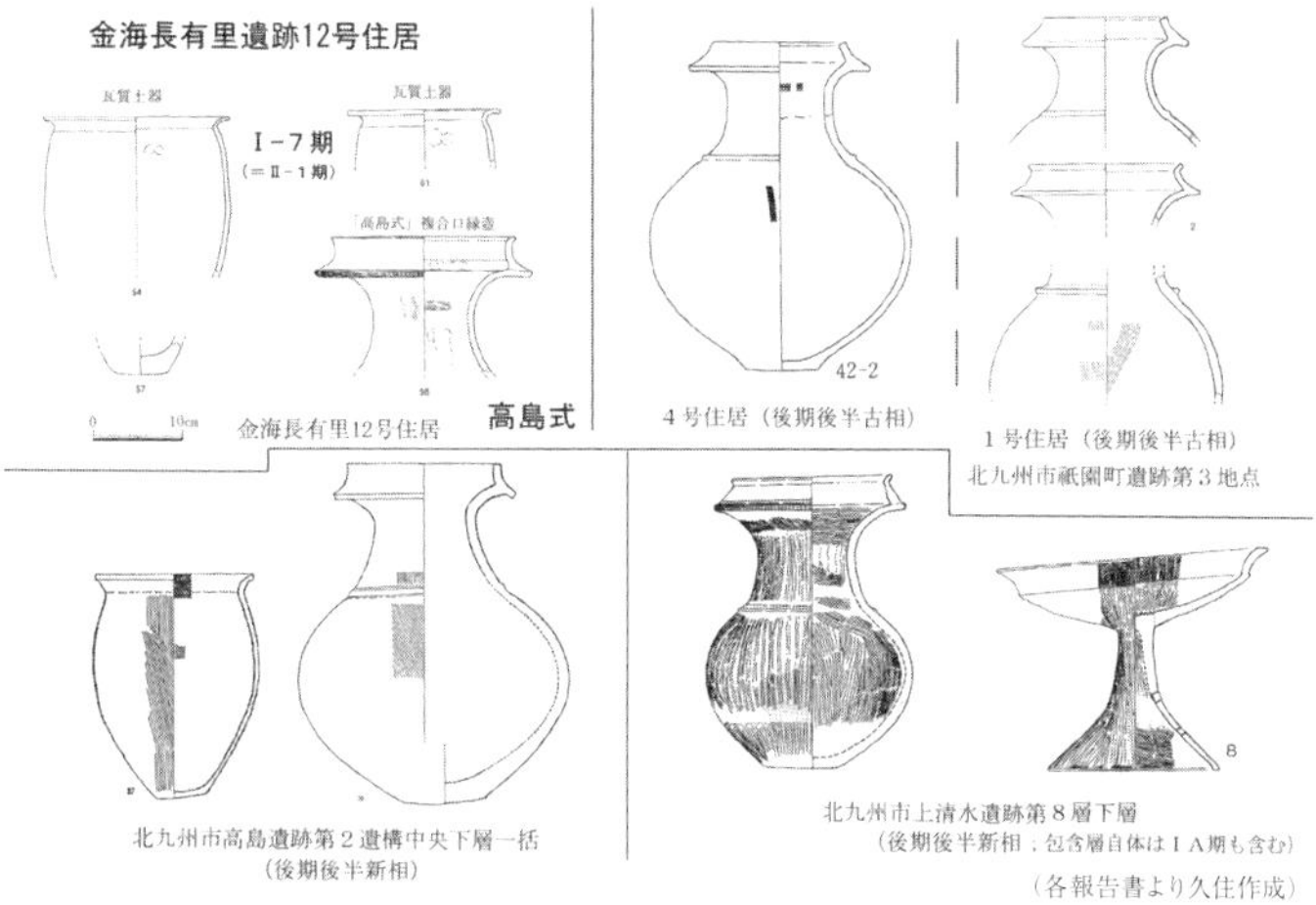

図5　金海長有里遺跡12号住居出土土器と「高島式」複合口縁壺

推定暦年代	李盛周1999・200	久住1999／久住・久住2008	平井典子1996／高橋護1980	寺沢・森井1989／米田敏幸1991	藤田・松本1989／寺沢薫1986	森本幹彦2006／田嶋明人2007・2008	赤塚次郎1990・1992
	弁辰韓（半島東南部）	北部九州	吉備	河内	大和	加賀（北陸西部）	濃尾（東海西部）
	Ⅰ−1	中期後葉（須玖Ⅱ式古相）					
前50年±	Ⅰ−2	中期末（須玖Ⅱ式新相＝KⅢb・c）	（平井1996）（高橋1980）	Ⅳ−3	Ⅳ−1		
前1世紀末	Ⅰ−3	中期末／後期初頭（柳田編年後期1式古相）（KⅢc新〜KⅣa）	Ⅳ−3　Ⅴb期				
AD14年以降	Ⅰ−4	後期初頭（KⅣa新〜KⅣb古）	Ⅵ期	Ⅳ−4	Ⅳ−2		
		後期前葉（KⅣb新〜KⅣc古）	Ⅴ−1a	Ⅴ−0	Ⅴ−1	猫橋式前半	八王子古宮式
1世紀後半	Ⅰ−5		Ⅴ−1b	Ⅴ−1	Ⅴ−2		山中Ⅰ式1段階
		後期中頃（KⅣc新）	Ⅴ−2a	Ⅴ−2	Ⅵ−1	猫橋式後半	山中Ⅰ式2段階
				Ⅴ−3	Ⅵ−2	法仏式前半	山中Ⅰ式3段階
130年以降	Ⅰ−6	後期後葉古相	Ⅴ−2b	Ⅵ−1		法仏式後半1	山中Ⅱ式1段階
			Ⅴ−3a		Ⅵ−3	法仏式後半2	山中Ⅱ式2段階
	Ⅰ−7／Ⅱ−1	後期後葉新相	Ⅴ−3b	Ⅵ−2			山中Ⅱ式3段階
169年以降			Ⅸa期		Ⅵ−4＝纒向1（古）	月影式前半1＝漆町2−2群	廻間Ⅰ式0段階
				＋		漆町3−1群	
	Ⅱ−2a	ⅠA期	Ⅸb期		庄内0＝纒向1（新）		廻間Ⅰ式1段階
190年代以降	Ⅱ−2b		Ⅸc期	庄内Ⅰ	庄内1	漆町3−2群	廻間Ⅰ式2段階
	Ⅱ−3a	ⅠB期	Ⅹa期	庄内Ⅱ（古）	庄内2	漆町4群	廻間Ⅰ式3・4段階
250年±				庄内Ⅱ（新）	庄内3	漆町5群	廻間Ⅱ式1段階
	Ⅱ−3b	ⅡA期	Ⅹb期	庄内Ⅲ	布留0（古）	漆町6群	廻間Ⅱ式2段階
265年？							廻間Ⅱ式2段階
	Ⅱ−4 ≒金官伽耶Ⅰ段階	ⅡB期	Ⅹc期	庄内Ⅳ	布留0（新）	漆町7群（古）	廻間Ⅱ式4段階
	Ⅲ−1 ≒金官伽耶Ⅱ段階	ⅡC期	Ⅹde期古相	庄内Ⅴ＝布留Ⅰ	布留1	漆町7群（新）	廻間Ⅲ式1段階
						漆町8群	廻間Ⅲ式2段階

※「金官伽耶Ⅰ・Ⅱ段階」は申敬澈1991

表1　弁辰韓、北部九州から伊勢湾岸までの併行関係と暦年代案（久住作成）

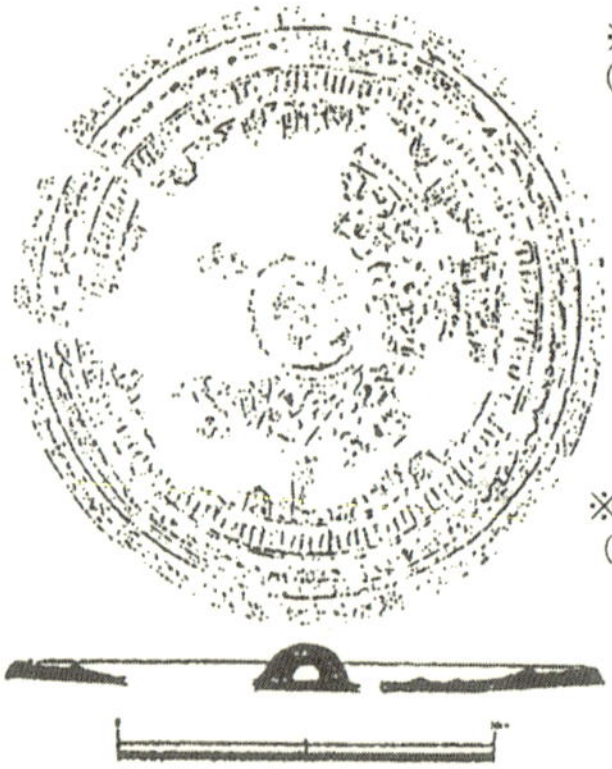

萩原1号墓鏡

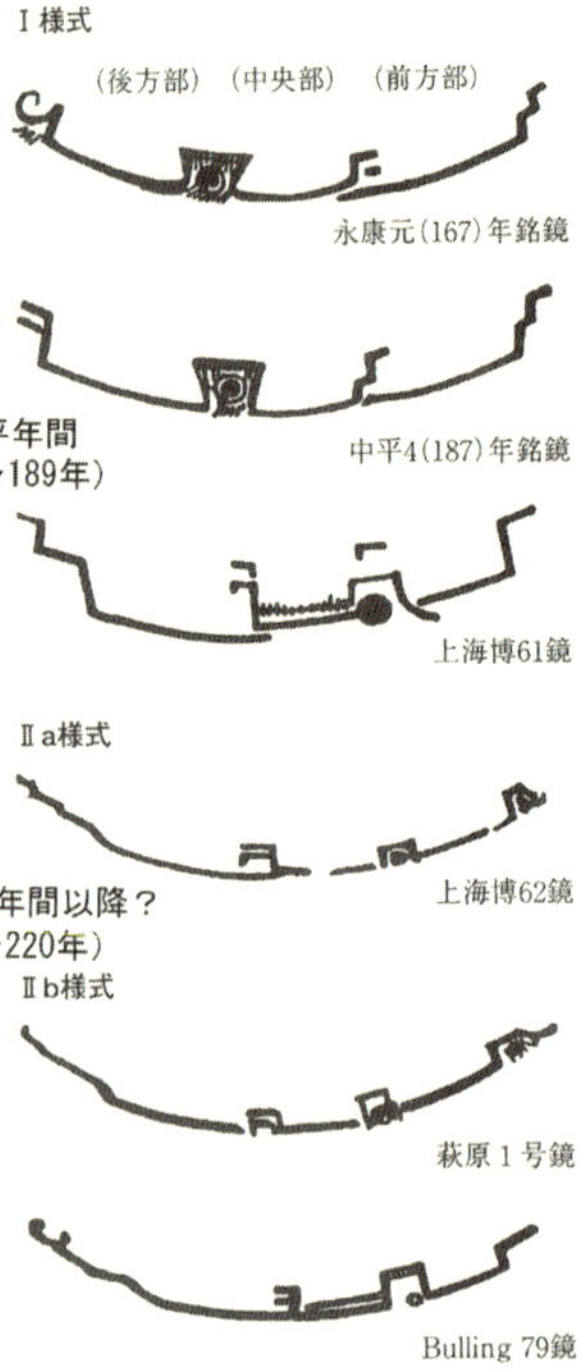

「雲車」の変遷
(小山田宏一、福永ほか2005より)
※一部加筆

図6　徳島県阿波市萩原1号墓鏡とその型式学的位位置

丸底壺と同じものが他の地域で出てくる類例を探しますと、庄内1式併行か若しくは庄内2式併行という段階にあります(図7)。

要するに萩原1号墓はそれくらい(庄内1式か新しくても2式)の段階で、それに一九〇年代か二〇〇年代の初頭の鏡が入っているということです。これも庄内式の年代はそれほど極端には遡らないということを示しています。豊前のみやこ町(勝山町)にある

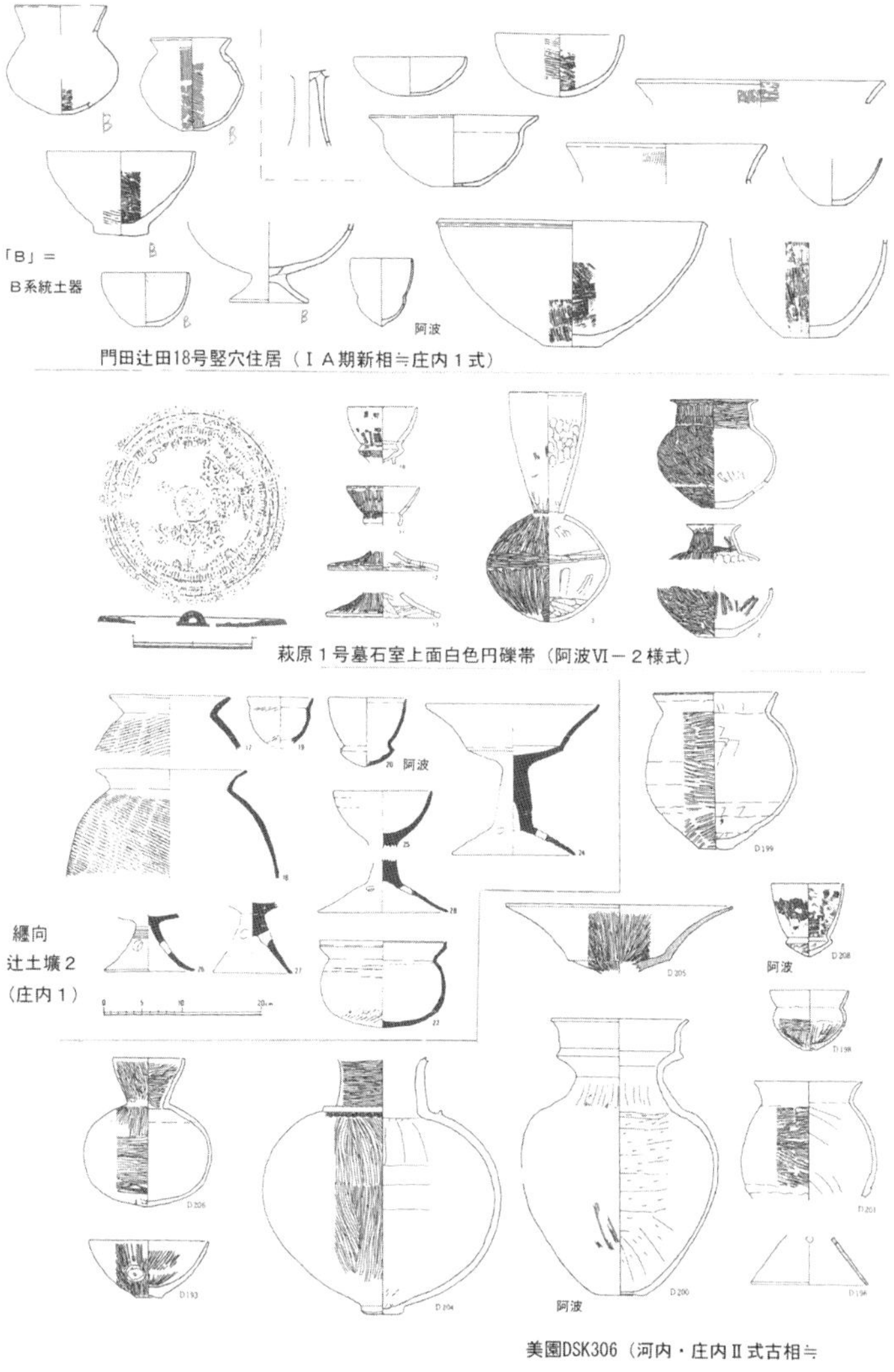

図7　萩原1号墓の阿波型小型丸底壺の類例（各報告書より久住作成）

小長川遺跡という遺跡から出た鏡（斜縁神人鳥文鏡）がありますが（図8）、これもおそらく建安年間（一九六～二二〇年）ぐらいに作られた鳥文鏡です。上方作系獣帯鏡という鏡群の関連鏡になります。ここでは、北部九州のＩＡ期（新相）と判断できる庄内式の前半併行の土器が伴っています。

また唐津市の中原遺跡で出た方形周溝墓（ST13415）がありまして、ここでは主にＩＡ期の土器が出ていてその時期の築造と考えられますが、このあたり（周溝の陸橋部右側）の場所からＩＡ期からＩＢ期の土器が出ておりまして（図9）、その陸橋部に近いこの木棺墓（SP13231）に上方作系獣帯鏡が出ています。上方作系獣帯鏡については色々議論がありますが、最近は下限が三国時代の前半にかかるのではないかという説もあります（實盛良彦二〇一五）。少なくとも、中原の鏡は建安年間でもかなり新しい段階ではないかと見られ、三国初期にかかる可能性もあります。建安年間というの

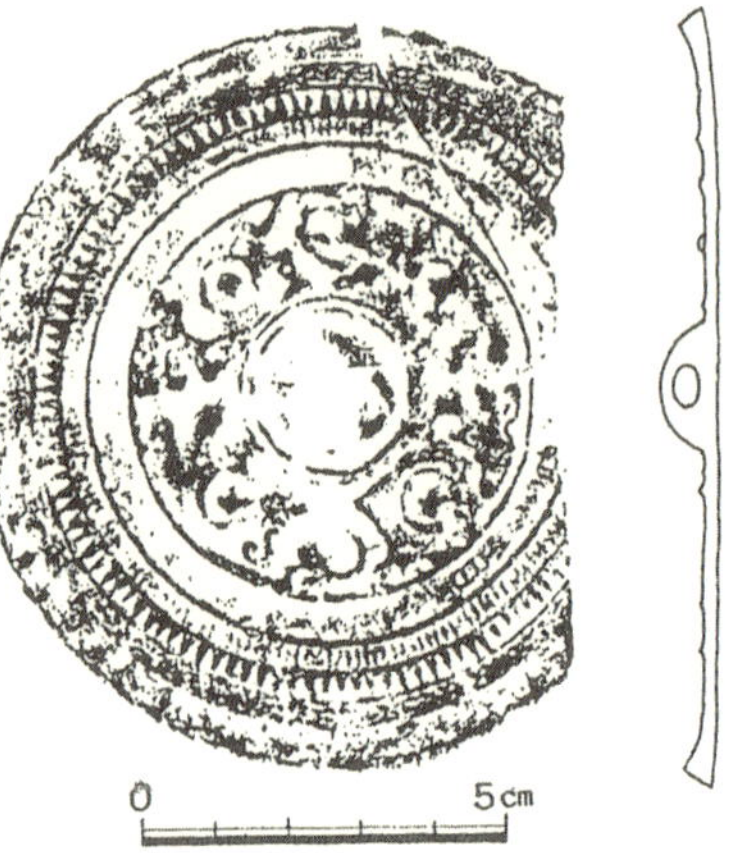

（みやこ町報告書）

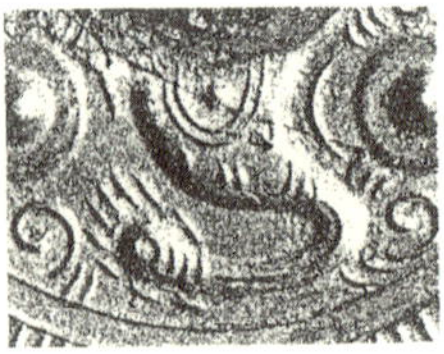

尾部ａ
四飛乳飛禽鏡の尾部表現
（實盛良彦 2015）

図８　福岡県みやこ町小長川遺跡方形周溝墓出土鏡とその要素

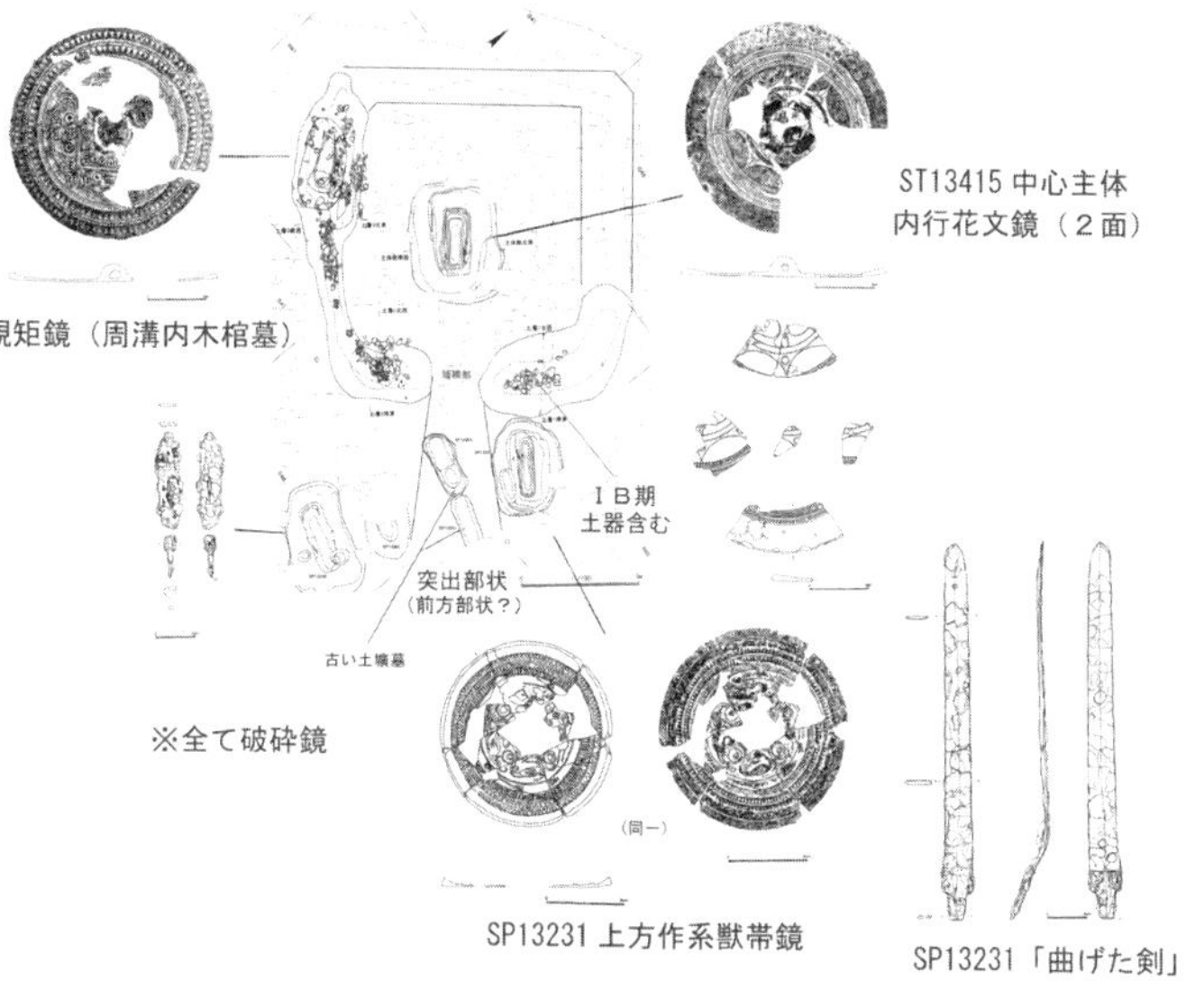

図９　佐賀県唐津市中原遺跡 ST13415 方形周溝墓と SP13231 木棺墓
および各主体部出土遺物（佐賀県報告書より久住作成）

は後漢の最後の年号（元号）です（一九六〜二二〇年）。ＩＢ期の古相ぐらいの墳墓にその段階でも新しい鏡または三国初期の鏡が入っている、ＩＢ期というのは寺沢薫さんの庄内2式から3式にほぼ併行します。次は布留0式の年代です。布留0式の古相併行には一時期、三角縁神獣鏡はまだないのではないかとする説がありました。

ところが、福岡市の藤崎遺跡、藤崎というのは、西新町遺跡という三韓から初期の三国や加耶と交易を行っていた中心的な交易拠点遺跡のリーダーたちの墓の遺跡です。その方形周溝墓の中で、一番大型で一番古い墳墓（32次1号墓）に伴う石棺から、かつて三角縁蟠龍鏡が出ています（図10上写真）。その「藤崎の石棺」の周溝墓が特定されまして、その築造時期

三角縁複波文帯盤龍鏡

「藤崎の石棺」＝藤崎32次１号方形周溝墓中央主体部出土鏡（24.6cm）

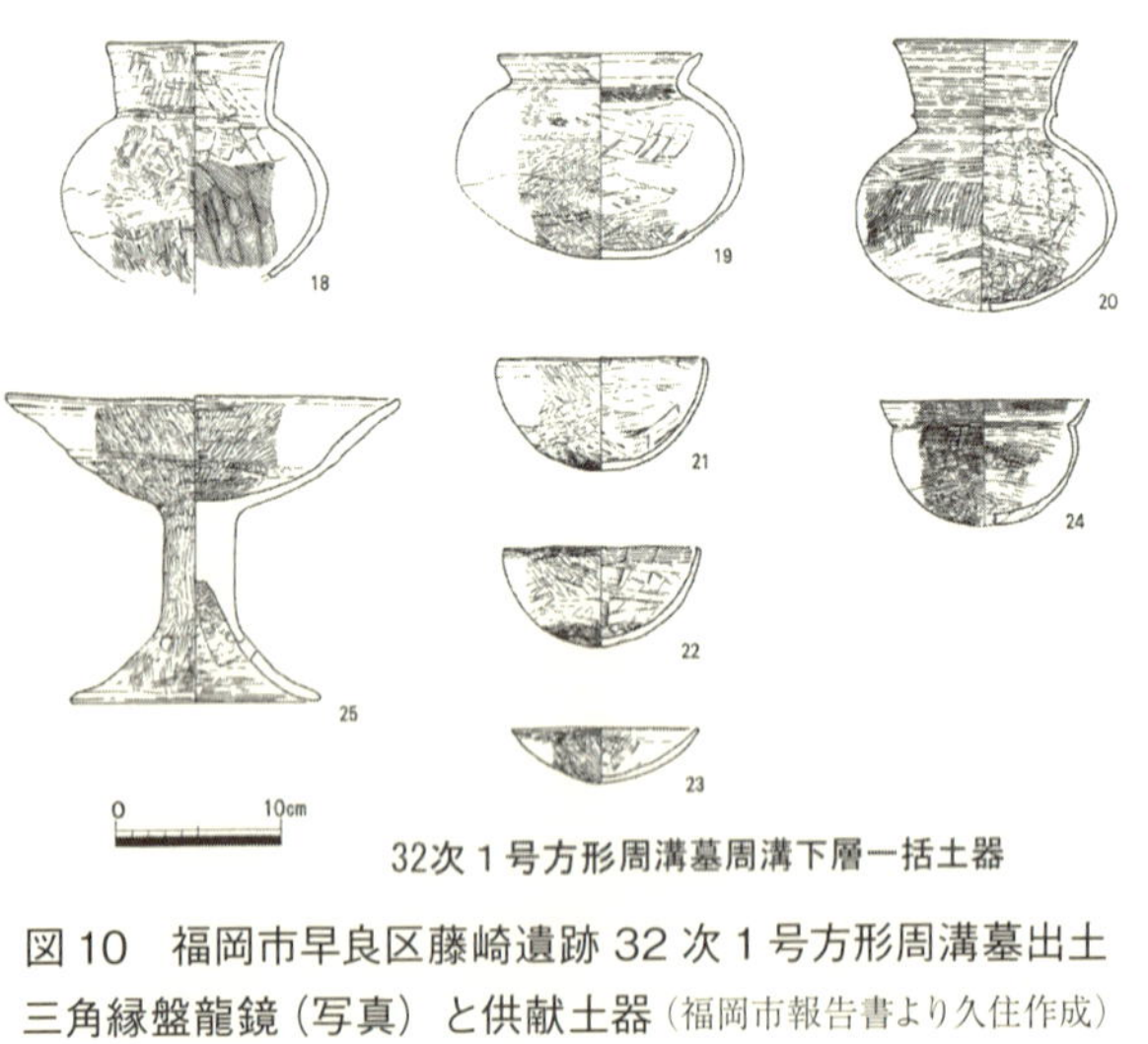

32次１号方形周溝墓周溝下層一括土器

図10　福岡市早良区藤崎遺跡 32 次 1 号方形周溝墓出土三角縁盤龍鏡（写真）と供献土器（福岡市報告書より久住作成）

図11　福岡県小郡市津古生掛古墳出土
方格規矩鳥文鏡（小郡市報告書より）

というのは周溝の下層から出た土器から分かり（図10下）、それがⅡA期という時期で、その時期に三角縁神獣鏡の必ずしも最古ではない段階のものがすでにあるということが判明しました。

布留0式古相段階に三角縁神獣鏡があった証拠はこれだけではなくて、例えば福岡県小郡市の津古生掛古墳の方格規矩鳥文鏡は（図11）、福永さんや車崎正彦さんの研究によって三角縁神獣鏡の関連鏡群であることが、長方形鈕孔とか外周突線という特徴から論じておられます。おそらくこの方格規矩鳥文鏡は二三五年の青龍三年鏡から始まる魏の方格規矩鏡の系譜なのですが、大体二五〇年頃かそれをやや過ぎたあたりぐらいの作品ではないかと思うのですが、それがⅡA期（＝布留0式古相併行）に副葬されているということです。

さらに兵庫県たつの市の権現山51号墳ですが、ここからは三角縁神獣鏡が五面出ています。ここから出た壺形土器（図12）については、かつて布留1式の河内の萱振遺跡3号井戸の吉備系壺とここの壺形土器が似ているとしてかなり時期を下げられたのですが、実物を見ますと、この実測図（岡山大

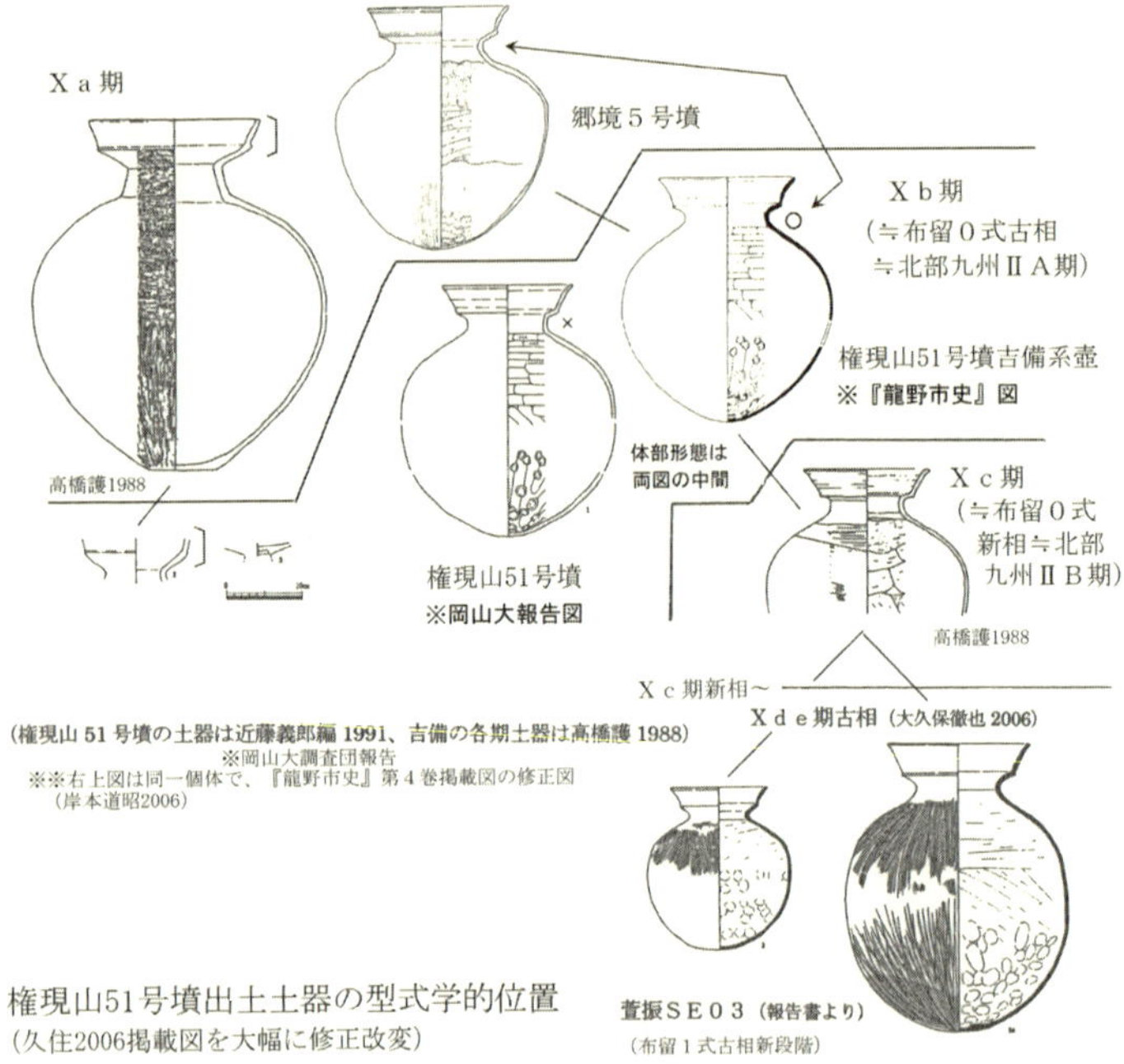

図 12　兵庫県たつの市権現山 51 号墳出土土器の型式学的位置

報告の図）はおかしいのです。頸部の表現がおかしいのです。たつの市の岸本道昭さんがかつて描かれた図（『龍野市史』考古資料編）の頸部の表現が正しいのです。そしてそれは古い特徴があるのです。これはむしろ吉備の編年のＸａ期のものと似ています。

要するに、そこからそう下がらないＸｂ期という段階に位置づけるのが正しいのですが、胴部下半の特徴も、それが下膨れ気味になる萱振井戸の段階に下る型式ではありません。Ｘｂ期と言うのは布留０式古相あるいは北部九州のⅡＡ期に併行しますので、その時期に権現山51号墳を位置付けできます。特殊器台形埴輪（都月型）から言いますと、箸墓よりは少し新しいので布留0式の古相の中でも布留0式新相に近い段階かも知れませんが、少なくともその段階までには三角縁神獣鏡は存在するという、もう一つの証明になります。

3　二世紀～三世紀初頭の北部九州

さて、伊都国の平原1号墓からは四〇面の鏡が出ています（図13）。平原王墓は築造時期が問題なのですが、玉類多数、大刀一振り、銅鏡四〇面のうち方格規矩鏡が三五面出土しています。方格規矩鏡は紋様が整ったものもありますが、方格が歪んでいるとか、玄武が蛇だけになっているとかおかしなものもあり（図14）、これに関しては柳田康雄さんが一番よく見ておられますが（柳田二〇〇〇・二〇〇六）、最近、南健太郎さんも、鋳造技術的に後漢の中期とか前期にはあり得ない粗雑な作りをしているとする柳田さんの説を追認しておられます（南健太郎二〇一六）。

つまり平原鏡群は、後漢の晩期であるということです。そして平原の周溝の底面から、「鳥居」といわれております二本柱の下に特異な形式の鉄鏃が出ていまして、この鉄鏃を型式学的に並べてみますと、弥生後期後半には遡らないのです。基部の抉れの部分がかなり深くなり整った形になるので新しくなります（図15）。おそらく、北部九州のＩＡ期でも新しいところ（大和の庄内1式併行）になるのではないかと思います。

次に楽浪土器（おそらく帯方郡の土器を含む）についてお話しします。楽浪土器の列島への搬入は北部

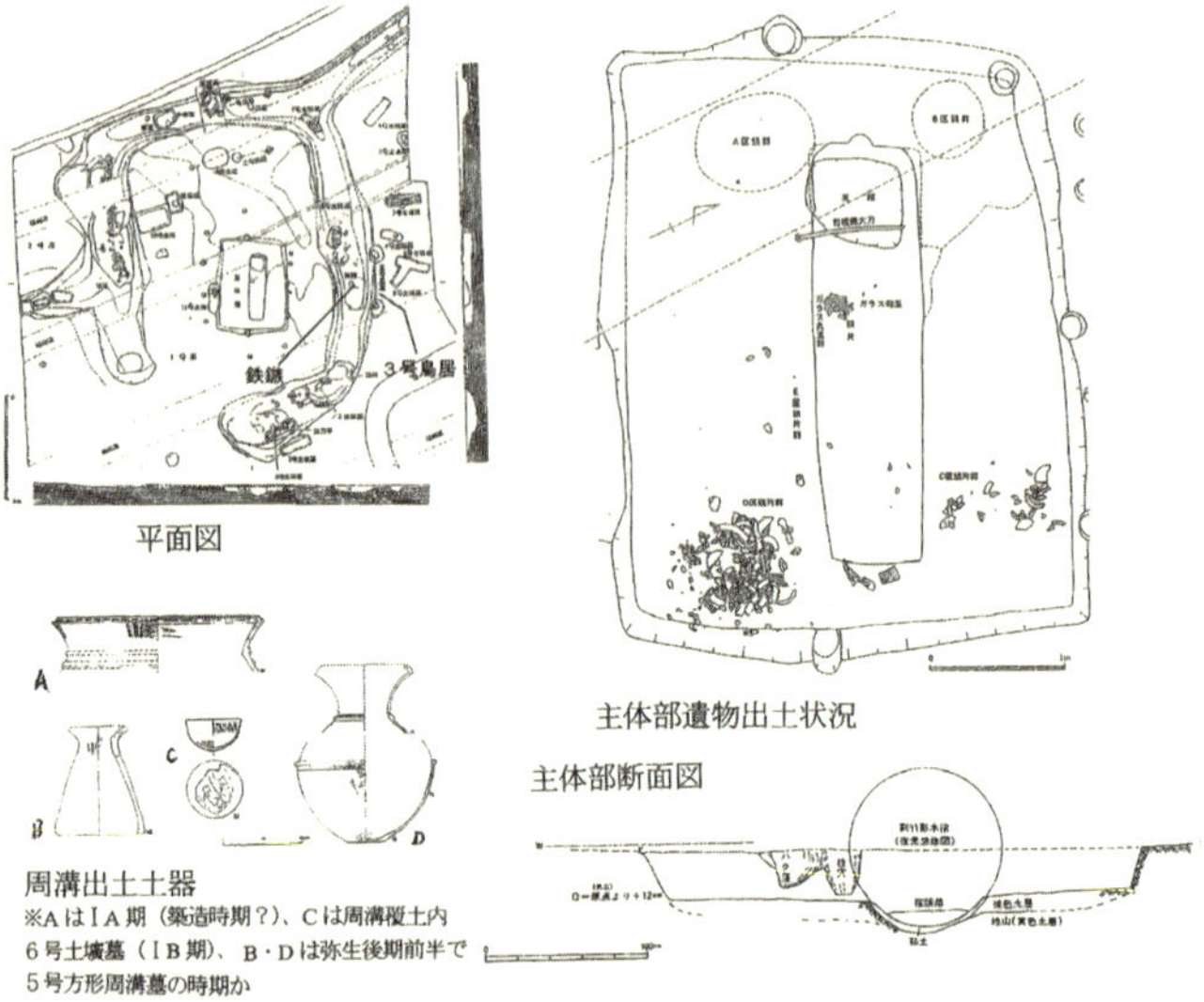

平原遺跡1号方形周溝墓（原田大六（編）1991より）

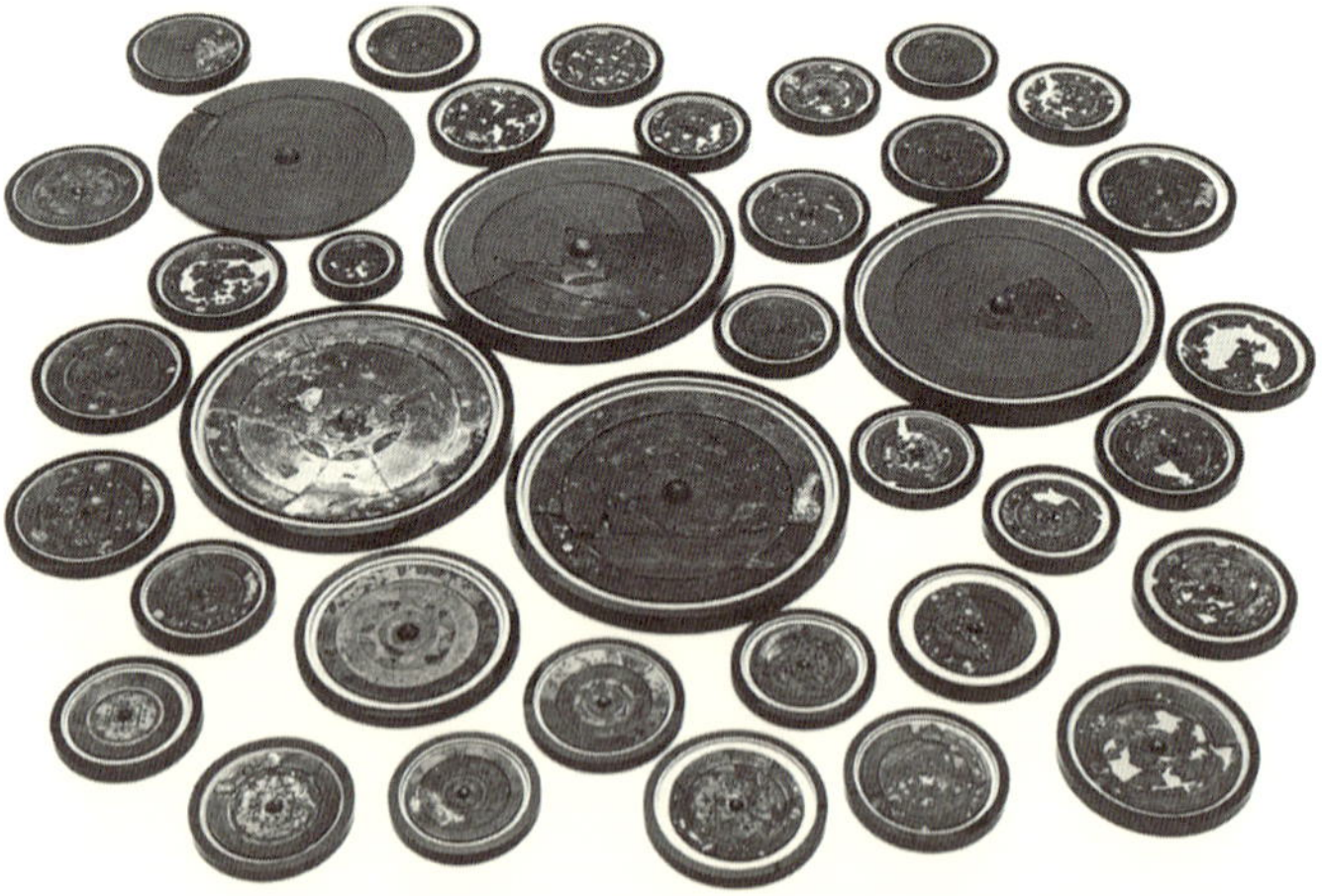

図13　福岡県糸島市平原1号墓と出土鏡群
（伊都国歴史博物館図録『王の鏡～平原王墓とその時代』岡部裕俊・河合修ほか 2016）

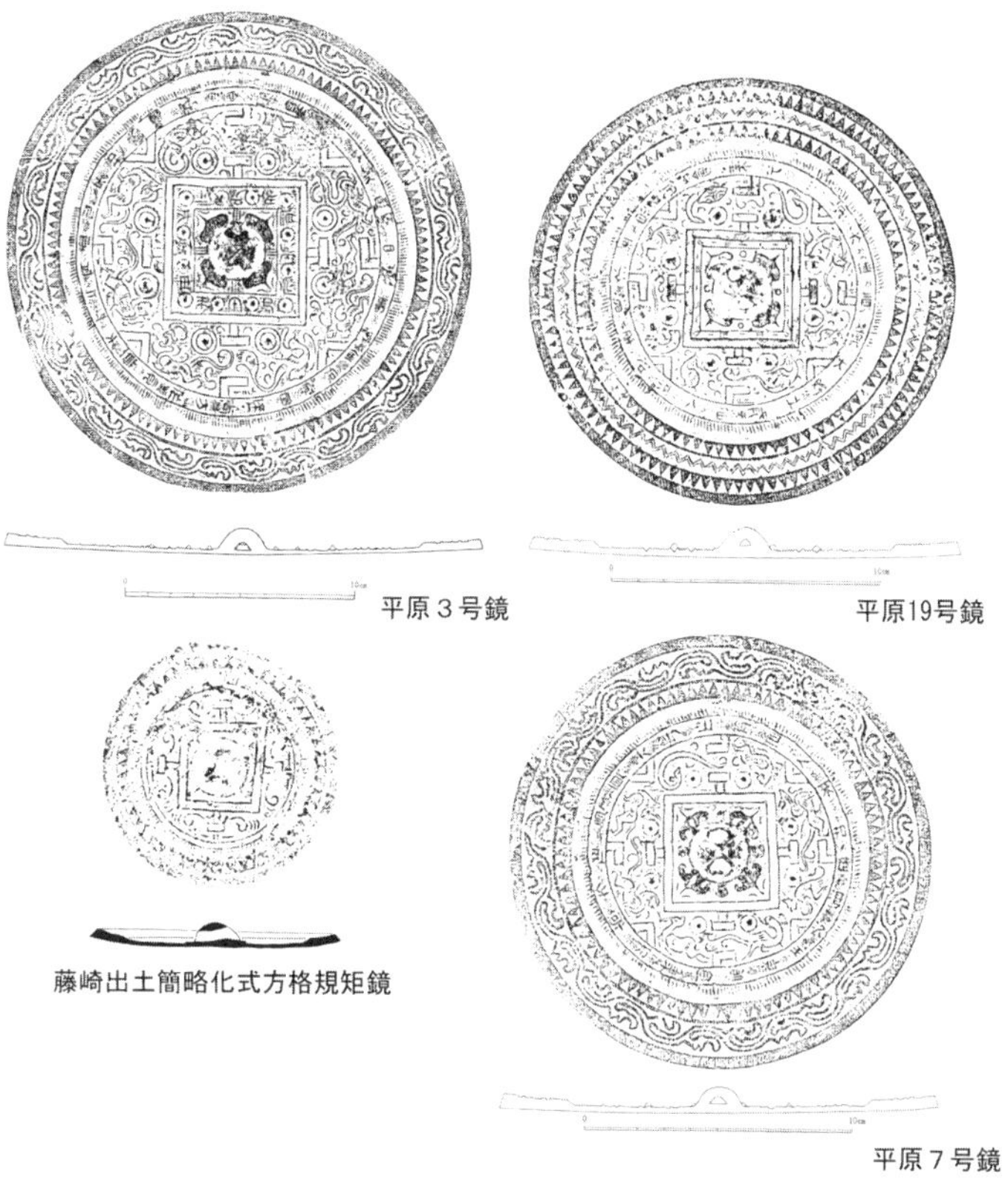

図 14　平原１号墓出土鏡と後漢晩期の簡略化方格規矩鏡（藤崎遺跡例）
（角・柳田編 2000 および福岡市報告書より作成）

九州のＩＢ期までは多いのですが、ⅡＡ期（布留０式古相併行）になると急激に減るのです（図16）。ここからは解釈論になりますが、二四〇年代に魏と倭は（直接的かつ公式な）交流があり、帯方郡使あるいは魏使が倭に来ている記録があります。その後二四七年以降に（倭に魏使が）来ているかどうかはよく分かりません。多分（公式には）来

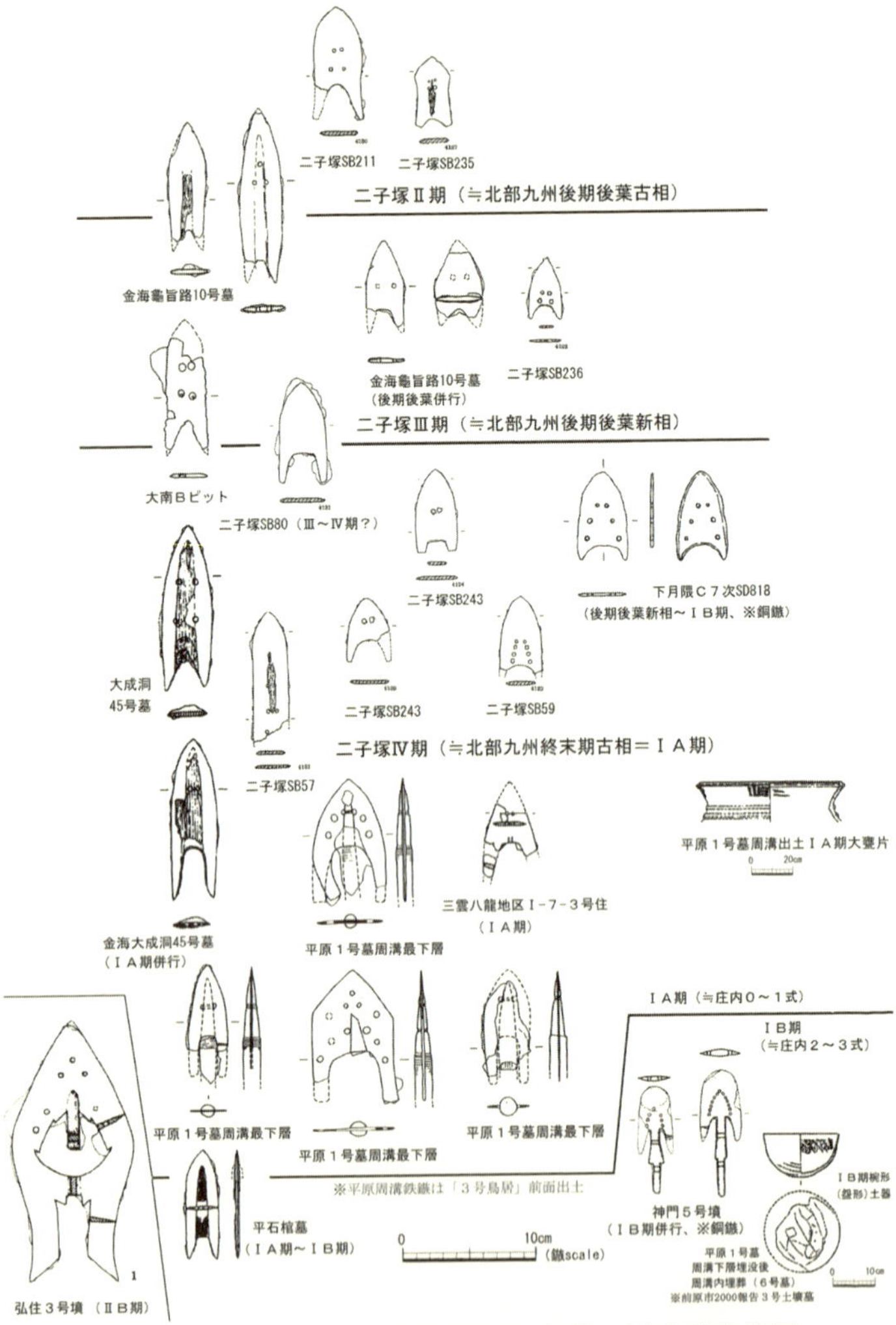

図15　平原１号墓周溝最下層出土鉄鏃の型式学的位置
（各報告書より作成）

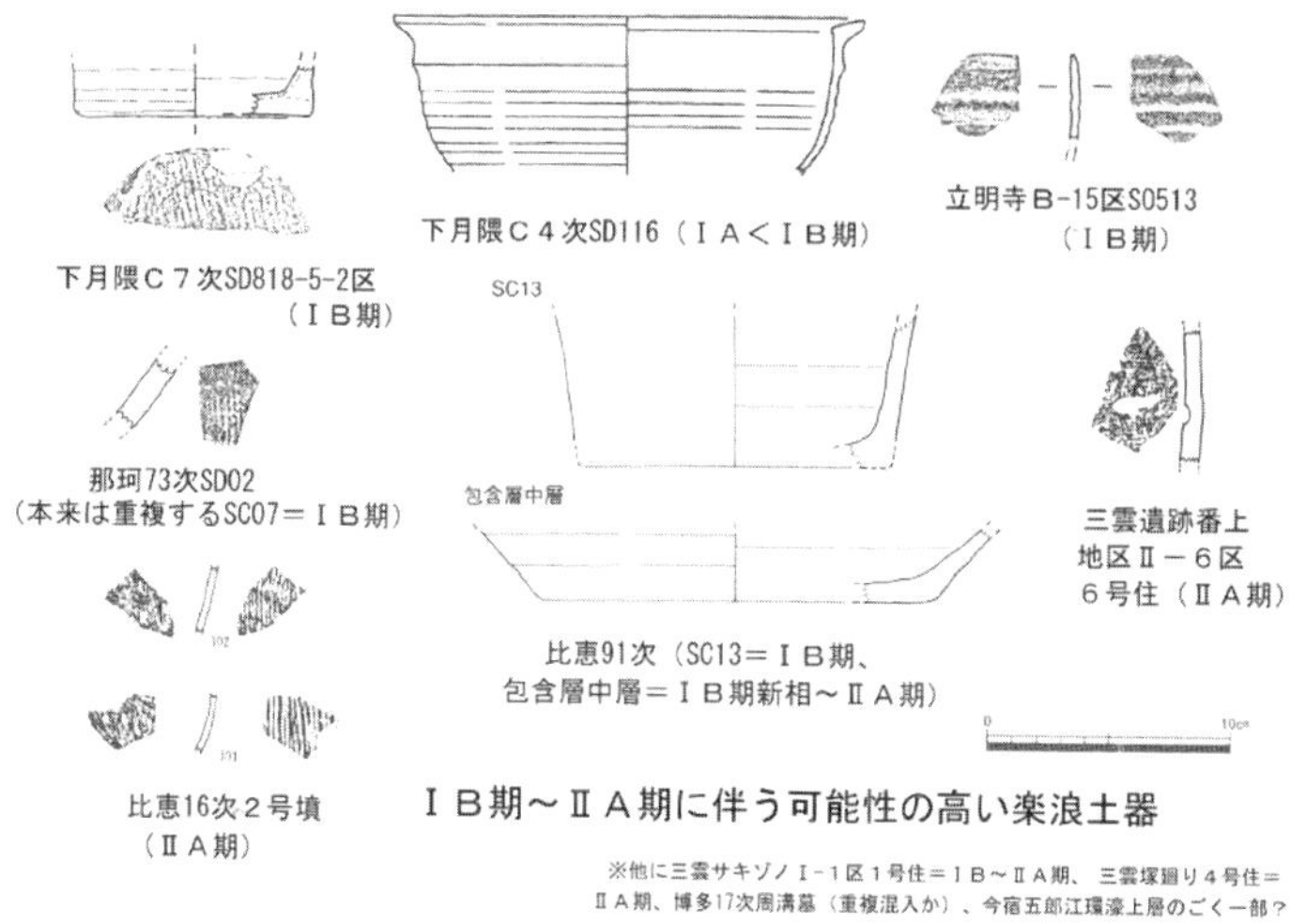

図16　伊都国から奴国におけるほぼ確実にⅠＢ期〜ⅡＡ期に伴う楽浪土器
（各報告書より作成）

ていない可能性が高いのです。その前（二三九年以前）は公孫氏との交渉があります。その時代（一九〇年代頃〜二三〇年代頃）に最も楽浪土器が多く出ています。

もし二四〇年代に布留0式古相すなわちⅡＡ期がかかっているのなら、魏使や郡使が往来しているので、楽浪土器が激減するわけがありません。おそらく布留0古相の上限というのは二四七年くらいになるのではないかということができます。そうするとどういうことになるのかといいますと、箸墓古墳の築造は布留0式古相の何処かの段階で造り始めているのですが、この図（図17）は寺沢薫さんの箸墓の周溝調査の報告書から引用して私が一部書き足しましたが、布留0式新相段階にかかるかどうかの時期に箸墓は築造され埋葬されています。先ほど言いましたように、この時期までに三角縁神獣鏡は存在します。一方楽浪土器は、箸墓が造られた頃には激減しています。だから箸墓は二四七年以降に造り始めている可能性が高いです。そうなると、はたしてこれは卑弥呼の墓になるのでしょうか。私は違うのではないかと思います。

この時期の北部九州には、奴国には比恵・那珂遺跡群という一〇〇ヘクタール以上の遺跡がありまして、庄内式の初め頃（ＩＡ期古相）から延長二キロ以上の道路遺構を造り始めています（図18）。それに合わせて大集落が「街」のようにレイアウトされていきます。そういう遺跡、「都市」遺跡です。同じ時期に纒向の集落が造られ始めますが、纒向が比恵・那珂よりも大きくなるのはもう少し後です。「街づくり」（「都市」の形成）は伊都国と奴国が先行しています。

比恵・那珂の「都市」としての基本的なレイアウトというのは弥生時代の後期初頭には既にあります。比恵・那珂では、最近、とんでもない発見がありまして、比恵の北部の段丘裾で弥生時代後期の井堰が発見されました。写真4・5の様な径が三〇センチ強で、長さ一〇メートル（以上）くらいの横木を積み重ね、杭を沢山打って横木を固定しているのですが、この様

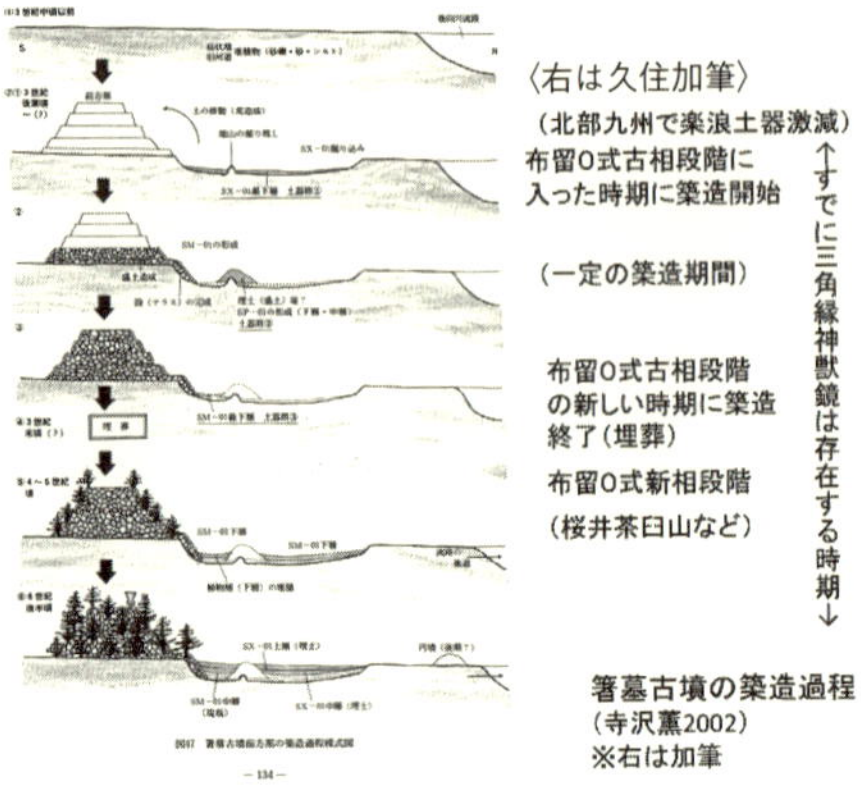

図17　箸墓古墳の築造過程と埋葬終了までの経過模式図（寺沢薫編 2002 に一部加筆改変）

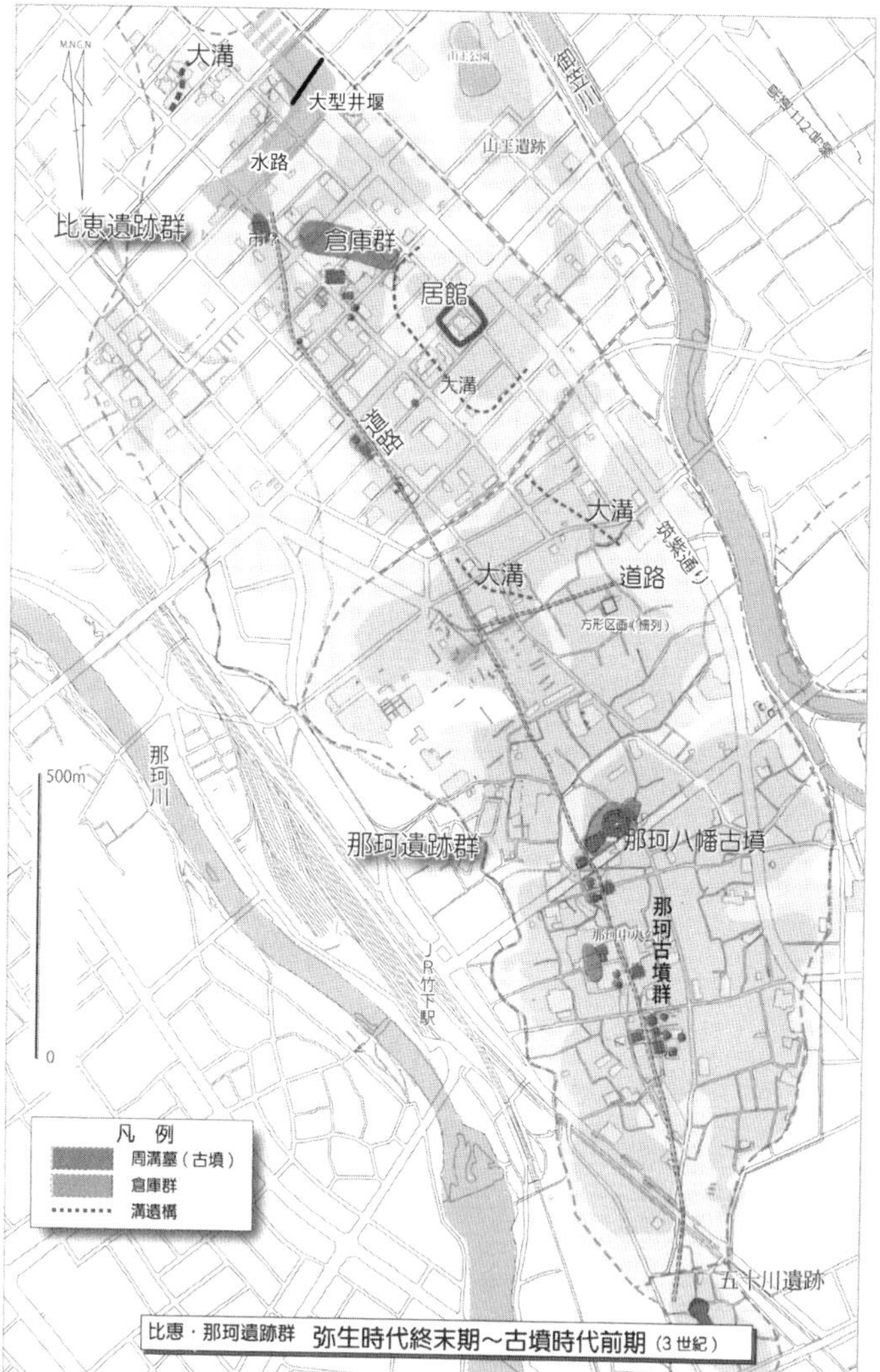

図18　弥生時代終末期～古墳時代前期前半の福岡市博多区比恵・那珂遺跡群（森本幹彦ほか2015を改変）

な大きな井堰が出ました。これで数十メートル幅の水路を堰き止めて、水位を上げていると考えられます（図19）。これは後期前半頃にできた遺構ですが、この横木がスギなのです。何が、どのように凄いかと言いますと北部九州には植生史上多分この時期、スギはほとんどないのです（全くないとは言えないが）。

つまり後の時代ですが、例えば奈良の大仏殿を作る時にスギ材が足りないということで、全国に呼び掛けて周防（山口県）から筏で持ってくるというような話しが出て参りますが、そういった遠隔地から材木を搬入させることを奴国は弥生後期、おそらくは弥生中期末頃から行っているということで、そういった広域におよぶ交易力を奴国は持っていたということです。

写真４　比恵遺跡群131次調査検出の大型井堰群（久住撮影）

写真５　比恵131次井堰群の断面写真
（福岡市埋蔵文化財課吉田大輔氏撮影）

一方で、弥生後期から古墳初頭にかけて、「奴国」がどんどん衰退して行くというような従来の説がありますが、比恵・那珂のこの状況を見ただけでもそ

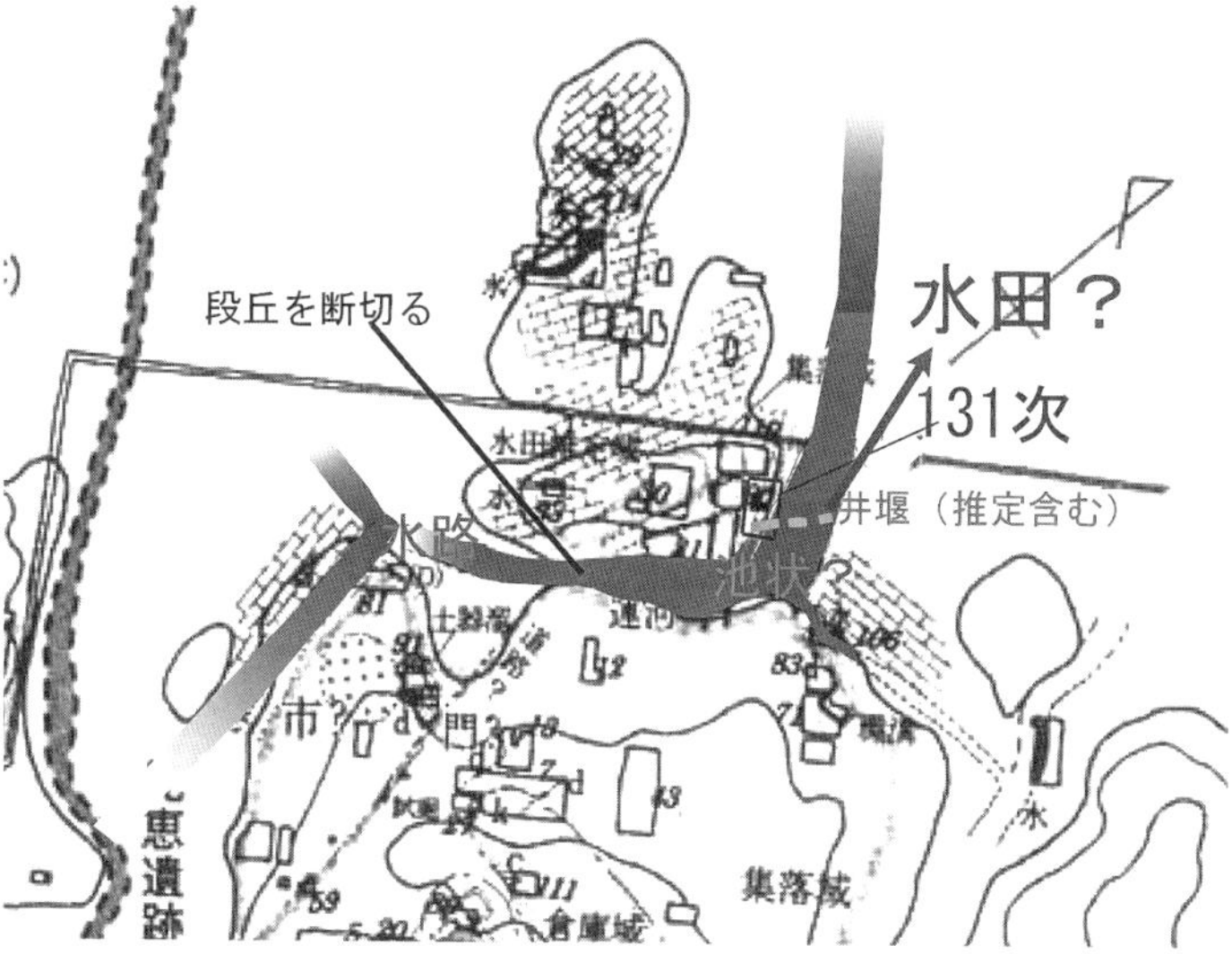

図19　比恵131次大型井堰の位置（久住作成）

んなことは言えないでしょうと考えます。弥生後期までの奴国の中枢の春日市の須玖岡本では青銅器をたくさん造っています。図20の点線の範囲と唐古・鍵遺跡は大体同じくらいの範囲です。唐古・鍵遺跡はそのごく一部で青銅器を作っていますが、須玖岡本の北部では、この点線の中では、鋳型がどこからでも、どんな小さな調査区からでも出ます。つまり、それだけ青銅器の原材料もここに集中的に長距離交易で来ているということになります。例えば比恵では辰砂がまとまって出ています（写真6）。この写真は筒状の木製品ですが（写真7）、これに楽浪からの竹簡や木簡が入れられていたのではないかという説もありますが、今のところ竹簡は出ておりません（註：講演後に伊都国域と奴国域で同時期の「石硯」が続々と確認されたため、その想定の蓋然性

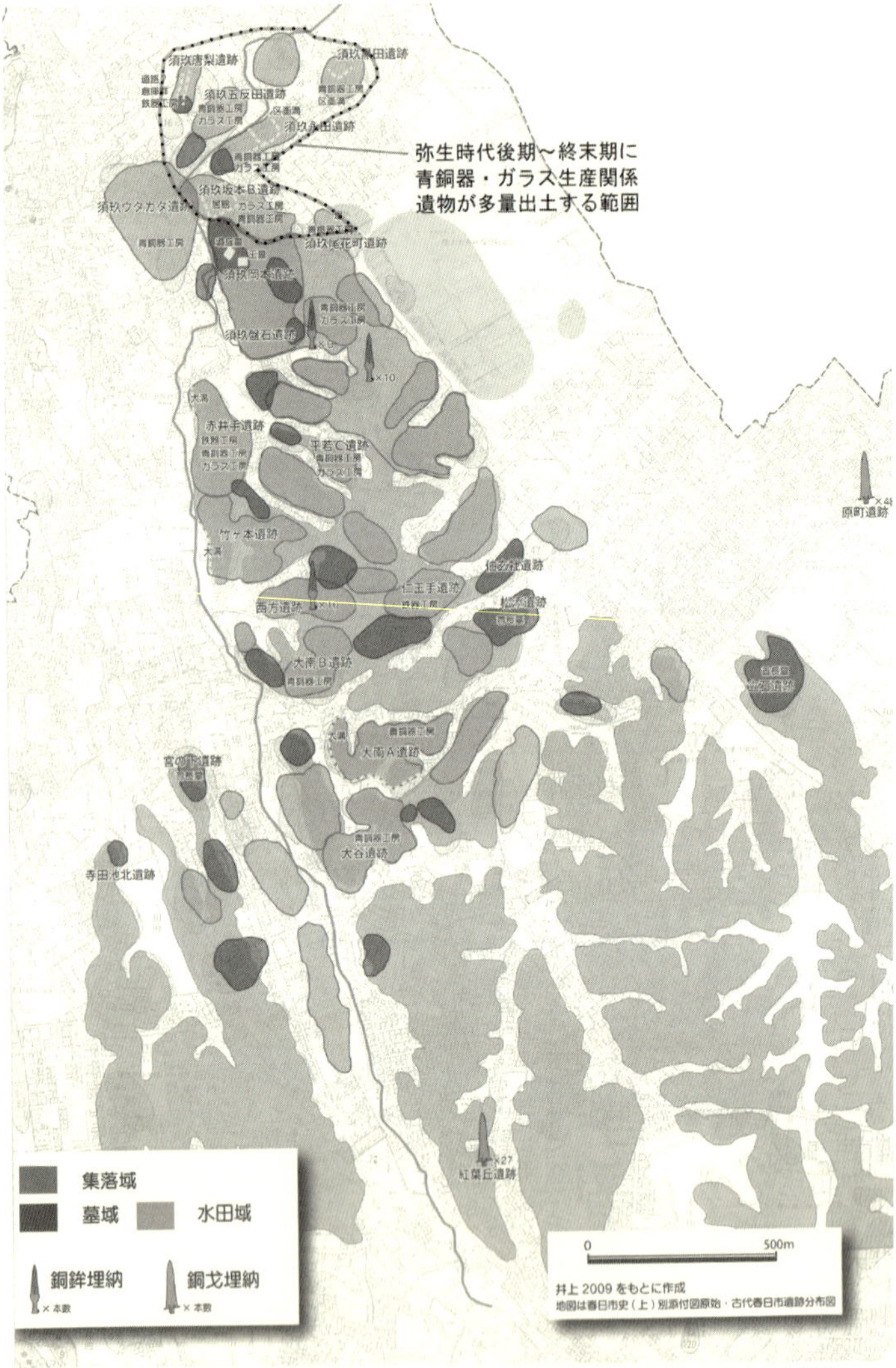

図 20　弥生時代中期後半～終末期の春日市須玖岡本遺跡群
（森本幹彦ほか 2015 に加筆、井上義也 2009 参照改変）

が高くなっている）。このような筒は一支国、末蘆国から奴国の範囲からしか出ていません。

このような精製の木製品がありますが、（写真8・図21）、このうち組合机（案・俎）などは奴国の中枢（比恵ないし雀居か）で作られて、北部九州中に運ばれています。伊都国でも、また別に精製の木製品を作っています。奴国の雀居で出土した木製甲（図21右）には吉備の「立坂型」の特殊器台、つまり楯築の特殊器台と同じ様な文様（弧帯文）が彫られています。次にこれは三雲・井原遺跡群です（図22）。三雲遺跡は比恵・那珂よりは小さいですが、それでも六〇ヘクタールぐらいはあります。三雲の場合は古墳時代中期初頭頃までこの様な大集落の状況です。

写真6　比恵57次出土の辰砂の大小の砂礫
（福岡市埋蔵文化財調査報告書）

写真7　福岡市西区今宿五郎江遺跡出土の漆塗赤彩（細線漆器）筒状木製品
（福岡市埋蔵文化財報告書）

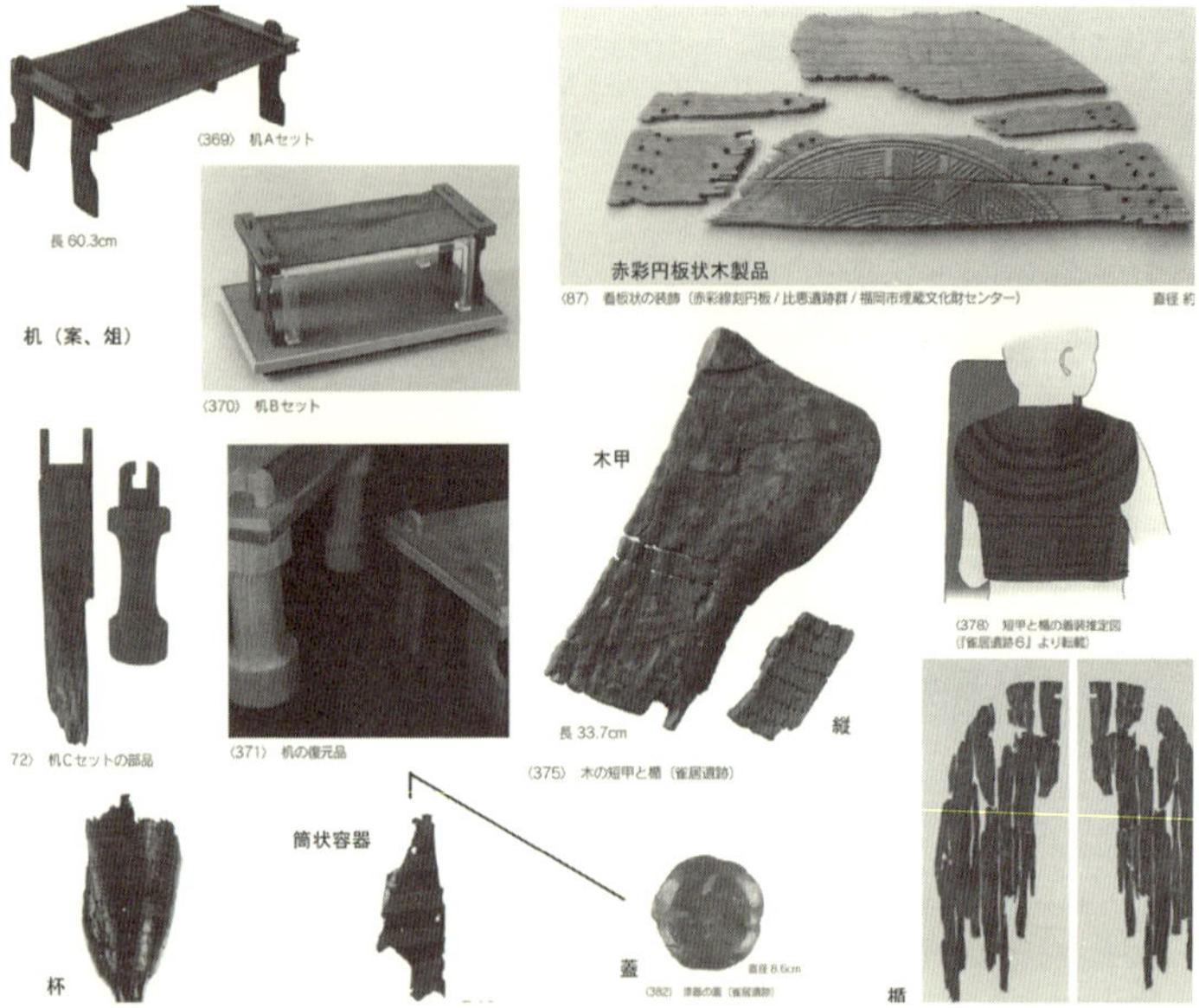

写真８・図21　雀居遺跡の「組合机」と奴国・伊都国の精製木製品
（森本幹彦ほか 2015 より構成）

さて、弥生後期の「原の辻＝三雲貿易」から、弥生終末新相以降の「博多湾貿易」へという変化についてですが（図23）、原の辻遺跡には三韓土器と楽浪土器の双方がたくさん出土して、北部九州でも三韓土器は弥生後期から終末期にも出るのですが、壱岐に比べ、あるいは楽浪土器に比べて少ないのです。楽浪土器だけは糸島を中心にたくさん出るのですが、このような楽浪土器と三韓土器の出方の違いから、朝鮮半島との交易に対しては二つのゲートがあったと言うことができます。それが古墳時代の初頭頃になりますと、三韓土器が博多湾に集中するようになって、逆に楽浪土器は出なくなります。その代わりに、楽浪（や帯方）との交易ルートの途中の馬韓の国々と交

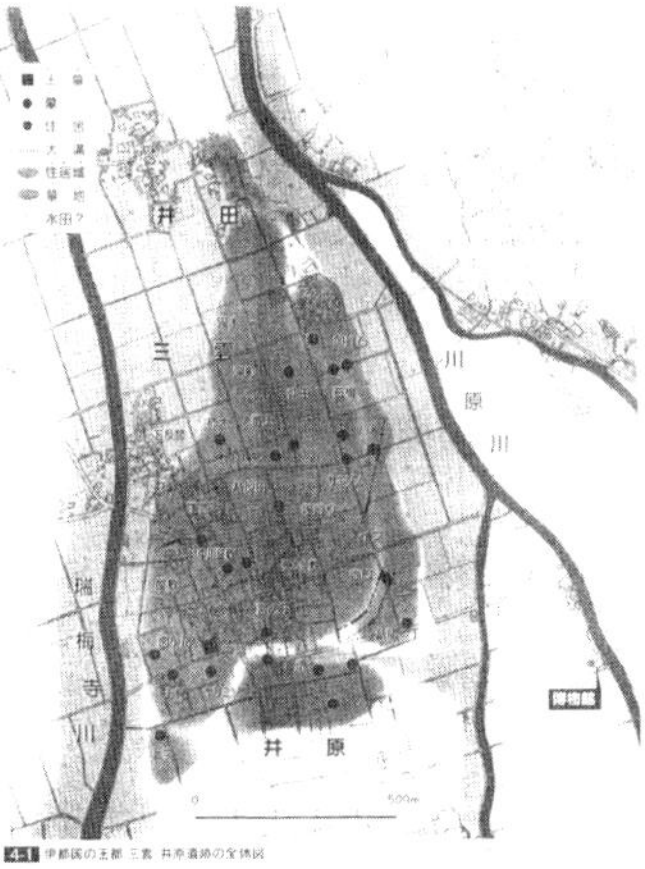

伊都国の王都　三雲・井原集落の全体図

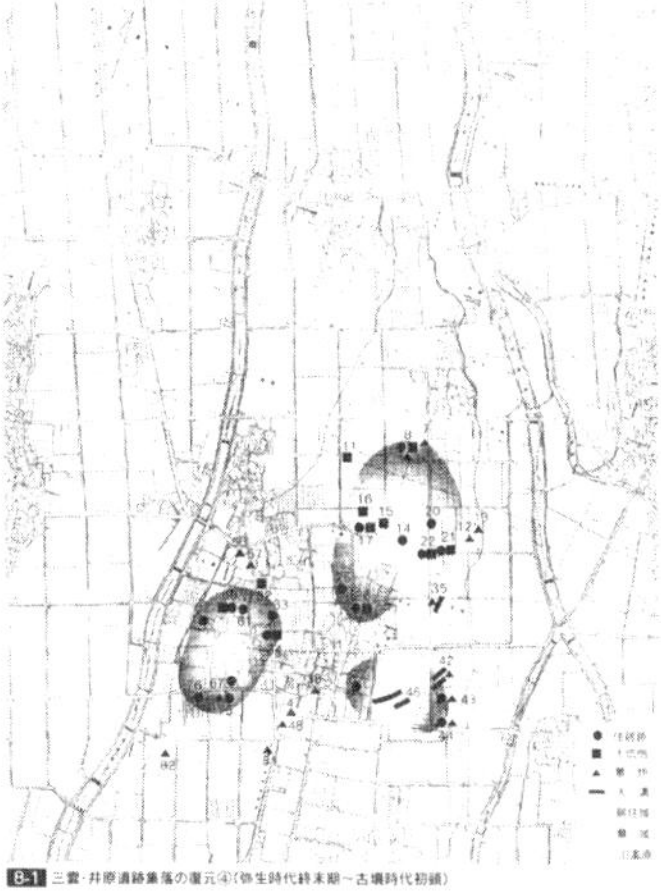

三雲・井原遺跡集落の復元④（弥生時代終末期～古墳時代初頭）

図22　弥生時代中期後半～終末期の福岡県糸島市三雲・井原遺跡群
（角浩之 2006、江崎靖隆編 2018）

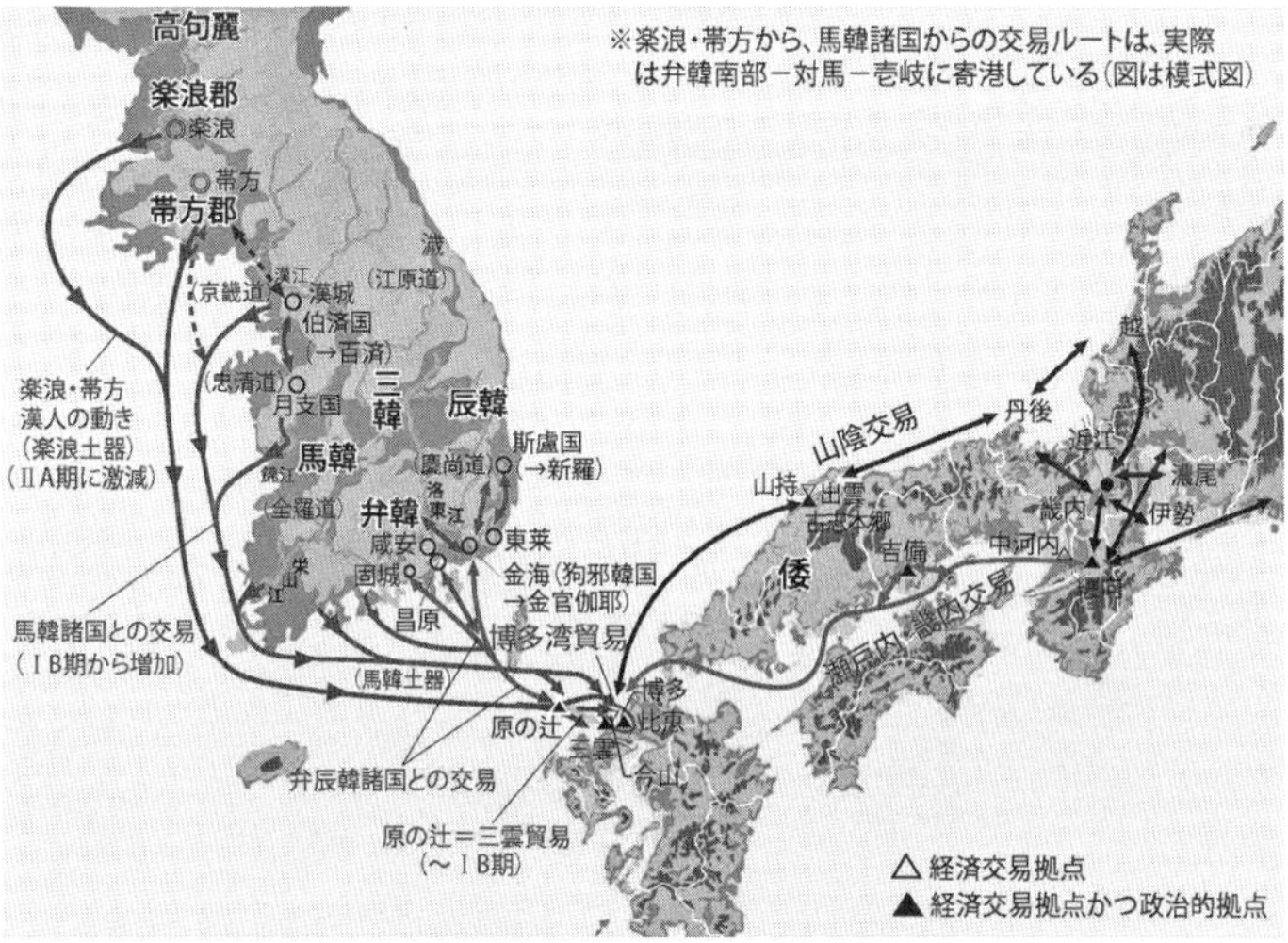

図23　「原の辻＝三雲貿易」から「前期博多湾貿易」へ（久住 2014a）

易するようになります。その時期は、「博多湾貿易」は奴国が主導して（あるいは調整管理役として）畿内、山陰の勢力と一緒に対外交易を行うという状況になります。

4　三世紀前半～後半の北部九州と「狗奴国」・「倭国」

次に那珂八幡古墳ですが（図24）、三角縁神獣鏡が出ているので、そんなに古くはならないのではないかと言う話しもありますが、三角縁神獣鏡が出た埋葬施設は、中央の主体部よりも後から造られた小さな埋葬施設の方なのです。実は、墳頂部中央の神社の下に大きな中央主体の墓坑が確認されていますが未発掘です。

墳頂部からは布留0の古相併行よりも古い畿内系の精製土器が出ています。那珂八幡古墳を造った時の周辺は、直前まで在来系土器ばかりなので、墳頂部の土器がたまたま、しかも外来系の精製土器が混じるということは考えにくいので、墳頂部の最初の祭祀に伴う物と考えるべきです。私の編年のＩＢ期新相、庄内3式併行と考えています。

また衝撃的な事実ですが、那珂八幡古墳と纏向勝山古墳は周溝の形は違いますが、橿考研の豊岡卓之さんが作られた勝山の墳丘の復元図と那珂八幡の墳形を同じ長さにすると形状が合ってしまいます（図25）。勝山古墳のくびれ部から出ている土器には、水銀朱がべったり付着した、埋葬祭祀に使ったと思われる庄内式甕があり、それが庄内3式になります。図25の右下は那珂八幡ではありませんが同じくらいの時期の博多出土の筑前型庄内甕ですが、ＩＢ期の新相です（福岡平野周辺の甕形土器の変遷

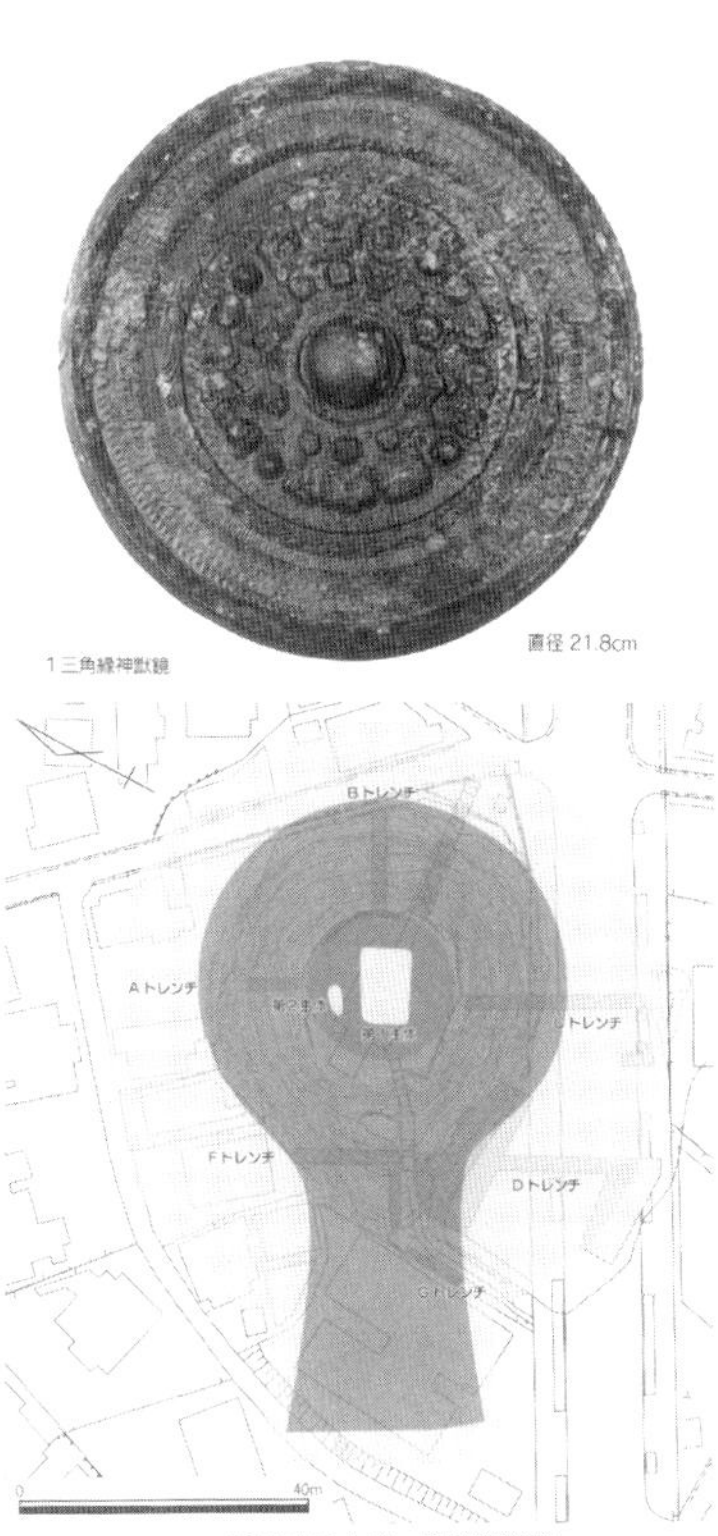

図24　那珂八幡古墳と第2主体出土三角縁神獣鏡（森本ほか2015より構成）

は図26）。那珂八幡にも、先ほどの墳頂部の古い土器や周溝下層にⅠB期の新相の土器が出ています。大体同じくらいの土器の時期に、同じ墳丘規格を共有している可能性があります。

　それでは那珂八幡の被葬者は誰かと言うことです。博多では、博多湾貿易が始まる頃、青銅器生産が終った（ⅠB期末）後、奴国では青銅器の代わりに鉄器生産が基幹産業になります（ⅡA期）。図27下のようなフイゴ羽口、その断面がカマボコ形の物が纒向にも出ていますが、こういう羽口を中心とした鍛冶関係遺物は、博多ではその出方が、出土量とか出土範囲が纒向とは全く違います。このことは村上恭通さんの著作（村上二〇〇七）を見て頂ければ判ります。

　古墳時代前期前半に似たような鍛冶遺物のセットが広がりますが、他の遺跡は、纒向も含めて博多の支店です。ここ博多が本店の鉄器大工場になります。古墳の副葬品に出てくる定角A1とかA2式

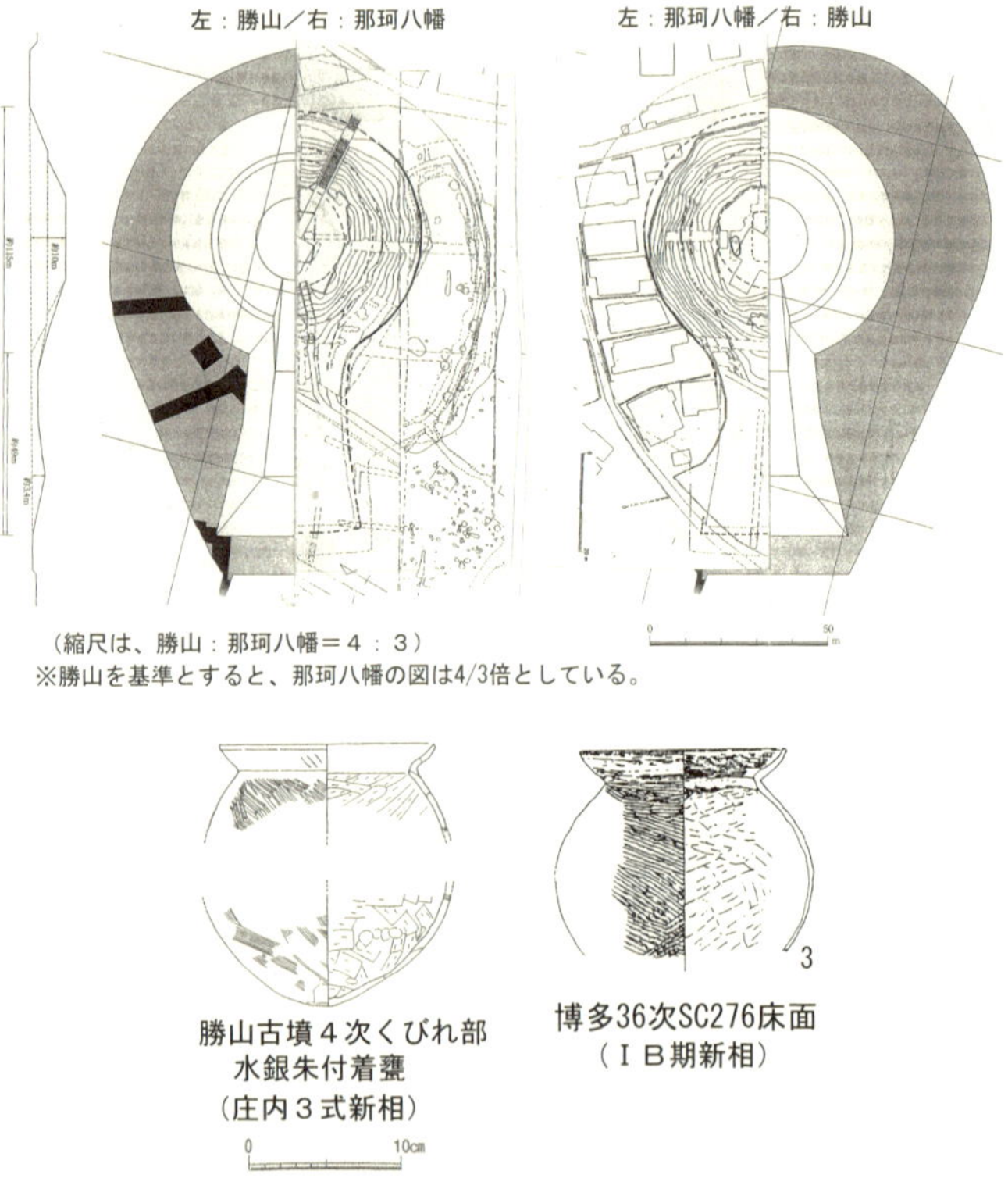

図25　勝山古墳と那珂八幡古墳および同時期の庄内式甕
（豊岡卓之編 2011、久住 2002 ほかより作成）

とか定角B式（川畑純二〇一四）、大型柳葉式といった多種多様な鉄鏃の未製品が出ていまして（図27上）、さらに鉄素材をかなり精錬しています。そして様々な鉄製品を造っております。五〇センチ位の超大型砥石がありますので（写真9）、刀剣類を造った可能性さえ考えられます。

　ですからヤマト政権は、古墳副葬品用の威信財を配る時に博多に注文して、それを一括

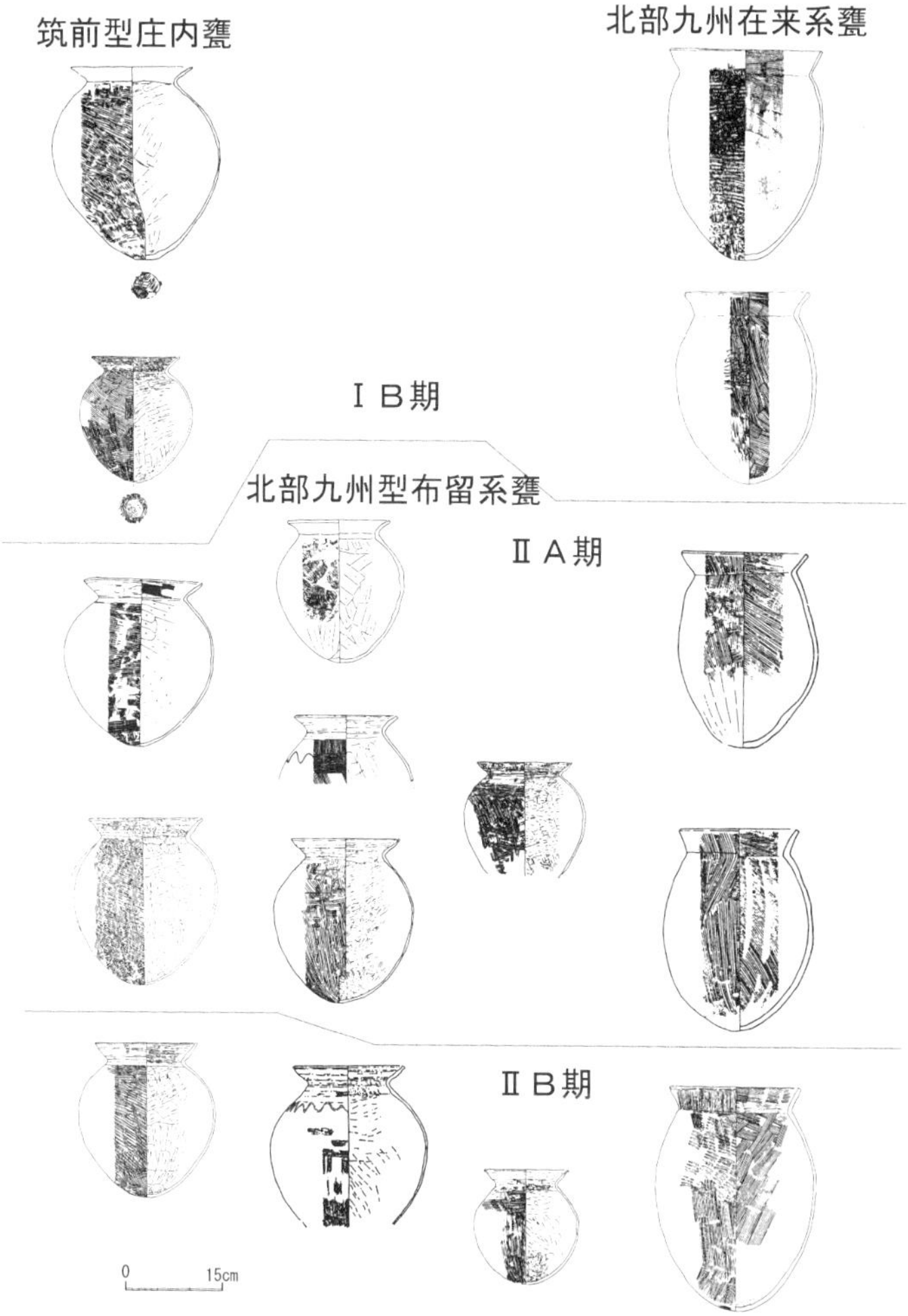

図26　北部九州（福岡平野周辺）の筑前型庄内甕・北部九州型布留系甕・在来系甕の変遷（久住作成）

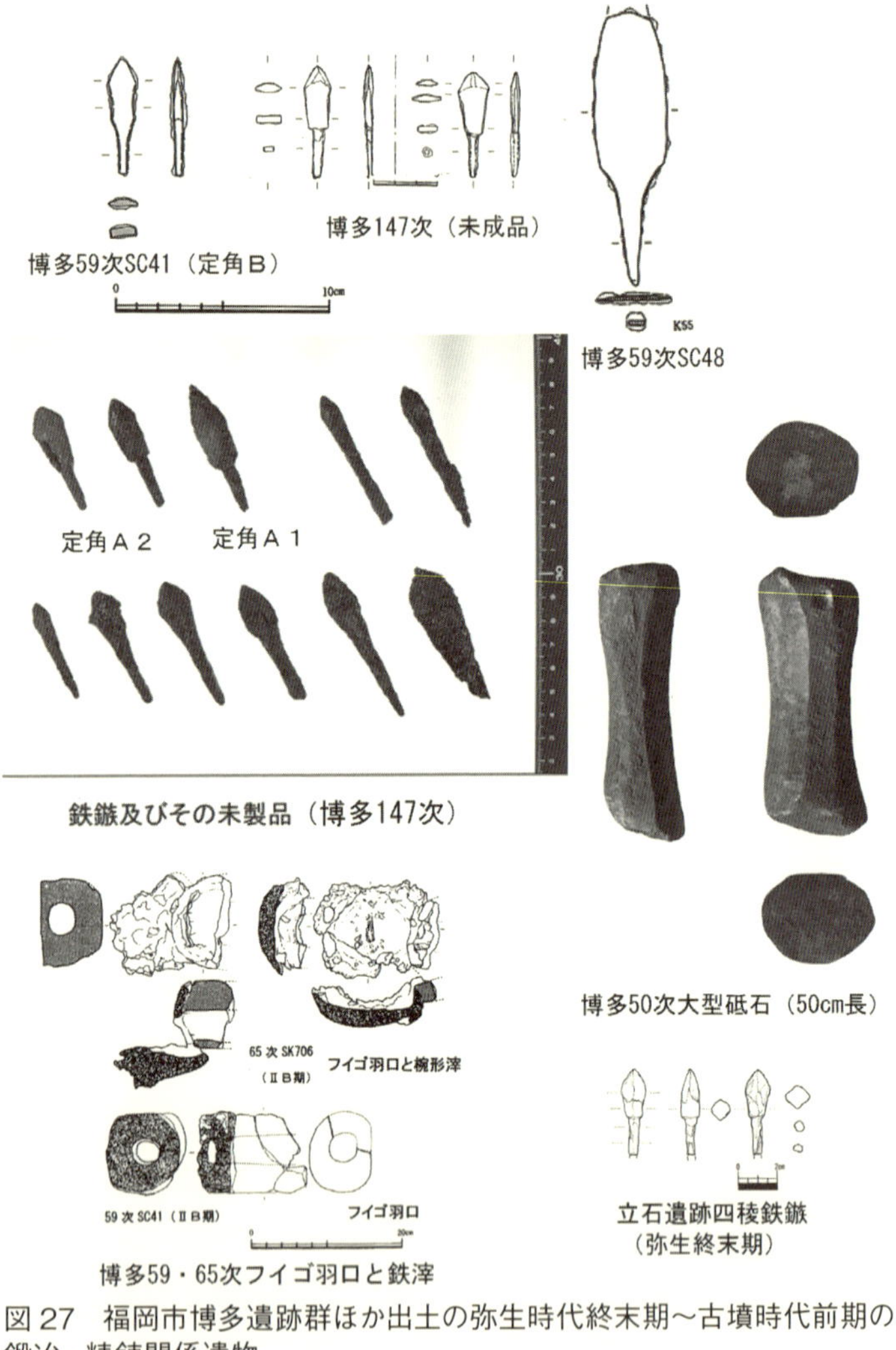

図27　福岡市博多遺跡群ほか出土の弥生時代終末期～古墳時代前期の鍛冶・精錬関係遺物

（比佐陽一郎2010、久住2007・2012b、福岡市埋蔵文化財調査報告書）

写真9　博多遺跡群50次SX947
出土超大型砥石（久住撮影）

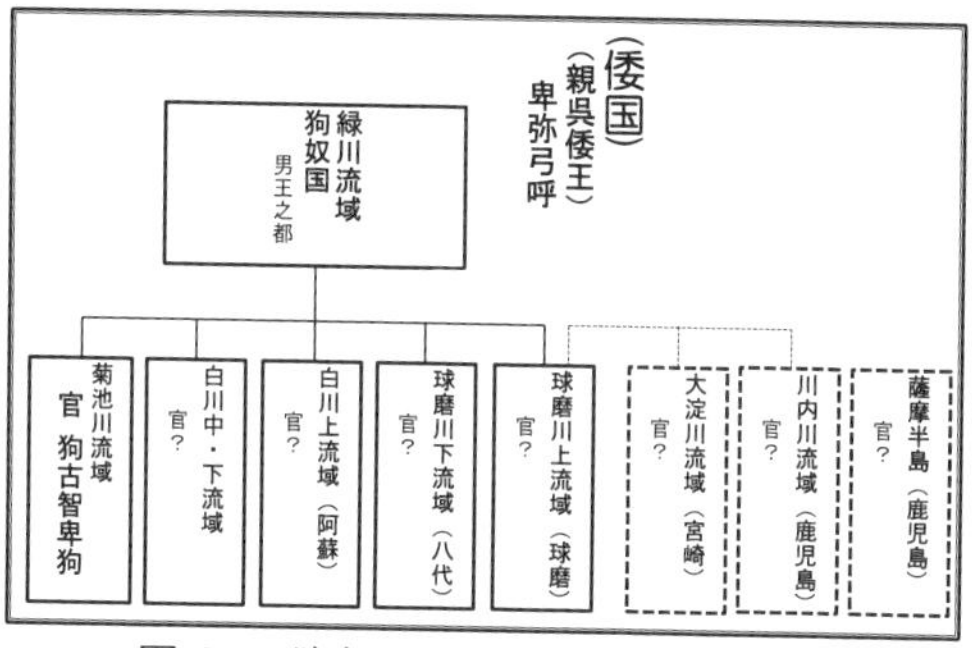

図28　狗奴国肥後説（木﨑康弘2014）

入手して再分配するとか、或いは各地の首長が直接博多にアクセスして副葬品を入手するということもありうると思っています。「曲げた剣」は畿内の中枢にありませんので、その多くは恐らく博多（弥生時代終末まではおそらく須玖岡本）で作っているものと考えられます。

狗奴国については、私は肥後だと思っています（図28）。中国の銭貨は、まず糸島から博多湾岸までは沢山出ますが、それより南の途中はほとんど出なくなりますが、表2を見ると、さらに南の肥後中部でまた出てくるというおかしな分布を示していることが分かります。肥後の白川、緑川、菊池川流域には弥生終末期前後の大集落が多くありまして、いずれも鉄器がたくさん出ます。鍛冶技術でいいますと北部九州よりは技術的にやや劣りますが、量的には匹敵しています。つまり狗奴国は肥後であるということです。狗

表２　肥後出土の弥生時代後期〜古墳時代初頭の青銅器（木﨑康弘 2014）

	遺跡名	出土地（保管者）	適　用
1	年の神遺跡	玉名市岱明町野口	鉾（細形）1
2	出土地不明	玉名郡南関町上坂下東原	鉾（広形）1
3	大場遺跡	〃 〃 〃下立林	飛禽鏡 1
4	諏訪原遺跡	和水町江田	八乳鏡 ?1
5	稲佐津留遺跡	〃玉東町稲佐津留	巴形 1、内行花文鏡 1、花鳥鏡 1
6	蒲生下原遺跡	山鹿市蒲生下原	文 1
7	方保田東原遺跡	〃方保田東原遺跡	巴形 1、舶載鏡 3、方格規矩鏡 1、方製鏡 9、鏃 2
8	白石遺跡	〃 〃白石	内行花文鏡 2
9	出土地不明	〃鹿本町御宇田池園	鉾（中広）1
10	〃	〃 〃庄太郎丸	鉾（中広）1
11	天神免遺跡	〃 〃庄太郎丸	剣（細形）1、鋒 ?1
12	出土地不明	〃 〃下米野	鉾（細形）2
13	今古閑遺跡	熊本市植木町轟	鉾（中細）4
14	出土地不明	菊池市玉祥寺	鉾（中細）1
15	〃	〃川辺上西原	鉾（中広）1
16	〃	菊池郡大津町大津大松山	鉾（中広）2
17	〃	〃 〃陣下町窪田	鉾（広形）1
18	〃	〃 〃真木西津留	鉾（中細）2
19	〃	〃 〃	剣
20	西弥護免遺跡	〃 〃大津	内行花文鏡 1
21	木瀬遺跡	合志市上庄	s 字文鏡 1
22	古閑原遺跡	菊池市潤水町吉富古閑原	内行花文鏡 1
23	うてな遺跡	〃七城町台	内行花文鏡 1、貨泉 1
24	小野崎遺跡	〃七城町小野崎	神獣鏡 ?1、方格規矩鏡 2、内向花文鏡 ?1s、字文鏡 1、鏡 7、釧 1、鉾 ?1
25	狩尾湯の口遺跡	阿蘇市狩尾湯の口	半肉刻獣帯鏡 1、鏃 1
26	狩尾下原遺跡	〃 〃下原	鉾
27	下山西遺跡	〃乙姫下山西	内行花文鏡 1、鏃 1
28	上山の下遺跡	〃 〃上山の下	文 1
29	鏡山遺跡	〃 〃鏡山	文（中細）1
30	出土地不明	阿蘇郡小国町（下城神社伝世）	文（中広）4
31	〃	〃 〃（両神社伝世）	文（中広）1
32	〃	〃南小国町（市原天満宮伝世）	文（中細）1
33	西一丁田遺跡	〃南阿蘇村久石	方格規矩鏡 1
34	出土地不明	〃西原村（鳥子神社）	文（中細）1
35	〃	阿蘇郡・菊池郡（伝）	重圏文鏡 1
36	出土地不明	熊本市（藤崎宮伝世）	剣 1、鉾（中広）1、文（中細）1
37	戸坂遺跡	〃戸坂町西原	内行花文鏡 1
38	石原亀の甲遺跡	〃石原	内行花文鏡 2
39	八鉾神社遺跡	〃和泉	文（中広）1
40	徳王遺跡	〃徳王	内行花文鏡 1
41	鶴羽田遺跡	〃鶴羽田	文（中広）1
42	五丁中原遺跡	〃和泉	巴形 1 鏡 1 鏃 1
43	神水遺跡	〃神水本町	鏃 2
44	清水町遺跡群	〃清水町・八景水谷	鏡
45	長嶺遺跡群	〃長嶺東	鏡
46	上高橋高田遺跡	〃上高橋	八乳鏡 ?1
47	八島町遺跡	〃八島	内行花文鏡 1
48	白藤遺跡	〃島町	鉾（ミニチュア）1、鋳型 1
49	八ノ坪遺跡	〃護藤町・美登里町	鋳型 1、銅滓＊参考資料
50	新御堂遺跡	〃城南町宮地新御堂	巴形 1、内行花文鏡 1、前漢鏡 2、珠文鏡 1、鏡 1、半両 1、貨泉 1、大泉五十 1、鏃 3
51	二子塚遺跡	上益城郡嘉島町	内行花文鏡 1、獣帯鏡 1、後漢鏡 1
52	枯木原遺跡	〃山都町下名連石	方格規矩鏡 1
53	北中島西原遺跡	〃 〃北中島	内行花文鏡 ?1
54	轟貝塚	宇土市宮庄町須崎	鏡 1
55	上日置女夫木遺跡	八代市上日置町女夫木	小銅鐸 1
56	用七遺跡	八代市上日置町用七	ヤリガンナ 1
57	檜掛松遺跡	球磨郡多良木町黒肥地	剣（細形）1
58	夏女遺跡	〃錦町木上	内行花文鏡 2、釧 1
59	本 H 遺跡	〃あさぎり町免田	方格規矩鏡 1

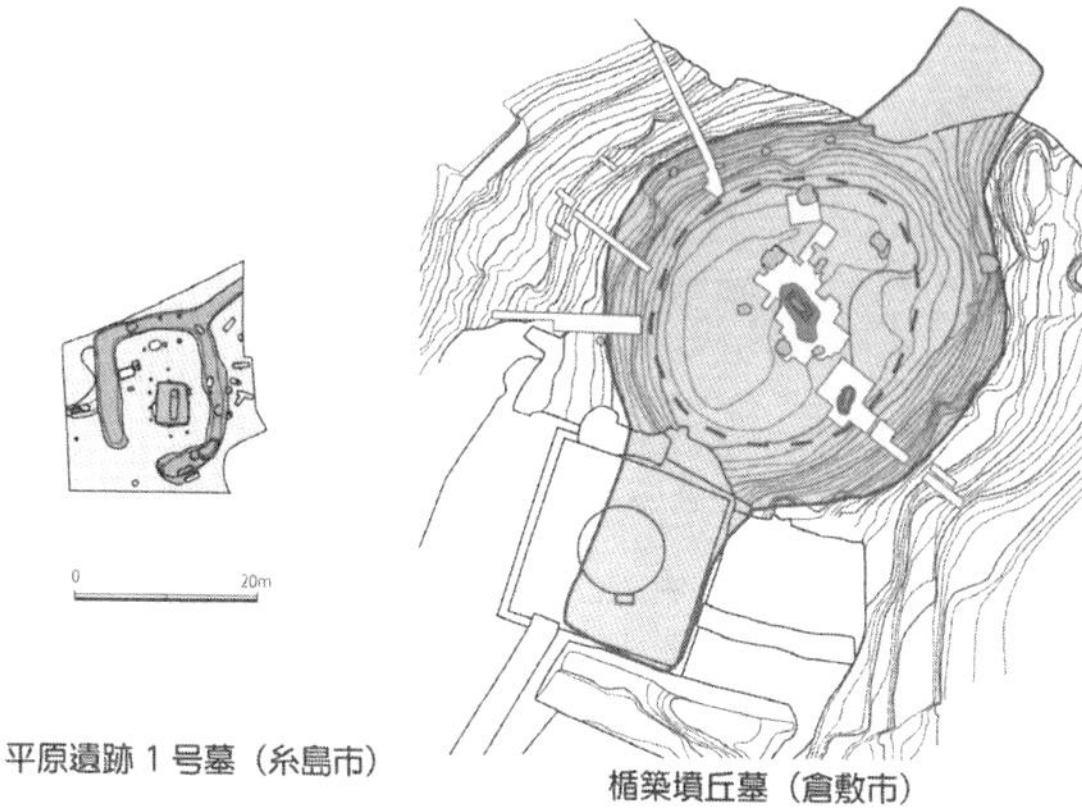

図 29　同一縮尺の平原王墓と楯築墳丘墓（森本ほか 2015 より作成）

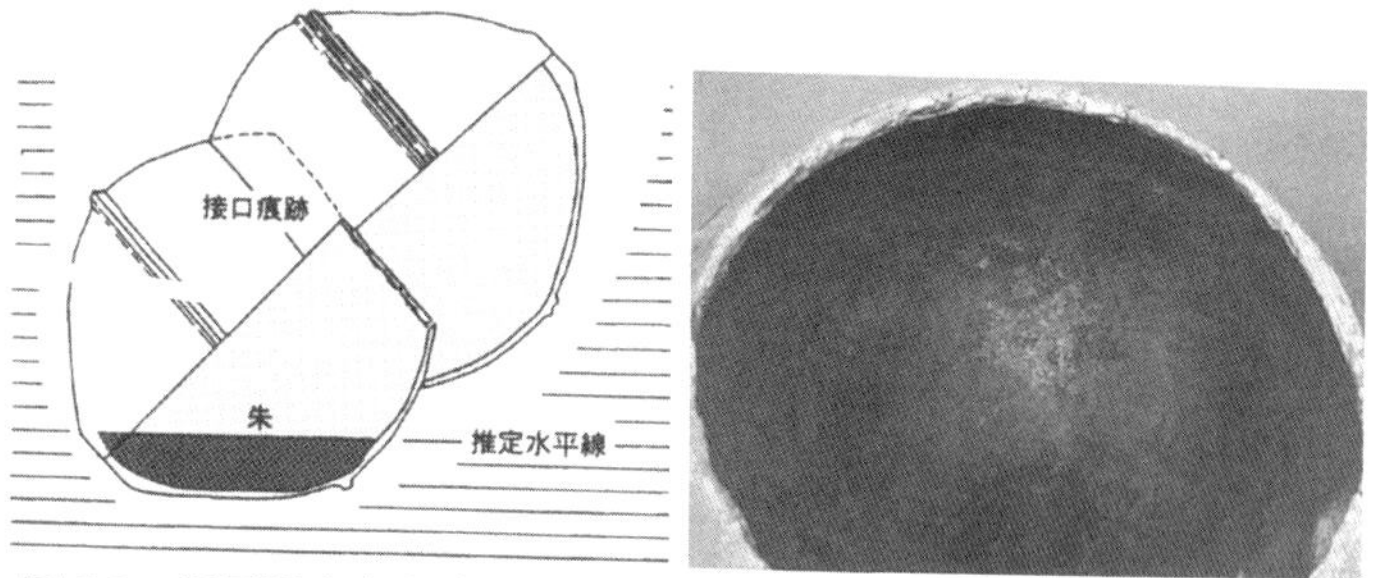

図 30　福岡県糸島市泊熊野遺跡甕棺墓（河合修・岡部裕俊ほか 2016 より）

奴国の大官狗古智比狗というのは恐らく菊池（キクチ）ヒコだということだろうと思います（註：方保田東原遺跡がキクチヒコの本拠、「狗奴国王」は木﨑康弘によると新御堂遺跡周辺という）。

さて吉備の楯築墳丘墓（図29）というのは、この時代を解く非常に重要なカギになると思います。ここからは水銀朱が沢山出ています。実はほぼ同時期（弥生後期後半）の伊都国の墓に、泊熊野甕棺墓（図30）がありますが、そこには大量の朱が入っていまして、このように伊都国に水銀朱が集積されています。楯築の主は、多分伊都国と仲がよかったのではないかと考えられます。

さらに楯築出土の鉄剣は北部九州製ではないかと村上恭通さんが書いておられます（村上二〇〇〇）。もしそうならば、奴国産で須玖岡本遺跡群の何処かの工房での製作だろうと思います。楯築の玉のセットは翡翠の勾玉と半島系管玉のセットは唐津の末盧国に似たセットがあります（米田克彦二〇一五）。更に瑪瑙の良質な管玉ないし棗玉は、この時期の列島では平原と楯築にしかありません。楯築の主というのは、北部九州の有力な国々とかなり仲がよかったということがいえるかと思います。

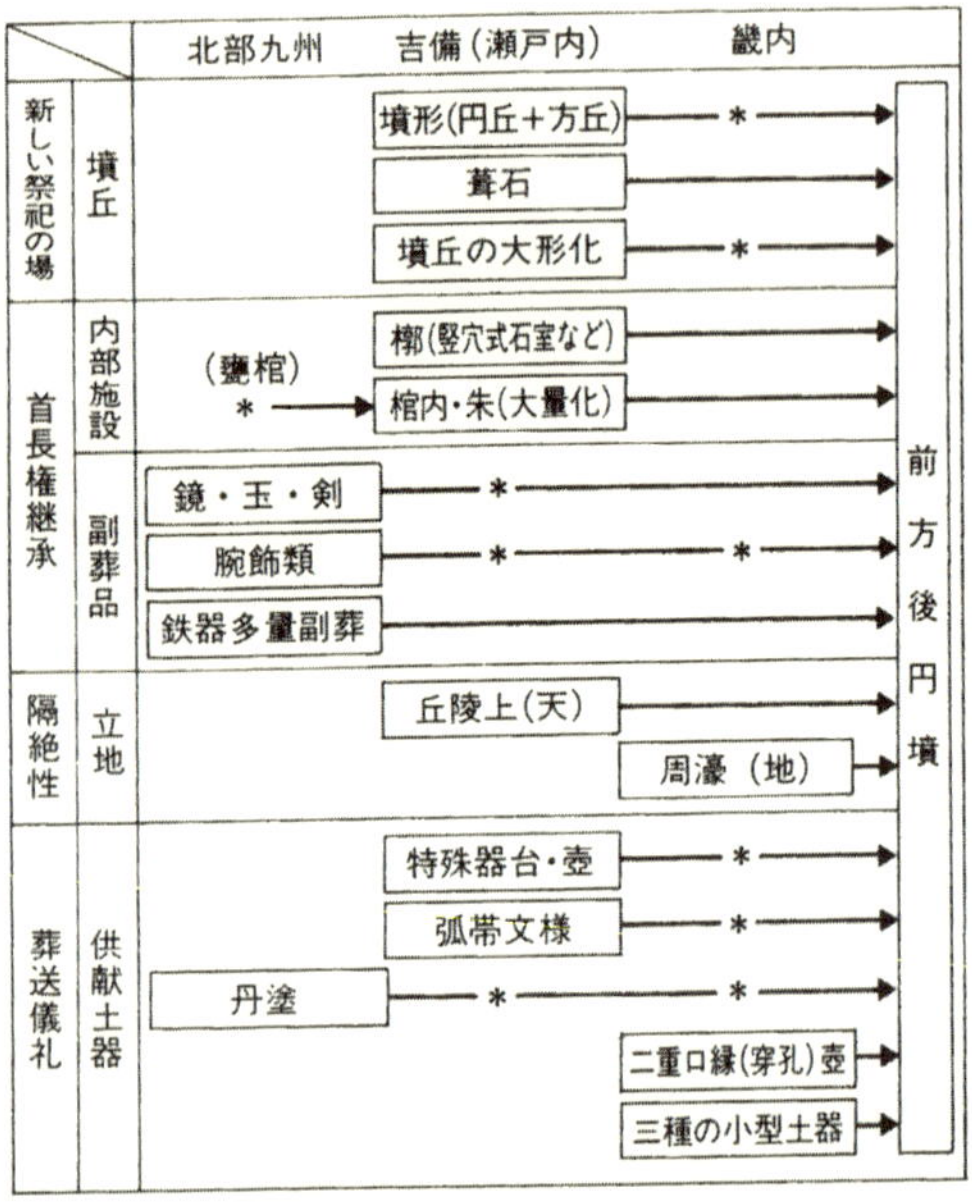

表3　前方後円墳諸属性の系譜と変遷（寺沢薫 1984）
（「＊は過渡期の受容を示し、割竹形木棺の系譜は保留する」とする）

　表3は寺沢薫さんが昔出された表ですが、実は楯築と平原等の北部九州の埋葬儀礼や墳墓の要素を

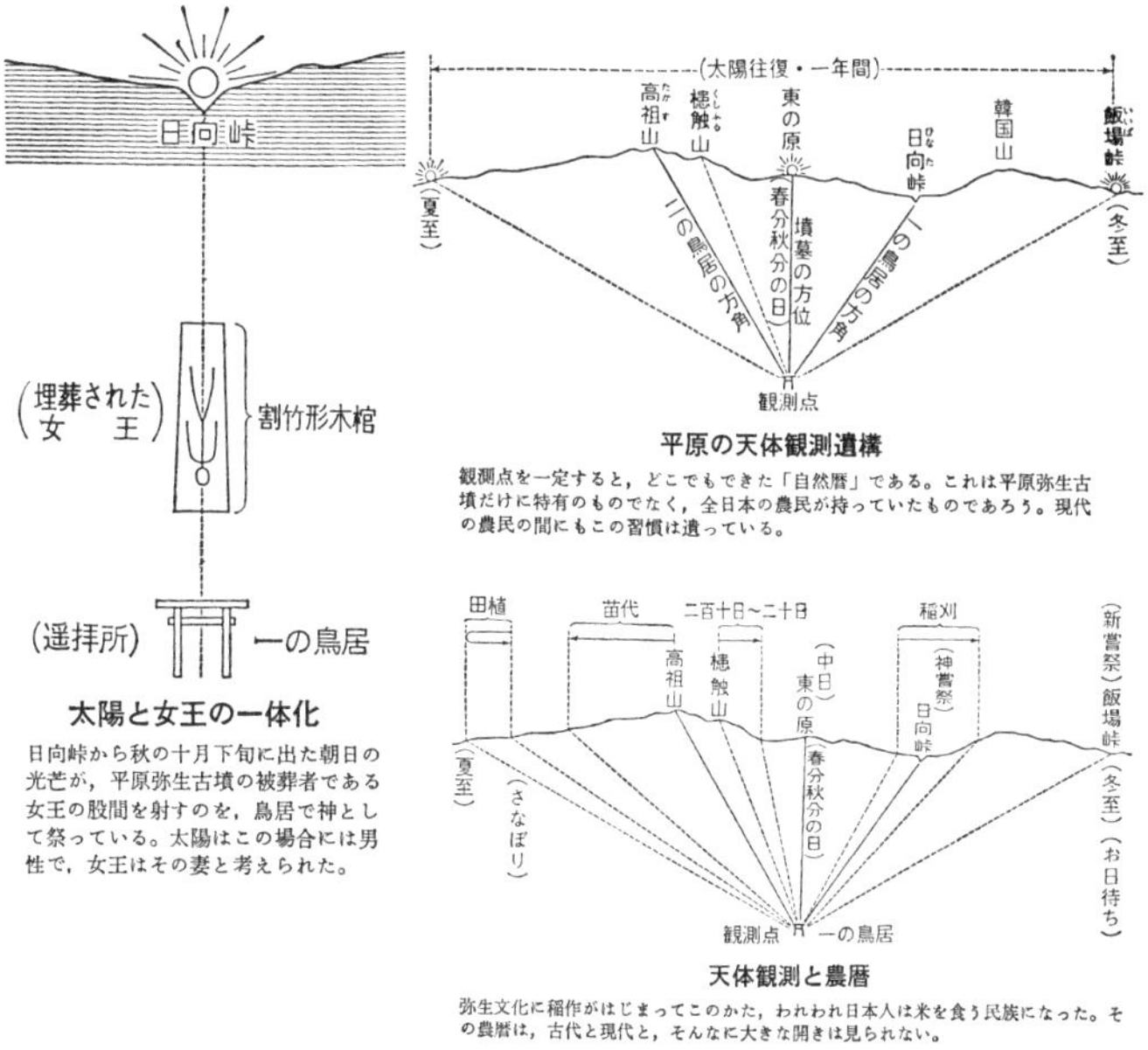

図31　平原1号墓の太陽信仰と山立てによる暦法（原田大六 1966）

足すと、成立期の前方後円墳の副葬品等の色々な墳墓祭祀の八〇％位が出来上がります（寺沢薫一九八四）。足りないところは丹後とか出雲とか東四国等の要素を足せばほぼ一〇〇％になるのではないでしょうか。

「卑弥呼」というのは遠山美都男さんの説では（遠山二〇〇二）、称号とか職名ではないかと言われておりまして、そのように考えると、先に平原1号墓の時期を限定しましたが、二〇〇年くらいに死んだ女王、その時期にこの様な圧倒的な副葬品を持っているのは多分、その時点での倭の女王ではないかと思います。ですからそれは初代卑弥呼であろうと。

平原は、東の日向峠に向かって埋葬

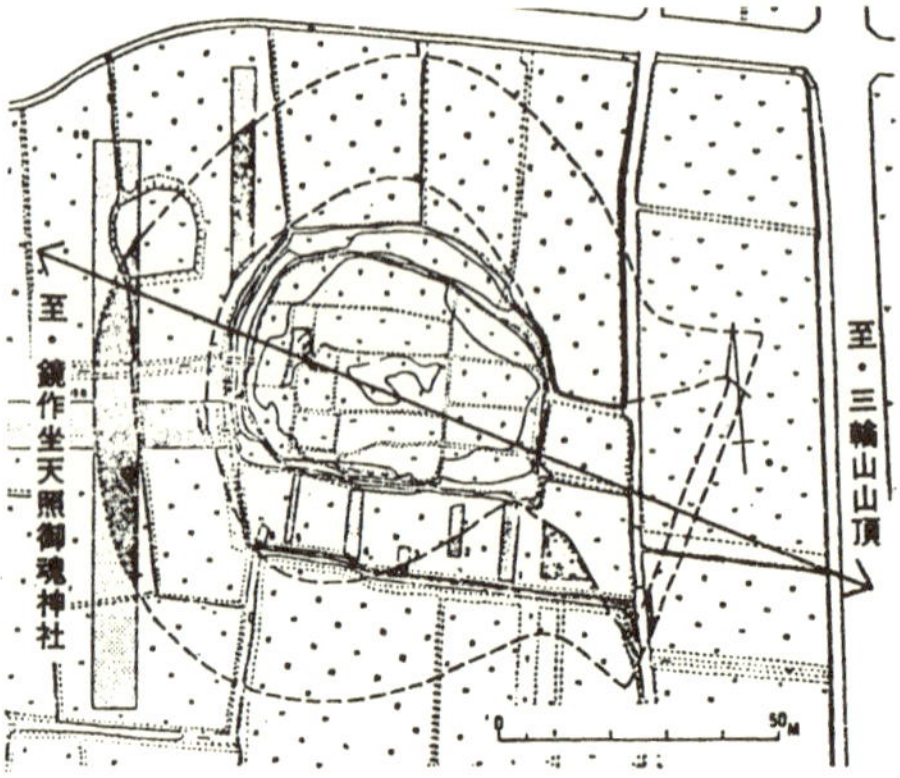

纒向石塚の中軸線の方向

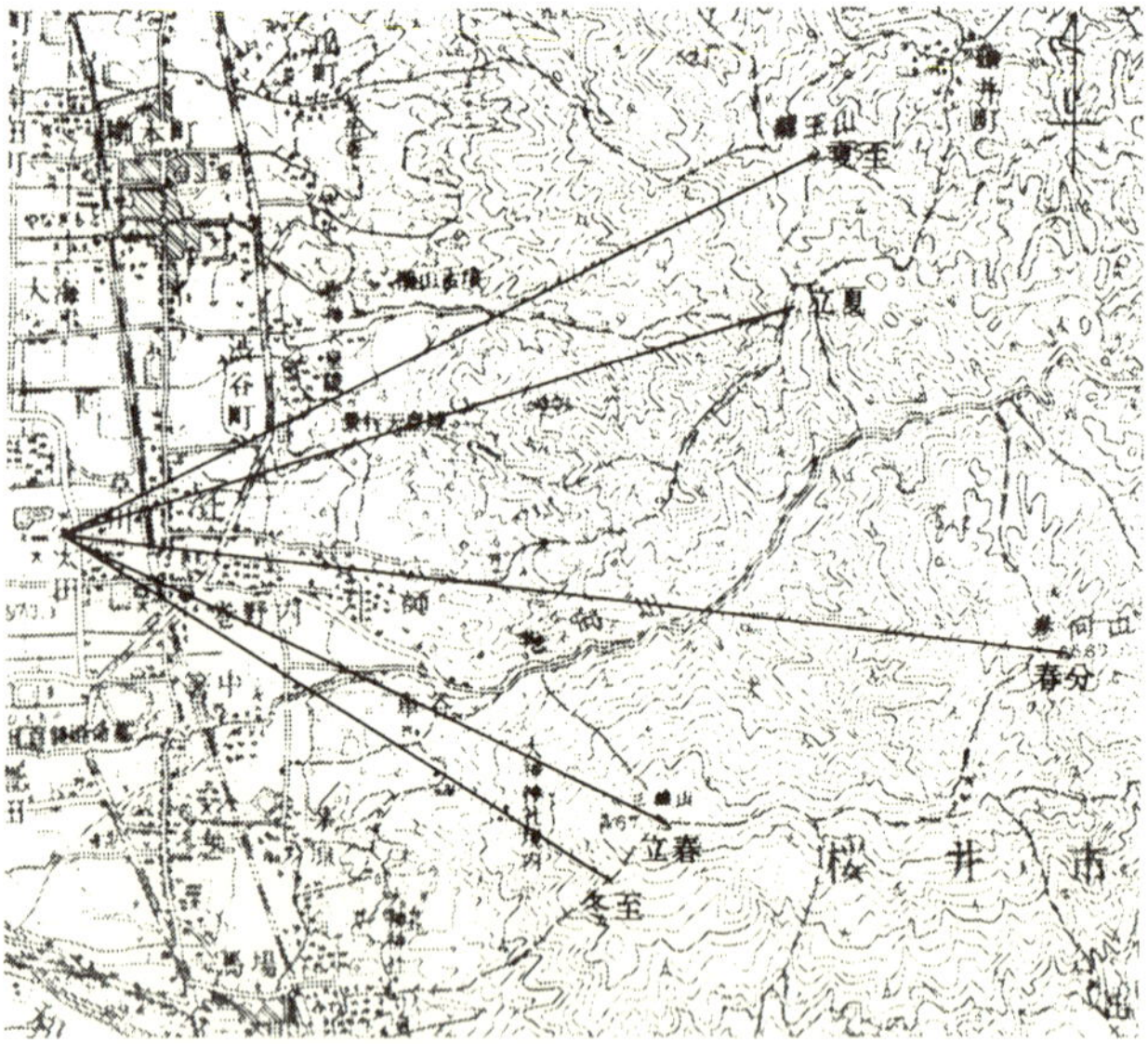

石塚を基点とする巨大なカレンダー

図 32　纒向石塚の主軸方位と山立てによる暦法（大和岩雄 1990）

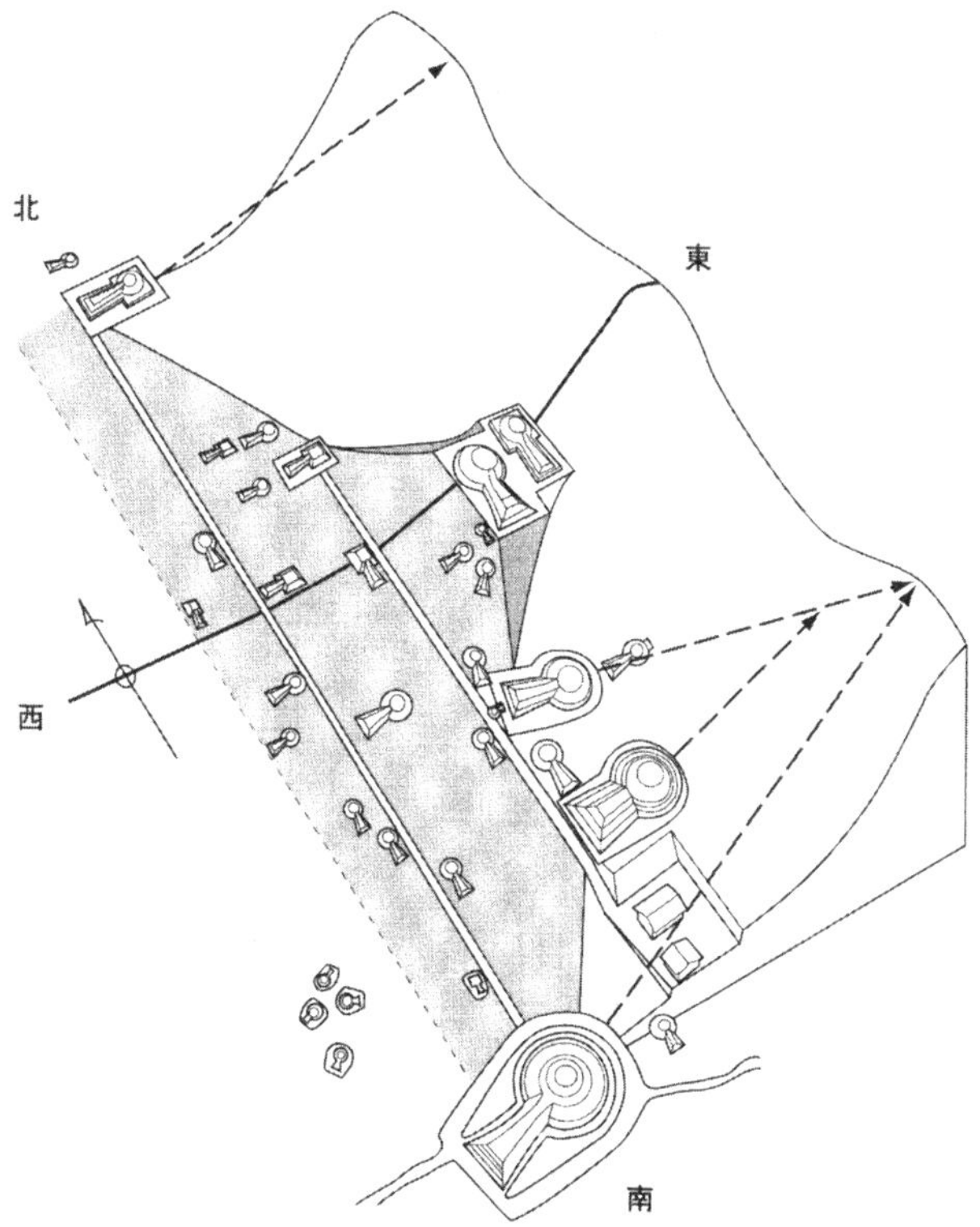

南北軸と東西軸の交差序列空間（筆者作成）

図33　龍王山と前期古墳の南北軸・東西軸（北條芳隆 2009 に加筆）

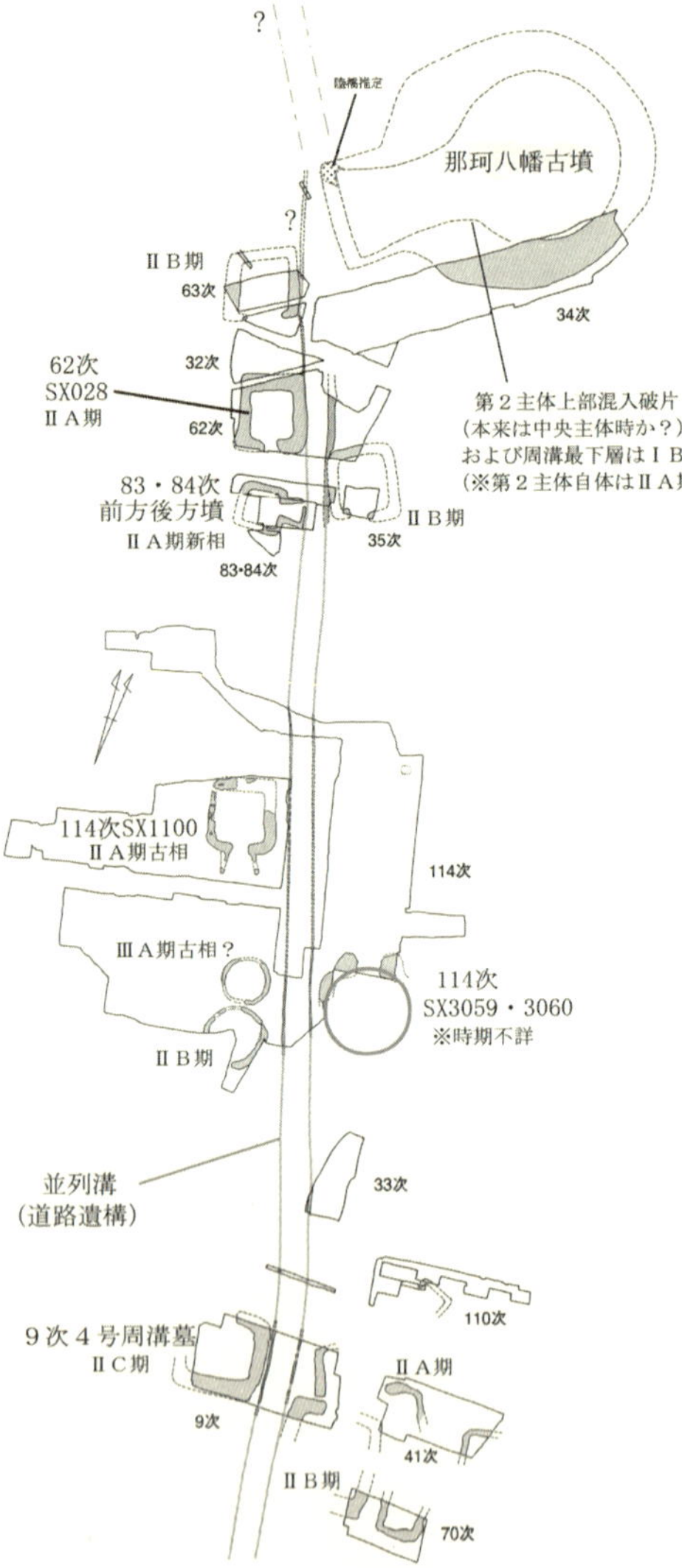

図34　那珂古墳群における「道路」と墳墓群の配列（久我作成）

施設が向いていて、更にそこにある柱跡や主要な山頂の方向などをたどると農時暦、カレンダーになっている（図31）。実は纒向石塚でも同じことをしているのではないかということを大和岩雄さんが書かれています（図32　大和一九九〇）。纒向は、こういった伊都国の高度なソフトウェア（知識と実践）を継承していると考えられます。

纒向石塚は私が最近書きましたが（久住二〇一六）、庄内２式の築造です。勝山は庄内３式で、時期的に言いますと勝山古墳が卑弥呼で、それと築造規格を共有している那珂八幡古墳が難升米の墓ではないかと考えています。北條芳隆さんが復元案を出している、道路（上ツ道）を軸に大王墓など主要古墳を配列して行くというデザイン（図33　北條二〇〇九）は、奴国の比恵・那珂で先行して行われています（図34）。そうしたグランドデザインをかなり大規模に拡大展開したのがオオヤマト古墳群であろうということで、奴国の影響と関与もあるだろうということで終わります。

【参考文献】

新井　宏　二〇〇六「炭素14による弥生時代遡上論の問題点」『東アジアの古代文化』第127号
新井　宏　二〇〇九「歴博プロジェクト『弥生農耕起源』について―炭素14年による年代遡上論の問題点―」『季刊邪馬台国』101号
井上主税　二〇一二「勒島遺跡衰退の歴史的背景―朝鮮半島南部における後一世紀の交易体系について―」『古代文化』第64巻第２号

井上主税　二〇一四『朝鮮半島の倭系遺物からみた日朝関係』学生社
井上主税　二〇一六「邪馬台国時代の狗邪韓国」『邪馬台国時代の狗邪韓国と対馬・壱岐』ふたかみ邪馬台国シンポジウム16資料集
井上義也　二〇〇九「須玖遺跡群の集落構造」『弥生時代後期の社会変化』第58回埋蔵文化財研究集会
今尾文昭　一九八四「古墳祭祀の画一性と非画一性―前期古墳の副葬品配列から考える―」『橿原考古学研究所論集』第六
今尾文昭　二〇一六「古墳時代前期初葉の破鏡所有と銅鏡破砕行為―平原弥生墓からホケノ山古墳、桜井茶臼山古墳への継承―」『倭国誕生―伊都国から邪馬台国へ―』第2回伊都国フォーラム　糸島市・糸島市教育委員会
岩本　崇　二〇〇八「三角縁神獣鏡の生産とその展開」『考古学雑誌』第92巻第3号
岩本　崇　二〇一四「北近畿・山陰における古墳の出現」『博古研究』第48号　博古研究会
上田正昭　二〇一五『私の日本古代史　上　天皇とは何ものか―縄文から倭の五王まで―』新潮選書
上野祥史　二〇一一「弥生時代の鏡」『講座日本の考古学6　弥生時代（下）』青木書店
江﨑靖隆　二〇一二「井原鑓溝・ヤリミゾ遺跡」『伊都国の研究』西谷　正（編）学生社
江﨑靖隆編　二〇一八『伊都国の王都を探る』平成二九年度伊都国歴史博物館冬期特別展図録
大貫静夫　二〇〇五「最近の弥生時代年代論について」Anthropological Science（Japanese Series）Vol. 113, 95-107, 2005
大和岩雄　一九九〇『邪馬台国は二ヵ所あった―邪馬台国から初期ヤマト政権へ―』大和書房
岡部裕俊　一九九八「推定される伊都国の構造」『古代探求』中央公論社
岡部裕俊　二〇一二「伊都国」『季刊考古学・別冊18　邪馬台国をめぐる国々』雄山閣

岡村秀典　一九九三ａ「後漢鏡の編年」『国立歴史民俗博物館研究報告』第55集、国立歴史民俗博物館
岡村秀典　一九九三ｂ「福岡県平原遺跡出土鏡の検討」『季刊考古学』第43号、雄山閣
岡村秀典　一九九九『三角縁神獣鏡の時代』吉川弘文館
岡村秀典　二〇一一「後漢鏡銘の研究」『東方学報』第86冊
奥野正男　一九八二『邪馬台国の鏡―三角縁神獣鏡の謎を解く』
片岡宏二　二〇一一『邪馬台国論争の新視点　遺跡が示す九州説』雄山閣
河合　修・岡部裕俊ほか　二〇一六『王の鏡～平原王墓とその時代～』糸島市立伊都国歴史博物館
河合　忍　二〇一五「山陽東部」『前期古墳編年を再考する―古墳出土土器をめぐって―』中国四国前方後円墳研究会第18回研究集会
蒲原宏行　二〇一七「佐賀・唐津平野」『九州島における古式土師器』発表要旨集・基本資料集
菊池秀夫　二〇一〇『邪馬台国と狗奴国と鉄』彩流社
木﨑康弘　二〇一四「第１回　狗奴国の狗古智卑狗とは何者か？～方保田東原遺跡が語ること～」熊本県立装飾古墳館平成26年度集中講座「邪馬台国の時代、狗奴国と肥後」配布資料
木﨑康弘　二〇一五ａ「第２回　狗奴国男王の都する所～鉄の王国と新御堂遺跡の話～」同右
木崎康弘　二〇一五ｂ「第５回　狗奴国終焉物語～免田式土器との対話～」同右
岸本直文　二〇一四「倭における国家形成と古墳時代開始のプロセス」『国立歴史民俗博物館研究報告』第185集
岸本直文　二〇一五「炭素14年代の検証と倭国形成の歴史像」『考古学研究』第62巻第３号
岸本道昭　二〇〇六「播磨の集落と初期古墳」『邪馬台国時代の阿波・讃岐・播磨と大和』ふたかみ邪馬台国シンポジウム６資料集

久住猛雄　一九九九「北部九州における庄内式併行期の土器様相」『庄内式土器研究』XIX、庄内式土器研究会
久住猛雄　二〇〇二「九州における前期古墳の成立」『日本考古学協会二〇〇二年度橿原大会研究発表資料集』日本考古学協会
久住猛雄　二〇〇四「古墳時代初頭前後の博多湾岸遺跡群の歴史的意義」『大和王権と渡来人　三・四世紀の倭人社会』大阪府立弥生文化博物館
久住猛雄　二〇〇五「三世紀のチクシの土器」『邪馬台国時代の筑紫と大和』ふたがみ邪馬台国シンポジム5資料集
久住猛雄　二〇〇六「土師器から見た前期古墳の編年」『前期古墳の再検討』第9回九州前方後円墳研究会大分大会資料集
久住猛雄　二〇〇七「「博多湾貿易」の成立と解体」『考古学研究』第53巻第4号
久住猛雄　二〇〇八「弥生集落の様相⑧福岡平野　比恵・那珂遺跡群―列島における最古の「都市」―」『弥生時代の考古学8　集落からよむ弥生社会』同成社
久住猛雄　二〇〇九「比恵・那珂遺跡群―弥生時代後期の集落動態を中心として―」『弥生時代後期の社会変化』第58回埋蔵文化財研究集会
久住猛雄　二〇一二a「須玖岡本遺跡坂本地区の土器について」『須玖岡本遺跡5』春日市文化財報告書第66集
久住猛雄　二〇一二b「奴国とその周辺」『季刊考古学・別冊18邪馬台国をめぐる国々』
久住猛雄　二〇一四a「北部九州における古墳時代初頭前後の「土器交流」の実態とその背景」安城歴史博物館『大交流時代』展示図録

久住猛雄　二〇一四b「「博多湾貿易」の成立と解体・再論～土器からみた倭と韓半島の交易網の変遷～」『金官伽耶の国際交流と外来系遺物』第20回伽耶史国際学術会議　金海市・仁済大學校伽耶文化研究所
久住猛雄　二〇一五a「「奴国の時代」の暦年代論」『新・奴国展』福岡市博物館
久住猛雄　二〇一五b「北部九州からみた楯築弥生墳丘墓の時代の考古編年の併行関係と実年代」『楯築墓成立の意義』考古学研究会岡山例会第20回シンポジウム（発表資料集）
久住猛雄　二〇一六a「「纒向」異論―纒向古墳群の検討序説―」『魂の考古学―豆谷和之さん追悼論文集―』
久住猛雄　二〇一六b「「原の辻の対外交渉」（武末純一）への討論文」「「原の辻遺跡の性格と他地域との関係」（古澤義久）への討論文」『勒島と原の辻における東海と東アジアの交流の様相』（韓国語仮訳）韓国国立晋州博物館シンポジウム資料
久住猛雄　二〇一六c「日本列島の弥生時代と日韓交渉」『先史・古代の韓日交流』（韓国語仮訳）釜山市福泉博物館
久住猛雄　二〇一七「福岡県（糸島・早良・福岡平野）」『九州島における古式土師器』発表要旨集・基本資料集　第19回九州前方後円墳研究会（長崎大会）実行委員会
車崎正彦　二〇〇二「漢鏡」『考古資料大観　第5巻　弥生・古墳時代の鏡』小学館
考古学研究会　二〇一五「考古学研究会第61回総会研究集会報告総括討議」『考古学研究』第62巻第3号
甲元眞之（編）　二〇〇七『砂丘形成と寒冷化現象』平成17～18年度科学研究費補助金研究成果報告書
小松　譲　二〇一一「唐津地域の弥生時代石製装身具―弥生時代中期・後期の玉作りの可能性―」『魏志倭人伝の末盧国・伊都国―王（墓）と翡翠玉』日本玉文化研究会北部九州地方大会

小山田宏一　一九九三「画文帯同向式神獣鏡とその日本への流入時期」『弥生文化博物館研究報告』第2集　大阪府立弥生文化博物館
實盛良彦　二〇一二「斜縁神獣鏡・斜縁四獣鏡の製作」『考古学研究』第59巻第3号　考古学研究会
實盛良彦　二〇一五「上方作系浮彫式獣帯鏡と四乳飛禽鏡の製作と意義」『FUSUS』（アジア鋳造技術史学会誌）7号
實盛良彦　二〇一六「漢末三国期の斜縁鏡群生産と画像鏡」『ヒストリア』第259号　大阪歴史学会
清水康二　二〇〇〇「平原弥生古墳出土大型内行花文鏡の評価」『大塚初重先生頌寿記念考古学論集』東京堂出版
白井克也　二〇〇一「勒島貿易と原ノ辻貿易」（『弥生時代の交易』第49回埋蔵文化財研究集会資料集
白井克也　二〇〇三「弥生・古墳時代における日韓の交易と移住」國學院大學COE研究プロジェクトシンポジウム資料
角　浩行・柳田康雄（編）　二〇〇〇『平原遺跡』前原市文化財報告書第70集
角　浩行　二〇〇六「三雲・井原弥生集落の成立と変遷」『伊都国歴史博物館紀要』創刊号
角　浩行　二〇一二「平原遺跡」『伊都国の研究』西谷正（編）学生社
高倉洋彰　一九九五『金印国家群の時代』青木書店
高橋　徹　一九九四「桜馬場遺跡および井原鑓溝遺跡の研究―国産青銅器、出土中国鏡の型式学的検討をふまえて―」『古文化談叢』第32集
高橋　護　一九八八「弥生時代終末期の土器編年」『岡山県立博物館研究報告』第16集
武末純一　二〇〇九「三韓と倭の交流」『国立歴史民俗博物館研究報告』第151集　国立歴史民俗博物館
武末純一　二〇一六a「邪馬台国時代前後の交易と文字使用」『纒向発見と邪馬台国の全貌―卑弥呼と三角

縁神獣鏡』角川文化振興財団
武末純一　二〇一六b「原の辻の対外交渉」『勒島と原の辻における東海と東アジアの交流の様相』（韓国語仮訳）韓国国立晋州博物館
田嶋明人　二〇〇七「法仏式と月影式」『石川県埋蔵文化財情報』第18号　財団法人石川県埋蔵文化財センター
田嶋明人　二〇〇八「古墳確立期土器の広域編年…東日本を対象とした検討（その1）…」『石川県埋蔵文化財情報』第19号
谷澤亜里　二〇一四「玉類からみた古墳時代の地域間関係―前期の北部九州地域を中心に―」『古墳時代の地域間交流2』第17回九州前方後円墳研究会大分大会
塚本浩司・瀬尾晶太（編）　二〇一六『鉄の弥生時代』大阪府立弥生文化博物館図録58
辻田淳一郎　二〇〇七『鏡と初期ヤマト政権』すいれん舎
常松幹雄　二〇一二「元岡・桑原遺跡群―弥生時代の祭祀・対外交易の拠点―」『伊都国の研究』西谷正（編）学生社
常松幹雄　二〇一三「墓と副葬品からみた北部九州の弥生社会」『新修福岡市史―特別編　自然と遺跡からみた福岡の歴史』
寺井誠　二〇〇八「中継地の形成―固城郡東外洞遺跡の検討を基に―」『九州と東アジアの考古学―九州大学考古学研究室50周年記念論文集―』
寺沢薫　一九八四「纒向遺跡と初期ヤマト政権」『橿原考古学研究所論集』第6　吉川弘文館
寺沢薫　一九八六「畿内古式土師器の編年と二・三の問題」『矢部遺跡』奈良県史跡名勝天然記念物調査報告第49冊

寺沢　薫　二〇〇〇『王権誕生』日本の歴史02　講談社
寺沢　薫（編）　二〇〇二『箸墓古墳周辺の調査』奈良県文化財調査報告書第89冊
寺沢　薫　二〇〇五「古墳時代開始期の暦年代と伝世鏡論（上・下）」『古代学研究』第169・170号
寺沢　薫　二〇一一『王権と都市の形成史論』吉川弘文館
寺澤　薫　二〇一四『弥生時代の年代と交流』吉川弘文館
遠山美都男　二〇〇一『卑弥呼誕生』洋泉社
豊岡卓之編　二〇一一「勝山古墳　第5・6次調査報告」『東アジアにおける初期都宮および王墓の考古学的研究』平成一九〜二二年度科学研究費補助金　基盤研究
長友朋子　二〇〇五「弥生時代から古墳時代への食事様式の変化とその歴史的意義」『都出比呂志先生退任記念　待兼山考古学論集』
長家　伸　二〇〇二「弥生時代の鍛冶技術について」『細形銅剣文化の諸問題』九州考古学会・嶺南考古学会第5回合同考古学大会
西谷　正　二〇一〇「邪馬台国最新事情」『石油技術協会誌』第75巻第4号
仁藤敦史　二〇〇九『卑弥呼と台与　倭国の女王たち』日本史リブレット人001　山川出版社
福永伸哉　二〇〇五『三角縁神獣鏡の研究』大阪大学出版会
福永伸哉・岡村秀典・岸本直文・車崎正彦・小山田宏一・森下章司　二〇〇三『シンポジウム三角縁神獣鏡』学生社
原田大六　一九六六『実在した神話』学生社
原田大六（編）　一九九一『平原弥生古墳―大日孁貴の墓―』葦書房
春成秀爾・小林謙一・坂本稔・今村峯雄・尾嵜大真・藤尾慎一郎・西本豊弘　二〇一一「古墳出現期の炭素14

年代測定」『国立歴史民俗博物館研究報告』第163集
樋上　昇　二〇一六『樹木と暮らす古代人』歴史文化ライブラリー434　吉川弘文館
古澤義久　二〇一六「邪馬台国時代の壱岐」『邪馬台国時代の狗邪韓国と対馬・壱岐』ふたかみ邪馬台国シンポジウム16　資料集
北條芳隆・溝口孝司・村上恭通　二〇〇〇『古墳時代像を見なおす』青木書店
北條芳隆　二〇〇〇「前方後円墳と倭王権」『古墳時代像を見なおす』青木書店
北條芳隆　二〇〇九「「大和」原風景の誕生」『死の機能　前方後円墳とは何か』小路田泰直（編）岩田書院
北條芳隆　二〇一六「「日本はなぜ大和に誕生したか」への話題提供」『日本はなぜ大和に誕生したか!!～新大和論の構築にむけて～』奈良女子大学シンポジウム
堀　大介　二〇〇九『地域政権の考古学的研究―古墳成立期の北陸を舞台として―』雄山閣
松木武彦　二〇〇七『列島創世記』全集・日本の歴史（1）旧石器・縄文・弥生・古墳時代　小学館
松見裕二　二〇一五『海の王都・原の辻遺跡と壱岐の至宝』壱岐市教育委員会
松山智弘　二〇一五「山陰」『前期古墳編年を再考する―古墳出土土器をめぐって―』中国四国前方後円墳研究会第18回研究集会
光谷拓実　一九九五「年輪年代法による雀居遺跡出土木製品の年代推定」『雀居遺跡2』福岡市埋蔵文化財調査報告書第406集
光谷拓実　二〇〇三「日本の年輪年代法の現状」『考古学と暦年代』ミネルヴァ書房
南健太郎　二〇一五「東アジアにおける銅鏡鋳造技術の系譜関係―湯口の位置を中心に―」『FUSUS』7号　アジア鋳造技術史学会

南健太郎　二〇一六「漢・三国・西晋期の銅鏡編年に関する新視角―特に方格規矩鏡と内行花文鏡について―」『ヒストリア』第259号
宮﨑貴夫　二〇一二「「南北市糴」考―壱岐・原の辻遺跡から交易の実態を探る―」『古代壱岐島の世界』高志書院
村上恭通　一九九八『倭人と鉄の考古学』シリーズ日本史のなかの考古学　青木書店
村上恭通　二〇〇〇「鉄器生産・流通と社会変革」『古墳時代像を見なおす―成立過程と社会変革―』青木書店
村上恭通　二〇〇七『古代国家成立過程と鉄器生産』青木書店
村瀬　陸　二〇一六「漢末三国期における画文帯神獣鏡生産の再編成」『ヒストリア』第259号　大阪歴史学会
森本幹彦　二〇一〇「今宿五郎江遺跡の成立とその背景」『福岡考古』第22号　福岡考古懇話会
森本幹彦　二〇一五「外来系土器からみた対外交流の様相」『古代文化』第66巻第4号
森本幹彦ほか(特別展「新・奴国展」実行委員会)編　二〇一五『新・奴国―ふくおか創世記―』福岡市博物館
柳田康雄　二〇〇〇a「平原王墓出土銅鏡の観察総括」『平原遺跡』前原市文化財調査報告書第70集
柳田康雄　二〇〇〇b『伊都国を掘る』大和書房
柳田康雄　二〇〇二『九州弥生文化の研究』学生社
柳田康雄　二〇〇六「弥生王墓と「イト国」の大鏡」『大鏡が映した世界』伊都国歴史博物館図録3
吉田　広　二〇〇一「対馬海人の剣」『九州考古学』第75号
コリン・レンフルー、ポール・バーン(池田　裕・常木　晃・三宅　裕(監訳))　二〇〇七『考古学―理論・

方法・実践』東洋書林
安在晧・全玉年　二〇一〇「昌原内洞遺蹟の倭系遺物」『釜山大学校考古学科創設20周年記念論文集』
盛　周　一九九九「辰・弁韓地域墳墓出土1～4世紀土器の編年」『嶺南考古学』24嶺南考古学會
李昌熙　二〇〇四「勒島遺蹟出土外来系遺物報告―勒島Ⅲ期の設定とともに―」『勒島貝塚と墳墓群』釜山大学校博物館研究叢書29
李昌熙　二〇一一「土器から見た伽耶成立以前の韓日交流」『伽耶の浦口と海上交流』

第4章 三世紀のヤマトと外交

福永伸哉

1　三世紀という時期

私は、今回、石野さんから「三世紀のヤマトと外交」というテーマで何か話をと言われました。しかし、考古資料からいいますと久住さんが話された北部九州は随分豊かな外来品がふんだんに出てくるわけですけれど、畿内という地域、或いはヤマトという地域、私は邪馬台国のある種の本拠地があったと思っておりますが、こちらでは考古資料として、外来品で大陸と倭の関係を解き明かすには圧倒的に物が少ないわけです。さらにこのシンポジウムの趣旨に沿えば当然三世紀のヤマトと外交ですから、大陸にこちらから持ちこんだ物、大陸からこちらにもたらされた物、双方の物が出土してお ればいいのですけれども、そういうわけでもない。したがって、先ほどの久住さんと比べると随分憶測の部分が多い話になるかと思います。

それで三世紀という場合、いわゆる暦年代といいますか、絶対年代といいますか、『魏志』倭人伝では邪馬台国はほぼ三世紀前半に相当するわけですが、では、三世紀の遺跡といいますと、考古学ではどの遺跡であるかということは、これはもう一つ別の問題として考えなければいけないわけです。

以前は、中国から持ちこまれた青銅器などで年代がわかるわずかな物を参考に、それが出土した遺跡の年代を考えて行くということが中心でした。私もそういう方法で、中国からもたらされた青銅の鏡などを型式学的に研究して、そちらの年代を参考にしながらそれが出土する日本列島の遺跡の年代を決めているわけですけれども、近年では放射性炭素年代であるとか、或いは年輪年代という新しい理化学的な方法が普及してきまして、そちらの方からかなり豊かな年代の情報が得られるようになりました。

この三世紀というのは考古学でどういう時期かといいますと、基本的には、三世紀の前半は、関西では庄内式という土器が使われていた頃、庄内式期であります。そして三世紀の半ばから後半にかけては布留式期と呼ばれる時期に相当すると考えています。庄内式というのは、後に奈良国立文化財研究所の所長になられた田中琢さんが今から五〇年ほど前に「布留式以前」という有名な論文を書かれまして、布留式という古墳時代の土器と弥生時代の最後の第Ⅴ様式の間にもう一つ土器の様式、スタイルを設定すべきではないかという問題提起をされたわけです。それが最終的に庄内式というスタイルの名前になっています。

庄内式というのは私が勤めております大阪の北部の、豊中市の庄内遺跡の名前を採って庄内式土器と付けたわけです。しかし、実は豊中の辺りでは、ほとんど庄内式土器の純粋な物は出ないわけです。庄内式土器というのは、中・南河内を中心に盛行する土器であることがわかってきまして、決して大阪の北部を本拠とする土器ではありません。色々な事情がありまして庄内式という名前が設定されました。今、豊中の庄内に行きますと、庄内式土器発祥の地というような碑が立てられているようでありますが、別にそこで生まれたわけではなくて、たまたま庄内遺跡出土の土器実測図が、田中琢さんが論文を書こうとされている頃にある書物に載っていて、この土器と田中さんの考える新しいスタイルの土器が似ているから庄内式土器で行こうということで、庄内式という名前が付いたわけです。本来は東大阪や河内松原の辺りの有名な遺跡からふんだんに出土する土器ですが、ここでは遺跡の名前を申し上げませんが、実は出土が初めて認識された遺跡名が関西弁でいいますと余り良い響きではないものですから庄内式という土器の名前にされたと、ある方からうかがったことがあります。

それはともかくとして庄内式が設定されたのは、今から五〇年程前の事ですけれども田中さんはこれを古墳時代前期の土器として提唱されました。具体的な古墳名でいいますと椿井大塚山古墳であるとか或いは紫金山古墳であるとか、そういう古墳がつくられた頃ということでした。当時刊行されて間もない『世界考古学大系』という優れた考古学の専門書がありましたが、その中の古墳時代の時期区分の１期に相当する時期の土器が庄内式土器であるという風にされたわけであります。その１期に相当する古墳が今申し上げました椿井大塚山古墳とか紫金山古墳或いは兵庫県の吉島古墳であったわけで、今から考えますと、これらは布留式に食い込んで純然たる古墳時代の古墳だといえるのですが、それらが庄内式に相当すると田中さんは、当時判断されたわけです。

この提唱があった後に庄内式というのは、こちらの纒向遺跡の調査が大きかったわけですけれども、土器のスタイルとして定着して来るとともに、その継続期間が長く考えられるようになり、久住さんが紹介された、岸本直文さんの考えのように西暦一二〇年くらいから庄内式が始まって、岸本さんは箸墓古墳の出現を二五〇年前後に見ておられますので、百数十年間庄内式の時期が続くという評価さえ、これは過激でありますが、提示されるようになってきました。本当にそうなのかということは、先ほど久住さんが仰った通り議論の余地があるのですが、庄内式土器を古く考えようとする方は放射性炭素年代を重要視されています。私は庄内式はおよそ一九〇年代頃から始まるのではないかとみていまして、それが一八〇年代にかかっても構いませんけれども、二世紀の末から三世紀の前半が庄内式の時期と考えています。

この二世紀末頃のものとしては今年（二〇一七年）国宝に答申されました、天理市東大寺山古墳から後漢の「中平」という年号の金象嵌銘を持った刀が出ています。この中平年間というのがちょうど一八〇年代の後半のことです。どうしてそのような後漢の年号を持った刀が大和の古墳にあるのかということについては良くわかりませんけれども、弥生文化博物館の館長をされていた金関恕先生は卑弥呼が倭国の乱の後に共立されるという事情があって、卑弥呼が倭王として共立されたことを記念して後漢王朝あるいは公孫氏が授けたものではないかという魅力的な仮説を出しておられますが、そうした中平年銘の大刀が入って来る頃に庄内式が成立するわけです。それはおそらく倭国乱の後に卑弥呼が共立された段階と近いのではないかと私は考えています。そして箸墓古墳が登場する二五〇年前後が布留式の始まりと考えますと約六〇年余りが庄内式の年代かという理解になります。

庄内式の前は、弥生時代後期という時期がありまして、この時期には西日本のそれぞれの地域で特徴的な青銅器であるとか、或いは特徴的なお墓の形であるとか、地域のシンボルとなるようなものを利用して地域の政治連合のまとまりを主張する様な状況でした。

この畿内の地域には突線鈕式銅鐸があります。銅鐸といっても弥生中期までのような農耕祭器として揺り動かして音を出す使われ方はしていませんので、もう銅鐸形の銅製品といってもいいような物と考えていますが、そういう突線鈕式銅鐸が畿内地域には集中しています。西の北部九州の方では広形銅矛、これも銅矛のソケットの部分の鋳さらいをしておらず、柄をさして使うこともできない、刃も付いていないということで、これも銅矛形銅製品といっていいような、そういう物を共有することで北部九州の人達は一つの政治的な仲間であるということを認識しあっていたのです。そういう東西のはざまに大型青銅器のない地域がありまして、それが吉備です。吉備には弥生後期には特殊器台という有力者のお墓で使う非常に呪術的な、マジカルな模様を刻んだお祭り用の土器がまとまって存在します。おそらくそれを使った人は、自分たちは仲間同士なのだと感じていたと思います。出雲から越にかけての日本海側には四隅突出型墳丘墓というのがありまして、これは四角なお墓の四隅を突出させる、非常にユニークな形なのですが、そういうのを造っている人達の間にもまた仲間同士だという認識が当然あったと思います。このように西日本の幾つかの地域に大きな青銅器であるとか、有力者のお墓の形であるとか、地域のシンボルを共通にするまとまりが複数並び立っていたわけです。これが弥生後期です。

こういう特定の器物や墳墓による地域のまとまりが取り払われる段階が、次の庄内式の時期ということになります。突線鈕式銅鐸もなくなり、広形銅矛もなくなり、特殊器台は吉備に限定された中での使用は少なくなっていきます。大和の方に入って来たりしますが、吉備の本拠地での使用は少なくなっていきます。少し性格が変わって行くわけですね。四隅突出型墳丘墓も、一番の盛行期は弥生時代後期であって、庄内式期になりますと徐々に少なくなってくるということで、弥生後期までの地域ごとの強いまとまりが解消してゆくような段階が庄内式土器の段階ということになります。

2 「卑弥呼共立」

そういう庄内式土器の時期が、私は六〇年余り続いたという考えを持っておりますが、その直後に箸墓古墳を嚆矢とする巨大前方後円墳が、少なくとも西日本に広く出てくる時期が到来しまして、それが土器でいいますと布留式土器が始まる時期です。大体それが古墳時代の始まりと考えています。庄内式の段階は、古墳を生み出す揺籃期といいますか、弥生後期の地域的なまとまりから、倭人社会のもっと大きなまとまりが出来て、この大きなまとまりの姿を古墳という記念物で示そうとする新しい仕組みが生まれるまでの助走の時期、それが庄内式の時期であると考えています。

どうしてそういう動きが起きたのかといいますと自然にそういう風になったわけではなくて、私は魏志倭人伝に出てくる「卑弥呼共立」という記事を非常に重要視しています。地域が狭くまとまって相対立する、或いは合従連衡する、そういう段階を経て一人の王を、「共立」ですから、当事者同士で選ぶわけですけれども、一人の王を共立してもっと大きな倭人社会のまとまりを作ろうとする気運が生まれたのではないかと考えられます。それが庄内式の段階ということになります。

このように庄内式というのは田中さんが提唱された土器様式としても重要ですし、古墳時代を用意した非常に大事な時期であるという点でも日本史の中でも存在感を持っている。しかもそれが一九〇年前後から三世紀の前半という時期に比定出来るとしますと、まさに邪馬台国時代と重なるわけです。庄内式の段階で、何処で何が起っていたかということは、今後日本の考古学の中で国の成り立ちを考える場合には研究を大いに集中すべきポイントであると考えています。

私は庄内式、すなわち卑弥呼の邪馬台国の時代を二つの段階に分けて考えていまして、前の方が卑弥呼第一次政権、後ろの方は卑弥呼第二次政権です。

卑弥呼は最初共立された王ですから、第一次政権時は、いわば仲間内で認め合った内輪の王であったわけですけれども、その後景初三年に中国の魏に使いを送って「親魏倭王」という新しい立場を獲得します。親魏倭王というのは、魏の皇帝が認めた倭の王ということで、仲間内ではなくて外から認められた王ですから、これ以降は卑弥呼に反旗を翻したら、論理的には中国の皇帝に刃向かっているという図式が成り立つわけです。従って、卑弥呼の景初三年の朝貢が成功するかどうかは、卑弥呼政権にとっては大変重要な意味を持っていたといえるのです。航海の危険性を含めて考えればある意味ギャンブルに近いものだったと思いますが、それが成功したわけです。従って、新たな段階になった親魏倭王以降の卑弥呼政権は、第二次卑弥呼政権と呼びます。共立王の段階から親魏倭王の段階へと王権の性格が質的にステップアップしたわけです。そのステップアップした倭人社会の王としての立場を卑弥呼が亡くなった後も受け継いでいけるように考え出した仕組みが前方後円墳を頂点とする古墳秩序であり、その出発点として最古の巨大前方後円墳である奈良県箸墓古墳が築造されたと考えられます。

その年代ですが、箸墓古墳は発掘できませんけれども、初期の前方後円墳、別の言い方をすると布留0式期の前方後円墳には、三角縁神獣鏡という鏡が副葬されていまして、この中に魏の景初三年(二三九)の年号を持ったものもあります。二三九年に正式な国交が開かれて魏の記年銘を持った鏡が日本列島にもたらされて、それが有力者の手元に渡って、その人が亡くなったのでお墓に副葬する。この間に何年見積もるかという問題はあるわけですが、一〇年とか一五年くらい見積もるとすれば大体前方後円墳の成立は二五〇年前後になるだろうと思います。これは以前から考古学の手法で私を含め、三角縁神獣鏡を研究している人達が考えて来たことです。もちろんこうした見方に対しては色々な意見がありましたが、先ほど申し上げました国立歴史民俗博物館のグループが布留0式土器の表面にこびりついたお焦げの中に含まれる放射性炭素14を使って年代測定をして、箸墓古墳の築造期である布留0式土器の年代は二四〇年から二六〇年の間に一点を持つと指摘されたわけです。

3 年代測定法

放射性炭素年代の原理についてはすでにご存知かと思いますが、炭素の中には12と13と14の重さが違う同位体があり、一般にこの辺を漂っているのは12が一番多いのですけれども、炭素14というものもわずかにあるのです。この炭素14は、時間が経つとβ線を出して窒素に変わって行く性質があります。いまの大気圏中には炭素12と14の比率はほぼ一定で、それを我々は吸い込んでいますので、みなさんの体の中にある炭素14の比率と私の中の炭素14の比率は同じですが、生物が亡くなって外との炭素14のやり取りがなくなると、どんどん体の中で炭素14は減って行きます。どれだけ炭素14が減ったかを手掛かりにして、その生物が亡くなって何年経ったかを測るという方法なのです。

炭素14は約五七三〇年経てば元の量の半分になること事がわかっています。さらに一一四〇〇年余り経てば元の量の四分の一になることがわかっていますので、この原理が適用できる限りにおいては、あらゆる炭素を含む有機物にこの年代測定法は使えるわけです。しかし、測定事例を積み重ねていくと必ずしも原理の通りには減って行ったりしないなということもわかって来ました。そこで必要になるのが、炭素14年代の測定値を補正してやるという手続きです。

その補正はおもに年輪年代という年代測定法を援用して行われます。年輪年代法で個々の年輪の年代がわかっておりましたら、その年輪の部分の放射性炭素年代を測ってやると、理想の放射性炭素年代のグラフのラインとチョット違う所にプロット出来るわけです。そうした事例を沢山積み重ねて行きますと、本来の理想的な放射性炭素年代のラインと実際の年代がどれくらいずれているかという傾向がわかって来るようになるのです。ですから今の放射性炭素年代の測定というのは、測定値をそのズレの傾向に照らして補正をして年代を割り出す手続きをとっているわけです。

このズレの傾向を示すラインを較正曲線といいます。そういう較正曲線を作ることが世界の年代測定の研究者の中で、この数十年間一生懸命やられて来ました。ですから、箸墓古墳の近くから出土する布留0式の土器のお焦げの年代もこういう較正曲線で補正した年代なのです。

この補正をする時に、先ほど年輪年代を使うと言いましたが、一般的に使われている較正曲線は、世界の樹木の年輪と放射性炭素年代の対応関係の事例を沢山集めて作成したもので、世界に通用する標準的な較正曲線として出来上がっているわけです。ところが研究を細かく進めて行きますと、日本に生えている木で補正をした場合と世界のデータを集めた補正をした場合ではやや較正曲線が違うということがわかりつつあるのです。図1には日本産樹木による較正曲線と世界標準の較正曲線が示してありますが、チョットラインが離れている部分があります。日本の遺跡の年代補正は日本産樹木を用いて作った較正曲線で行うのがより適切といえます。

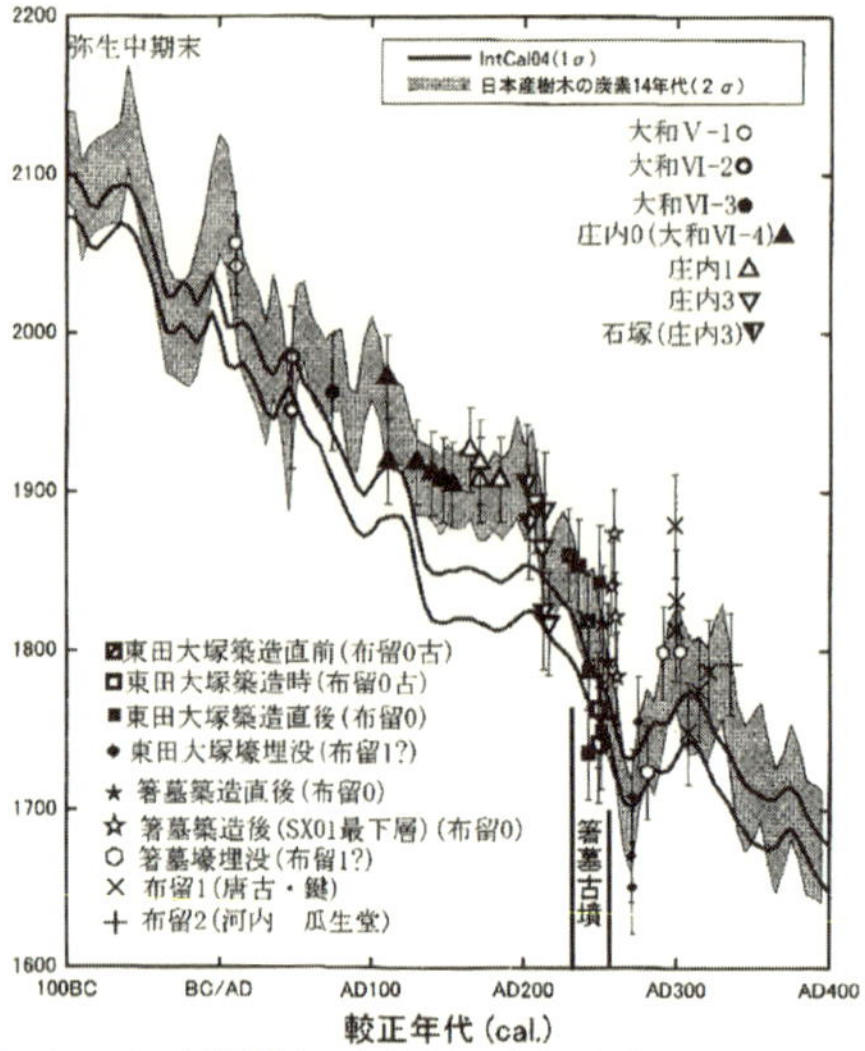

IntCal04(1σ)(黒線)と日本産樹木の炭素14年代(2σ)(灰色帯)

図1　庄内式〜布留式の較正年代

(春成ほか 2009 改)

補正をする場合に縦軸の測定値を右の方に辿って行って較正曲線と交差するところから真下に降ろして来て横軸にある値を読むと補正年代になるわけです。較正曲線がほぼまっすぐな右肩下がりなら測定値を横に伸ばして較正曲線と交差する所が一個所しかないので容易に補正が出来るのですが、実際の較正曲線というのはかなりギザギザと波打っていますから測定値を横に辿ると何箇所かで較正曲線に当たってしまって、幾つもの補正候補が出てくることになります。

図1を見るとちょうど真ん中辺りに波打っている較正曲線が水平になる所があります。この辺りが補正年代で西暦の二世紀〜三世紀初めに当たる所でして、庄内式土器を測ると殆どこの水平部分に入ってしまいます。較正曲線が水平になるということは殆どの庄内式土器を測っても二世紀〜三世紀初めの間に入ってしまってそれ以上細かく補正が出来ないという状態になるわけです。庄内式土器の年代をどこに求めるかというのは、極端にいえば、その水平部分の一番古い所、つまり二世紀前半に持ってくることもできますし、新しくしようと思えば水平部分の後の方、つまり三世紀に近づけることもできるということです。前者の立場なら、午前中に出ておりました岸本直文さんのように庄内式を随分古くすることも可能になります。

このように二世紀〜三世紀初め頃は較正曲線が水平になりますので、放射性炭素年代法で実年代を絞り込むには難しさを抱えているということです。ですからその他の方法、たとえば久住さんが話したように土器と共伴した木製品の年輪年代そのものを参考にするとか或いは鏡の方から年代を割り出す方がまだ今は確実度が高いと私は考えています。

4　鏡から年代を考える

鏡の方から庄内式土器の年代を考えようとする場合、徳島県鳴門市の萩原1号墓から後漢末期の画文帯神獣鏡と呼ばれる鏡が出ていることは手がかりになります。この画文帯神獣鏡の編年はやや難しいのですが、最近若い方がかなり頑張って編年をされるようになりまして、私も少し試みています。

画文帯神獣鏡は外周部分に絵模様の文様帯があるから「画文帯」というのですが、その画文帯の中に仙人が乗って空を駆け巡っている「雲車」という乗り物が描かれています。画文帯神獣鏡という種類の鏡は二世紀の後半に成立するのですが、ここに示していますす中平四年銘鏡、すなわち一八〇年代の後半の画文帯神獣鏡までは仙人が乗っている雲車の走行方向が反時計回りになっています。ところがその後雲車が時計回りに逆転する画文帯神獣鏡が出てきまして、日本列島から出土している画文帯神獣鏡の殆どはこの時計回りに変わったものになっているわけです。反時計回りのものは非常に例外的です。そうすると日本に入ってくる画文帯神獣鏡は、基本的に中平四年よりあとのものと考えられます。私は日本に入って来た画文帯神獣鏡はおおよそ二世紀の末から三世紀の前葉のものが主体を占めるだろうと見ています。そういう画文帯神獣鏡が庄内式の墳墓に副葬されている事例がありますので、庄内式ともその辺りで年代の一点を持つだろうということがわかります。

そういう画文帯神獣鏡の「流入元」を考える場合、朝鮮半島北部〜遼東を地盤とする公孫氏がその勢力を拡大する時期とちょうど重なっていまして、しかも先ほどの萩原1号墓の画文帯神獣鏡と同じ型で作った「同型鏡」が朝鮮半島北部の楽浪郡の地域から出土していることは注目されます。これは大変重要な情報でありまして、三世紀のごく初め頃にそういうものが楽浪郡地域から入って来ているということは、公孫氏の勢力と共立王段階の卑弥呼政権が繋がりを持ちながら画文帯神獣鏡を手に入れていたという推測が成り立つわけです。私は大陸伝来の珍品として卑弥呼政権がそれまでの銅鐸や銅矛に替わるような大きな政治的まとまりのシンボルとして画文帯神獣鏡を利用したのだろうという風に考えています。

同じ様な時期に画文帯神獣鏡の中に出てくるモチーフのうち神や獣だけを取り出してそれだけを小さな鏡に描いた上方作系獣帯鏡という種類もありますが、これも庄内式の段階から日本列島に入って来るものです。画文帯神獣鏡はこの時期の一番立派な青銅器であるのに対して上方作系獣帯鏡はチョット小型で、格下の鏡です。庄内式期には様々な青銅器がありますが画文帯神獣鏡を最上位として、その下には上方作系獣帯鏡をはじめ色々な小さな青銅器を位置づける、という序列を作って、共立王卑弥呼の政権は、自分たちと一番連携の深い各地の豪族には最上位の画文帯神獣鏡を配布して、政治的な求心力を高めて行ったのではないでしょうか。これが卑弥呼第一次政権、すなわち共立王卑弥呼段階の政治戦略です。

そうこうしている中に景初三年には卑弥呼は中国の魏に使いを送りまして銅鏡百枚を貰います。これは魏の皇帝からの授かり物です。この鏡は、私は三角縁神獣鏡だと考えていますが、それが沢山出土しているのは大和の地です。黒塚古墳から三三枚もの三角縁神獣鏡が発見されたのはもう二〇年ほど前のことになります。

三角縁神獣鏡の製作地は色々議論がありますが、注目すべきは、一番古い段階の三角縁神獣鏡は、内区の図文が画文帯神獣鏡と同じであるという事です。具体的にいうと景初三年銘の三角縁神獣鏡の内区は画文帯神獣鏡と同じ図文を描いているのです。ですから三角縁神獣鏡は画文帯神獣鏡の役割を受け継ぐ形で作られ、さらに皇帝との正式な外交の中で貰ったという「ハク」がついていますので倭人社会の中で最も質の高いといいますか、権威のある鏡として、共立王から親魏倭王となった卑弥呼の第二次政権はこれを政治的に利用していったのではないかと考えています。

三角縁神獣鏡の系譜の話に深入りするのはやめて、少しだけ触れておきますと、まずは鏡の鈕孔です。鈕孔が長方形になるのが魏の鏡の特徴だということに気づいて、三角縁神獣鏡の鈕孔を若いころ見て歩きました。三〇年くらい前からです。それで石野さんに「福永は孔覗き三〇年だな」と言われたことがあります。もちろん孔ばかり見ているわけではありませんが、孔は工人の系譜を示す大変重要な特徴です。三角縁神獣鏡はほぼ全て長方形の孔があいているという魏の鏡の特徴を持っています。同時期の呉の鏡は丸い鈕孔となっています。三角縁神獣鏡は魏鏡とみるのが妥当です。また三角縁神獣鏡と魏の領域から出ている鏡の中に銘文が全く同じ鏡があるということも、この二〇年ほどの研究でわかってきました。

さらに最近では、三角縁神獣鏡自体が中国で出土しているという情報もあります。二〇一五年に朝日新聞で報道されたものです。これは、間違いなく三角縁神獣鏡とみてよいものです。大阪府教育委員会の西川寿勝さんが実際に見に行って撮られた写真を拝見したのですが、鈕孔の形はもちろん長方形で、三角縁神獣鏡に間違いないと思います。問題は出土地がチョットはっきりしないということで、場合によっては、これは可能性は少ないとは思いますが、かつて日本列島で出土した物が終戦以前に中国に持ち込まれて骨董品として「伝世」していたという可能性も一〇〇％否定出来ない。ということで今はまだチョット慎重になっていますが、物は三角縁神獣鏡とみておかしい所はありません。

さて、画文帯神獣鏡から三角縁神獣鏡の継承という点に話を戻しますと、景初三年銘の画文帯神獣鏡が一枚だけありまして、大阪府の和泉黄金塚古墳のものです。これは図文が画文帯同向式神獣鏡の形式そのものです。ホケノ山墳墓の画文帯神獣鏡などと同じ形式です。本当は景初三年に、魏の皇帝が卑弥呼に持たせたかった鏡は画文帯神獣鏡、逆にいえば卑弥呼が欲しかったのは画文帯神獣鏡だったのではないか。しかし図文の複雑な画文帯神獣鏡を造るのは非常に手間と時間のかかることです。そこで次には同じ景初三年銘ですが、縁の部分の絵模様が鋸歯文に変わって簡略化した三角縁神獣鏡が造られます。しかし、この景初三年銘三角縁神獣鏡も内区の図文は複雑な画文帯同向式神獣鏡と同じ物がまだ続いています。魏皇帝は卑弥呼に授ける百枚の銅鏡を短時間で用意する必要がありました。そうして銅鏡百枚を造るためにどんどん図文が簡略化して行って最終的に出来上がるのが同じパターンの神獣像が繰り返される「量産型」の三角縁神獣鏡になったのではないでしょうか。

元々は卑弥呼にとって役に立つ画文帯神獣鏡が必要だと要望をして、そういうものを作ってもらおうとしたけれども短時間で百枚も揃えるのが間に合わないのでデザインの簡単な三角縁神獣鏡になった。三角縁神獣鏡は画文帯神獣鏡とくらべれば簡素な鏡ですが、「画文帯神獣鏡戦略」で求心力を高めていた共立王卑弥呼の第一次政権が、さらに中国皇帝の権威を加えた三角縁神獣鏡を得て、親魏倭王卑弥呼の第二次政権の戦略に利用していったということになります。

以上の話を簡単にまとめますと、弥生時代後期には、地域勢力それぞれがシンボルを持っていたが、共立王卑弥呼の段階、卑弥呼の第一次政権の段階に画文帯神獣鏡に統一される。さらにそれに中国の皇帝の権威を加えた物として三角縁神獣鏡を利用して、親魏倭王となった卑弥呼の第二次政権が確立して行く。そうこうしているうちに卑弥呼は亡くなって箸墓古墳に葬られて古墳時代が始まる。こういう風な図式を描くと、私は何の疑問もなく日本列島の国家形成が理解できるわけです。パネラーの方や会場の中にも異論をお持ちの方もいらっしゃるでしょうが、虚心胆懐に資料を眺めますと、私には今申し上げたような話になると思われるのです。どうもありがとうございました。

第5章　魏志東夷伝の天下観―王畿の洛陽と東夷の邪馬台国―

東　潮

1　魏志東夷伝「序」の天下観

書稱「東漸于海、西被于流沙」。其九服之制、可得而言也。然荒域之外、重譯而至、非足跡車軌所及、未有知其國俗殊方者也。自虞曁周、西戎有白環之獻、東夷有肅愼之貢、皆曠世而至、其遐遠也如此。及漢氏遣張騫使西域、窮河源、經歴諸國、遂置都護以總領之、然後西域之事具存、故史官得詳載焉。魏興、西域雖不能盡至、其大國龜茲、于寘、康居、烏孫、踈勒、月氏、鄯善、車師之屬、無歳不奉朝貢、略如漢氏故事。而公孫淵仍父祖三世有遼東、天子爲其絶域、委以海外之事、遂隔斷東夷、不得通於諸夏。景初中、大興師旅、誅淵、又潛軍浮海、収樂浪、帯方之郡、而後海表謐然、東夷屈服。其後高句麗背叛、又遣偏師致討、窮迫極遠、踰烏丸、骨都、過沃沮、踐肅愼之庭、東臨大海。長老説有異面之人、近日之所出、遂周觀諸國、采其法俗、小大區別、各有名號、可得詳紀。雖夷狄之邦、而俎豆之象存。中國失禮、求之四夷。猶信。故撰次其國、列其同異、以接前史之所未備焉。

魏志東夷伝の序には『尚書』禹貢篇五服制、『周礼』夏官職方氏九服制にもとづく「方万里」の天

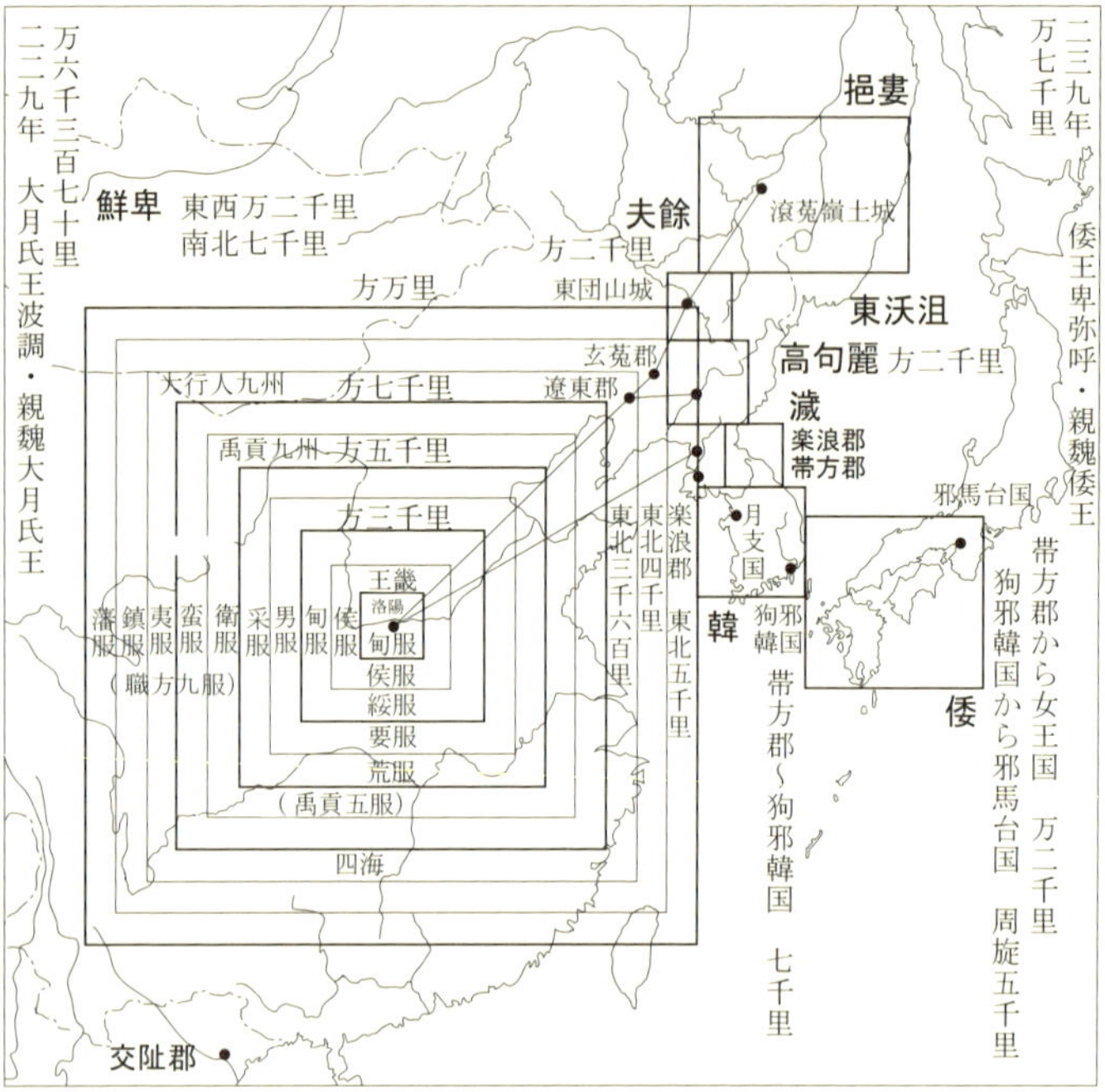

図1 天下四海図と東夷諸国の境域

下観が記される。

公孫淵の父祖三代の支配により、天子が「絶域」、「海外之事」とした遼東の地を軍事力で討伐し、公孫淵を誅殺する（二三八年）。楽浪・帯方郡を支配下におさめる。東夷は「屈服」した。さらに背叛した高句麗を「極遠」の地、東の「大海」まで追いつめ討伐。「四海」の東海の果てを支配した（二四二・二四四・二四五年）。夷狄の地に「俎豆之象」があり、中国で失った「禮」を「四夷」にもとめることができると、徳を慕う「夷狄」、倭の朝貢にたいして「好物」が賜与された。

正史に初めて「東夷伝」の巻がもうけられた目的はまさに魏の東方支

配にほかならない。『三国志』は西晋の三世紀末、陳寿によって編纂された。魏の天下観念は三国を統一した西晋政権によって完遂された。

魏は太和三年（二二九）に遣使奉献してきた大月氏王波調（クシャーナ朝ヴァースデーヴァ王）を「親魏大月氏王」とした。景初三年（二三九）に朝献した倭王卑弥呼を「親魏倭王」とし金印紫綬を授けた。王畿の洛陽を中心に西方「万六千三百七十里」の大月氏国、東方「万七千里」の倭国を封じた。

帯方郡から邪馬台国に至る万二千里は帯方郡から狗邪韓国（金海）まで七千里、狗邪韓国から邪馬台国まで五千里をあわせた里数である。魏志鮮卑伝によると、檀石槐は北は丁令、東は夫餘、西は烏孫、南は漢の国境にわたる東西万二千余里、南北七千余里の境域を支配したという。漢の境域、東西九千三百二里、南北万三千三百六十八里（『漢書』地理志）相当する広大な地域である。「方万里」の北方に鮮卑、東方に韓・濊・倭の空間領域がひろがる。

2　魏の高句麗征討と難升米に仮綬された黄幢

景初三年（二三九）、倭の女王は大夫の難升米らを帯方郡に遣わした。正始元年（二四〇）帯方太守弓遵は建中校尉の梯儁らが詔書・印綬をたずさえ、倭王卑弥呼は「親魏倭王」に仮綬された。同時に難升米も率善中朗将に下賜された。同四年に倭王は大夫の伊声者・掖邪狗ら八人を遣使、掖邪狗らは率善中朗将の印綬を賜る。二年後の六年（二四五）、詔して難升米に黄幢が賜与され、帯方郡をつうじて仮綬された。黄幢は軍事上の旌旗（幡）である。八年（二四七）弓遵が戦死して、太守に王頎がついた。倭人の載斯烏越らが帯方郡に派遣され、狗邪国との戦闘のことを報告してきた。塞曹掾史の張政らが派遣され、詔書と黄幢をもたらし、難升米に拝仮し、檄文によって告喩した。卑弥呼が死んで、男王が立ったがおさまらず、台与が王となる。張政らはまた台与に告喩する。台与は倭の大夫率善中朗将掖邪狗ら二十人を遣わし、張政らの帰還を送らせ、宮城におもむき、男女の生口三十人を献上した。

率善中朗将の難升米に授けられた黄幢の実物は黒塚古墳出土の「U字形鉄製品」と推定される。それは遼陽北園壁画墓の旗幟の図像のようなものに復元できる。北園墓は魏晋代で、黒塚古墳と同時期である。また甘粛省酒泉西溝七号墓の彩画塼に「童史（＝幢史）」の墨書榜題のある図像がある。黄幢は魏の土徳をあらわすものである（栗原朋信一九七八『上代日本対外関係の研究』）。

したがって黒塚古墳の旗幟は倭人伝の記載と符合し、黄幢の蓋然性がたかく、率善中朗将の難升米の墓と想定される。黒塚古墳の年代は卑弥呼の墓と推定される箸墓古墳に次ぐ三世紀中葉（第3四半期）ごろである。黒塚古墳には三角縁神獣鏡（三三面）、画文帯神獣鏡（一面）とともに多数の武器・甲冑が副葬されている。いずれも魏から賜与されたものだ。椿井大塚山古墳の被葬者も魏によって率善中朗将や率善校尉に任じられた者にちがいない。

魏は正始三年（二四二）、高句麗の位宮（東川王）は西安平（遼寧省丹東）に侵入、魏は位宮を討つ（毌丘倹碑）。五年（二四四）にまた侵攻、毌丘倹の軍は位宮の軍と沸流水（鴨緑江）の梁口で戦う。毌丘倹は丸都に登り、都（国内城）を陥すが、位宮は逃走する。毌丘倹は帰還するが、翌六年（二四五）

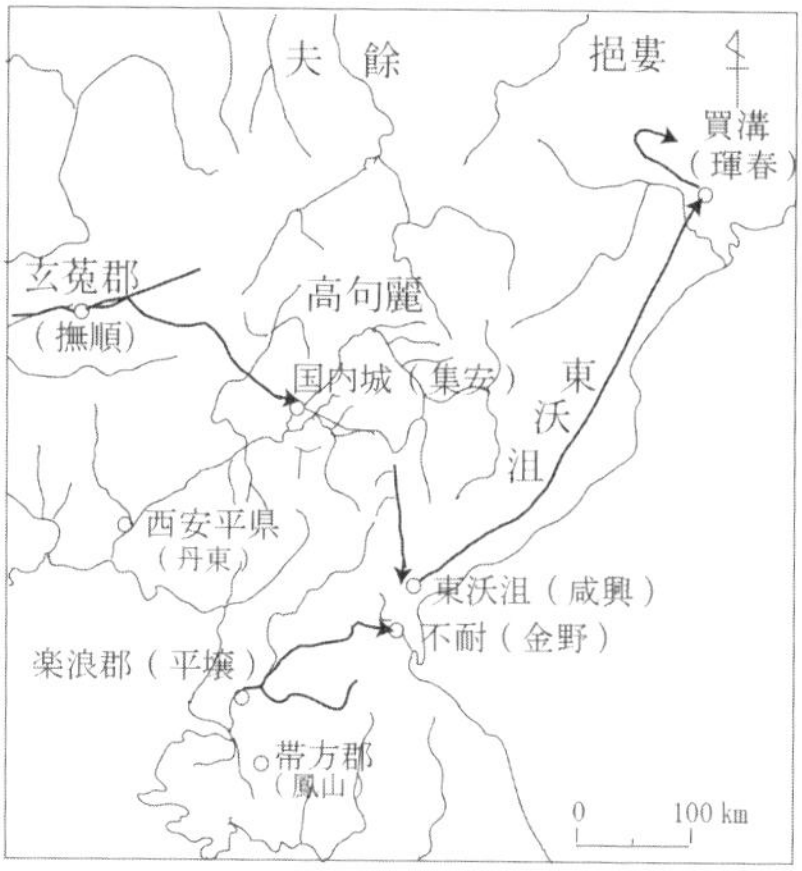

図２　魏毌丘倹の高句麗侵攻ルート（田中俊明原図）・毌丘倹碑（遼寧省博物館）

五月にも征討する。位宮は買溝に奔走、毌丘倹は玄菟太守の王頎を遣わして追撃、沃沮から粛慎の南界まで至った。丸都山に紀功碑をつくり、不耐城（金野）に銘文を記した（魏志毌丘倹伝）。

正始六年（二四五）、楽浪太守劉茂と帯方太守弓遵は嶺東の濊を攻める。濊が高句麗に属したということが討伐の口実であった。不耐侯らは降伏する。八年（二四七）に濊は魏に朝貢し、不耐濊王の位が授けられている。

正始七年（二四六）二月条に幽州刺史の毌丘倹が高句麗を討ち、夏五月に濊貊を討ったとみえる（魏志斉王芳紀）。

同じ二四六年、韓の臣智らの反撃に対し、帯方太守弓遵と楽浪太守劉茂が征討する。弓遵は戦死したが、二郡は韓を滅ぼす。韓の那奚ら数十国が降伏したという。馬韓の月支国（天安・天原）を治所として三韓を君臨していた辰王も没したようである。

黄幢の難升米への賜与は対高句麗戦争の戦略の一環として、倭と軍事的関係を図るためであったのであろう。

高句麗討伐で武勲のあった王頎が帯方太守となって、塞曹掾史の張政を遣わし、難升米に黄幢を仮授したのであった。

3　西晋政権の領域と晋式帯金具の分布

晋式帯金具　漢（定県43号墓一七四年）、呉（南京薛秋墓）、西晋（洛陽24号墓、宜興周処墓二九七年）、北京琉璃河、武漢熊家嶺、南京大北園墓、広州大刀山墓）、三燕（北票喇嘛洞Ⅱ275号墓・Ⅱ101号墓、朝陽十二台88―1号墓、朝陽袁台子墓、朝陽奉車都尉墓）、高句麗（集安山城下152・159・332号墓、禹山下3560号墓）、馬韓・百済（ソウル夢村土城）、辰韓・新羅（伝栄州）、弁韓・加耶（金海大成洞88号墓）、倭（奈良新山古墳、兵庫行者塚古墳）

晋式帯金具の銙として龍紋、龍鳳紋字形か長方形銙、三葉文透彫勝形と蹄形垂飾（蹄形環）、火焔紋方形銙とU字形垂飾（円角方牌）（武漢熊家嶺墓、南京大北園慕、ソウル夢村土城）がある。西晋から南朝初期（東晋）にかけての帯金具である。

晋式帯金具は後漢の河北定県43号墓（一七四年中山穆王劉暢墓）のような銙が祖形である。呉の薛秋墓例のように人物像を透彫りした異形のものがあるが、西晋の洛陽24号墓で龍鳳紋透彫銙具、三葉紋透彫銙の帯金具が出現する。

勝形装飾はU字形銙具の縁金具として、その形は三葉紋透彫銙具（弧辺）へと変化したようだ。三葉紋透彫銙具は上下端部の台形がなくなり、長方形・方形化する。晋式・晋系帯金具は前燕から後燕

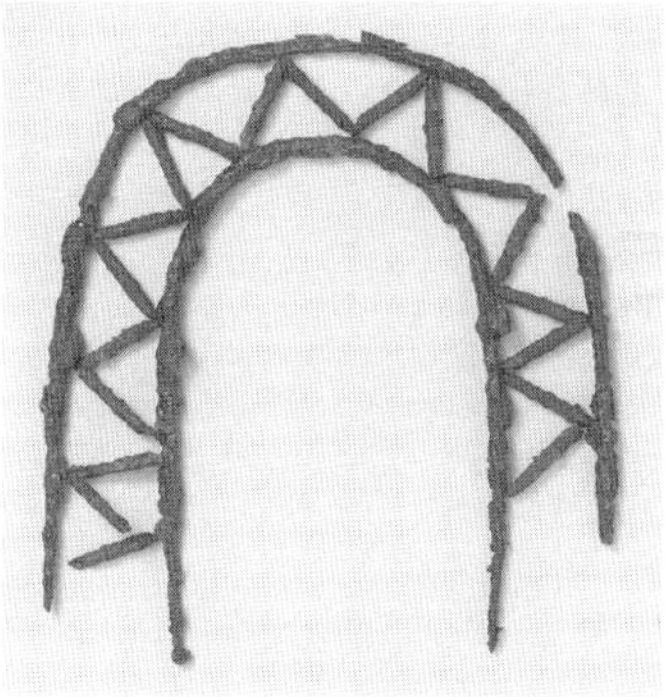

U字形鉄製品（黒塚古墳）

遼陽北園墓　模写（遼寧省博物館）

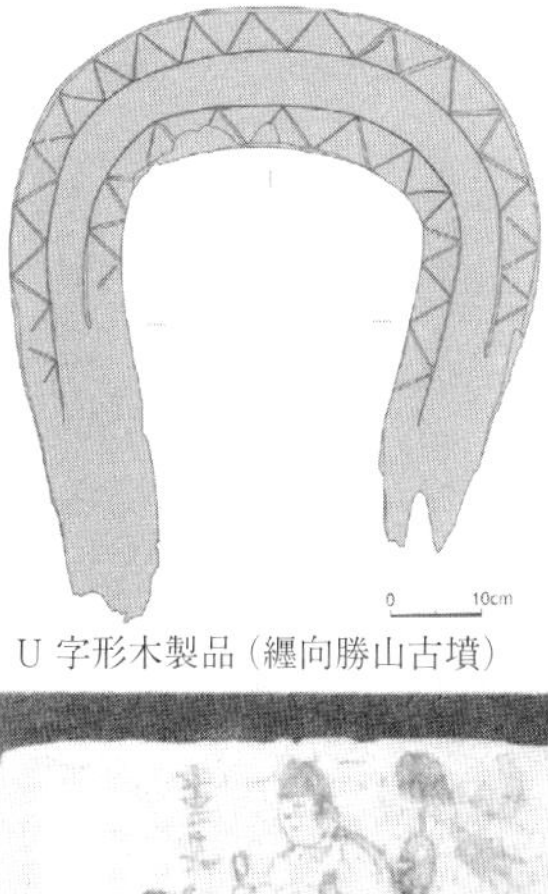

U 字形木製品（纒向勝山古墳）

幢（北園墓）

図３　黒塚古墳のＵ字形鉄製品　旗幟・幢

（林巳奈夫 1976・石野博信 2008・橿原考古学研究所 2017・『文物』1996-7）

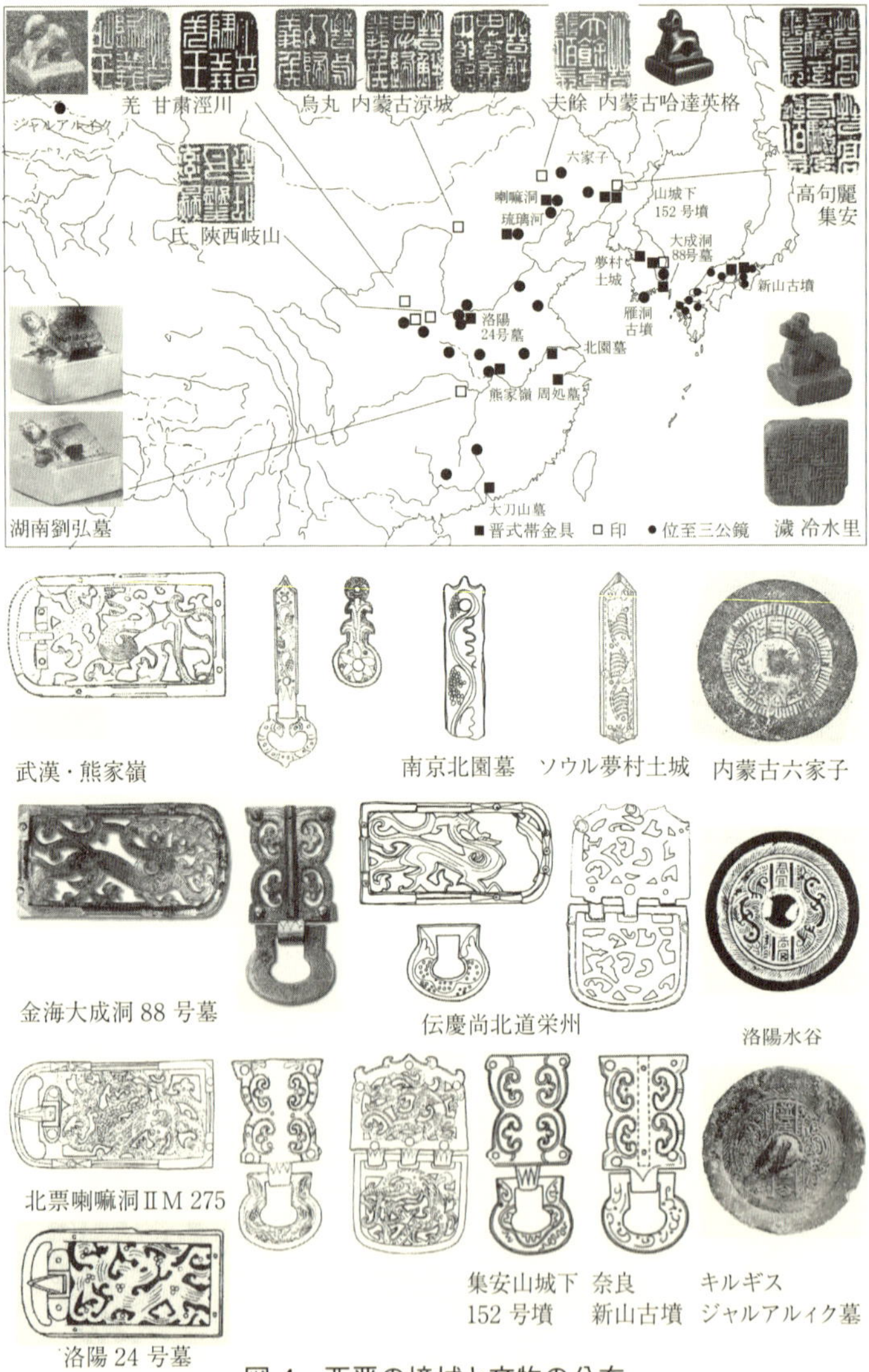

図 4 西晋の境域と文物の分布

にかけての時期に変化する。腰而菅子M9001や北票西溝村墓などの帯金具がそれにあたる。晋式帯金具は王都の洛陽を中心として、西晋の境域の内外に分布する。国家内では身分制の表象として配布された。周処は磚に「元康七年九月廿日陽羨所作周前将軍」とみえ、戦死後、「平西将軍」に追贈された（『晋書』列伝第二八周処）。金銅帯金具が将軍に賜与された。

西晋政権の対外関係のなかで、前燕、高句麗、馬韓・百済、辰韓・新羅、弁韓・加耶、倭の地域に晋式帯金具が分布する。西晋代に高句麗にたいして率善邑長、濊にたいし率善伯長の銅印があたえられている。

倭は泰始二年（二六六）に西晋に朝貢する。『晋書』によると、二七六年以後、「東夷」朝貢の記事がふえる。晋式帯金具や位至三公鏡はそのころから、西晋政権から東夷諸国に与えられたものであろう。国内における身分関係とは異なるが、周処のように平西将軍に賜与される帯金具が高句麗や新羅、加耶、倭の有力者にもあたえられたのである。朝貢関係。西晋との国際的交流の産物である。

新山古墳の帯金具は倭の西晋朝貢の泰始二年（二六六）から西晋滅亡の三一六年の間に倭国に下賜された。大成洞88号墓の帯金具は楽浪帯方郡の滅亡三一三年以前に流入したもので、倭への流入と同じころだ。88号墓で筒形銅器（ヤリ・石突）、巴形銅器（盾）、銅鏃・紡錘車形石製品が伴出している。新山古墳の帯金具や城山２号墳甲は帯方郡から伯済国や狗邪韓国をへて将来されたのであろう。

位至三公鏡（双頭龍鳳紋鏡）　後漢の二世紀前半に出現し、製作上の最盛期は二世紀後半から三世紀後半とされる。洛陽光和二年（一七九）王当墓、河北陝県劉家渠M120など後漢に出現する。初期のものは「君宜高官」銘（陝県劉家渠M107）、後漢末葉から魏晋代に「位至三公」銘が多用されるようになる。西晋墓では洛陽水谷M6の「君宜高官」銘をのぞき、ことごとくは「位至三公」銘である。

位至三公鏡は王都の洛陽を中心として、遼寧省から山東省、湖北省、広西省、キルギスの各地に分布する。西晋の境域ないしは三燕、新羅、倭など西晋と政治的な国際関係をもった地域である。西方はキルギスのタクトフルのジャル・アルィク墓群で位至三公鏡、内行花紋鏡が出土している。西晋の境域、交通圏は「東夷」から「西南夷」の地域にひろがっていた。

印綬　景初三年（二三九）、倭王卑弥呼に親魏倭王金印、難升米に率善中朗将、牛利に率善校尉、正始元年（二四〇）掖邪狗等に率善中朗将、同六年（二四五）に難升米に黄幢を与える。正始八年（二四七）濊に対し不耐濊王とする。韓に魏率善、邑君、帰義侯、中朗将、都尉、伯長の印綬をあたえた。景初二年（二三八）、魏が楽浪・帯方郡を平定したとき、韓の臣智に邑君・邑長の印綬を授けている。

西晋代には高句麗や濊の地域で晋高句麗率善邑長、晋高句麗率善仟長（吉林省集安）、晋率善濊伯長（慶尚北道迎日郡）の銅印が出土している。高句麗は美川王三年（三〇二）に西晋の玄菟郡（撫順）、同十二年（三一一）に西安平（遼寧省丹東付近）を攻め、同十四年（三一三）に楽浪郡、同十五年（三一四）に帯方郡に侵攻した。西晋も三一六年に滅びる。その間に印綬があたえられた。同時期に山城下152・159号墓で西晋の帯金具も出土している。美川王二十年（三一九）に「晋平州刺史崔毖来奔」（『三国史記』高句麗本紀第五）とあり、東晋との外交関係がはじまる。集安禹山3319号墓では東晋の太寧四年

（三五七）年銘の巻雲紋や陶磁器が出土している。

内蒙烏蘭察布盟古涼城県で晋烏丸帰義侯王・駝紐金印、晋鮮卑帰義侯王・駝紐金印、晋鮮卑率善中朗将・駝紐銀印が金牌、金獣、金指輪などともにみつかった。咸寧三年（二七七）の「西北雑虜及鮮卑匈奴五渓蛮夷東夷三国前後十余輩各師種人部落内附（『晋書』武帝紀）の記事にあたる。このほか晋帰義羌王・羊紐銅印（陝西省白水県）、晋率善氐仟長・駝紐銅印（陝西省岐山）がある。

4　魏晋と東北アジア諸国

泰始元年（二六五）、西晋が成立する。三国を統一し、方万里の天下領域が形成された。泰始二年（二六六）、「倭人来献方物」（『晋書』帝紀第三）。魏の元帝没後の翌年であった。正始八年、卑弥呼のあと、台与が即位した。台与は大夫率善中朗将掖拶狗等を遣わす。帯方郡の塞曹豫史張政等が送り、洛陽に詣でて男女生口三十人を献上し、白珠・青大句珠、異文雑錦を貢納した。このときの遣使の帰国の記録はのこされていない。倭の西晋外交がはじまった。泰始六年（二七〇）に大宛が汗血馬を献じ、焉耆者を方物をたずさえた。大月氏の魏への朝貢を彷彿させる。

二七〇年代から東夷諸国からの朝貢が頻繁となる。咸寧二年（二七六）に「東夷八国帰化」（『晋書』帝紀第三）、咸寧三年（二七七）に「東夷三国前後十余輩、各師種人部落内附」、太康元年（二八〇）「東夷十国帰化、東夷二十国朝献」、太康七年（二八六）に「東夷十一国内附、扶南等二十一国、馬韓十一国遣使来献」、太康十年（二八九）「鮮卑慕容廆来降、東夷十一国内附、東夷絶遠三十余国、西南

夷二十余国来献」、永平元年（二九一）「東夷十七国、南夷二十四部並詣校尉内附」（『晋書』帝紀第四）などである。

東夷諸国の三国から二九国が「内附」・「帰化」・「来献」した。「東夷」のほか粛慎・馬韓の種族・国名がみえる。魏志東夷伝には三世紀後半段階で高句麗・夫餘は一定の領域・人口を有する一国として表記されている。馬韓諸国は五十国、弁韓・辰韓は各十二国からなる。東夷諸国のそれぞれの国々が朝貢していた。それらの地域には西晋期の印綬・帯金具・位至三公鏡が分布している。

韓は二四七年ごろ楽浪・帯方郡に軍事的に平定され、辰王政権はとだえた。三世紀末葉の西晋との朝貢記事にみえる「東夷」諸国に馬韓諸国もふくまれていた。夢村土城の晋式帯金具、銭紋陶器はその交流関係をあらわしている。弁韓・加耶初期の大成洞墓群で燕系統の馬具とともに、晋式帯金具が出土している。四世紀初葉、帯方郡滅亡以前の段階で将来された。倭の新山古墳や行者塚古墳の帯金具も同時期に伝わったものであろう。

三世紀末葉の高句麗は二四四・二四五年の魏の母丘倹の東川王追撃、国内城の攻略から復興し、王権力をつよめた。美川王三年（三〇二）に王は兵三万を率いて玄菟郡に侵攻する（『三国史記』高句麗本紀第五）。さらに美川王十二年（三一一）に鴨緑江下流の西安平を遼東郡から奪う。美川王十四年（三一三）に楽浪郡、同十五年（三一四）に帯方郡を滅ぼした。同十六年（三一五）に玄菟郡を攻略した。

三一三・三一四年楽浪・帯方郡の滅亡によって、漢の武帝いらいの郡県（国）制が崩壊した。三一六年に西晋政権がほろぶ。魏志東夷伝序の方万里の天下観は魏晋政権の理念であった。

第6章 三世紀の宗像・沖ノ島と大和・三輪山祭祀

石野博信

1 はじめに

三輪山麓には三世紀の都市・纒向遺跡が存在し、北部九州から関東に及ぶ各地域の土器が一五～三〇%あって広域の交流が想定できる（石野一九七五ほか）。そのうち、北部九州系の土器は少量ながら大阪平野一体に点在し、纒向遺跡では朝鮮半島南部の伽耶系土器と共に北部の楽浪系土器がそれぞれ少量ながら流入している。

一方、博多湾岸の福岡市西新町遺跡では三、四世紀の多くの住居跡とともに筑紫・韓・近畿各地の特色をもった土器群が三〇%余ずつ存在し、三世紀の交易拠点であったことを教えている（福岡県・福岡市 一九八五～二〇〇六）。

そのような中で、武末純一氏によって宗像・沖ノ島遺跡の土器片の再調査が行なわれ、玄界灘の孤島である沖ノ島に三世紀の近畿系土器＝纒向式（庄内式）土器が数点含まれていることが紹介された（武末二〇一一）。

三世紀は邪馬台国の時代であり、邪馬台国を都とした倭国は、二三九年以来、中国・魏と交流し、錦などの織物類を中心とする中国系文物を積極的に輸入するとともに、魏を権威の背景として列島各地域に勢力を拡大しはじめた。

三世紀初頭から末期にかけて奈良盆地東南部と大阪平野東部で主として使用された日常容器である纒向式土器がなぜ宗像・沖ノ島に存在するのか。三世紀の日・韓・中の交流史の中で考えてみよう。

2 宗像・沖ノ島と筑紫の纒向式土器

北部九州各地に三世紀を中心とする近畿系の纒向式（庄内式）土器が二〇遺跡以上に分布することは、一九八三年段階にすでに判明していた（橿考研博一九八六）。それより前、一九七三年に纒向遺跡の報告書作成作業に入った頃、大分県安国寺遺跡出土土器を九州大学で見学し、「庄内型甕」として報告書に転載した（石野・関川一九七六）。

一九八五年以降には博多湾岸の福岡市西新町遺跡の報告書が刊行され、三、四世紀の土器群が明らかになった。それにより在地の筑紫型だけではなく伽耶系と近畿系の土器群がそれぞれ三〇％ずつ存在し、筑紫人をはじめ伽耶人と近畿人（大和・河内人）が一つのマチに一〇〇人中約三〇人ずつ存在していたことが考えられるようになった。まさに三、四世紀の交易都市である。

三世紀の日本列島には倭国の首都である邪馬台国が存在し、中国・魏や韓と交易を行っていた。その交易センターの一つが博多湾岸の〝西新町〟であった。博多湾岸から沖合六〇キロに宗像・沖ノ島がある。玄界灘の孤島・沖ノ島は五世紀以降、奈良・平安時代にかけて航海安全を祈願する祭祀遺跡として著名だが、武末氏によって三世紀の近畿系と山陰系土器の存在が確認されたのである。近畿系は纒向型河内甕七点である。そしてまた、壱岐・原ノ辻遺跡や対馬にもごく少量ではあるが、纒向型甕の存在が明らかになり（古澤二〇一六、俵二〇一六）、博多湾と糸島半島、言いかえれば奴国と、伊都国を通じてのヤマトの玄界灘が僅かではあるが垣間見えてきた。

3　大和三輪山麓の筑紫系・韓系土器（図1）

三世紀に近畿系・東海系・北陸系・山陰系などの土器が東西各地に移動している中で、九州系（筑紫系）土器はほとんど動いていない。三世紀の北部九州は閉鎖社会なのか、と言えばそうではなく標記の各地域の土器が筑・肥・豊各地に濃密に分布している。〝自らは出ないがいくらでも受け入れる〟開かれた社会だった。そのような中で、航海用の水甕と思われる大壺が瀬戸内海と日本海沿岸に拡散している。二、三世紀（弥生後期・古墳早期）の大型壺は筑・豊の沿岸部から大阪湾岸に及び、海運の増大を考えさせ、奈良盆地の纒向遺跡などにも到達している。大壺の形態からみると、二、三世紀の海運業の中枢地は伊予・讃岐のようだ。

（1）　筑紫系土器

このような中で、動かない筑紫系土器が三世紀の後半の奈良県・纒向遺跡に存在することが指摘された。「辻土壙4下層に、筑前型庄内甕」が二点あることを指摘し、「纒向に——北部九州の人も当然来ていて」私が以前から主張していた纒向型王権祭祀（石野一九七六）に「筑紫の人もわずかな

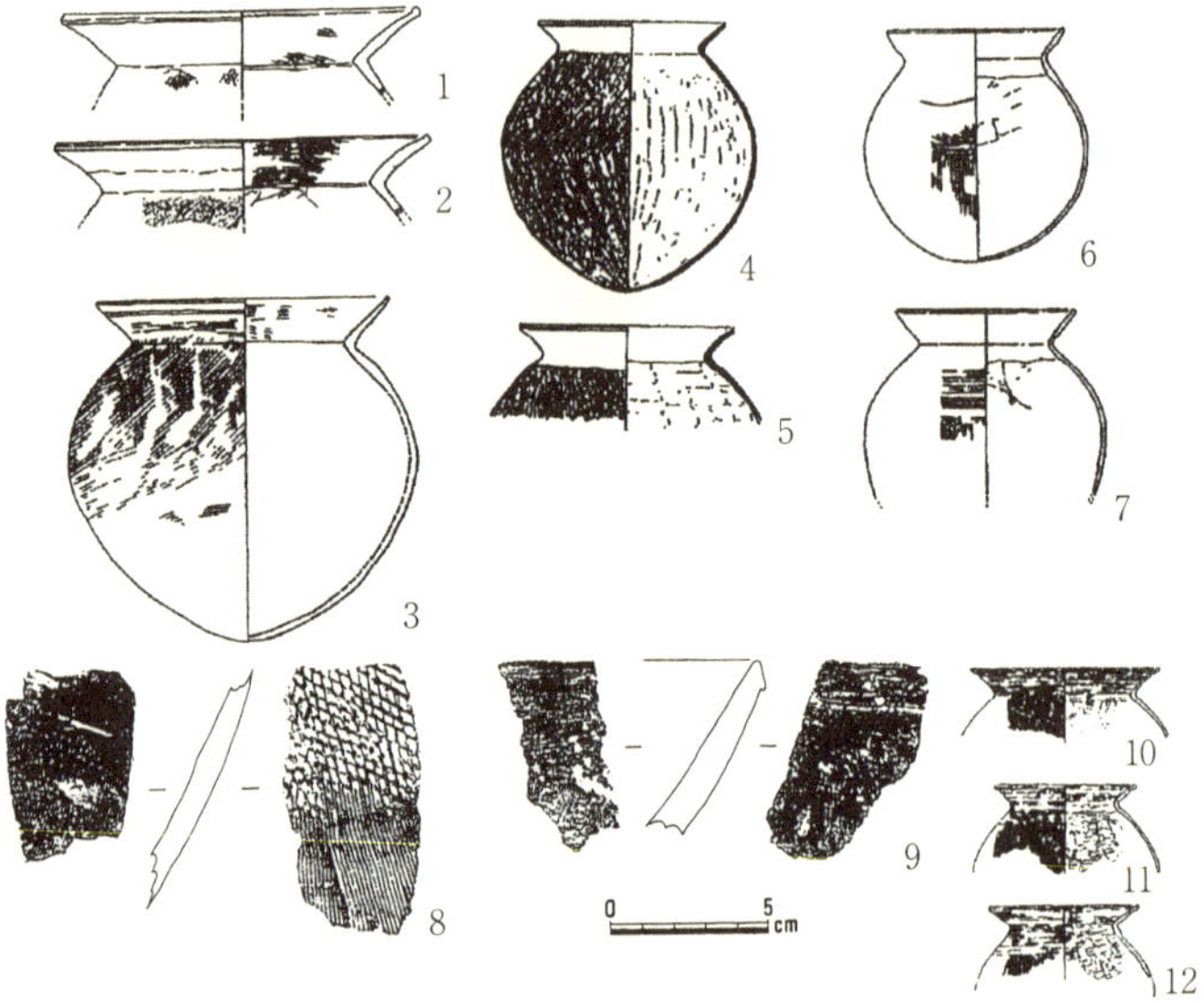

図１　北部九州の纒向型甕と大和の楽浪系土器

図 1-1・2：沖ノ島社務所前（武末 2011）　図 1-3：宗像・今川遺跡（武末 2011）
図 1-4・5：宗像・下高宮遺跡（花田 2012）　図 1-6・7：壱岐・原ノ辻（古沢 2016）
図 1-8・9：奈良・纒向遺跡（橋本・村上 2011）　図 1-10：奈良・纒向遺跡：辻土坑４（久住 2006）　図 1-11・12：奈良・纒向遺跡　南飛塚古墳周濠（久住 2006）

がら参加しているのは、非常に重要だ」と主張した（「　」は久住二〇〇六）。

報告書『纒向』を刊行した一九七六年段階には存在が明らかになっていなかった「筑前型庄内甕」が、久住氏によって提示され、筑紫系人が大和まで進出していることが明らかになった意義は大きい。辻土壙４下層の土器群には、河内・濃尾・出雲・加賀など近畿・東海と山陰・北陸など日本海沿岸の土器が多く、それらの地域の人々が大和の王権祭祀に参加していたことを推定した（石野一九七六）。その中に「報告書」段階には気付かなかった筑紫系人も加わっていたのだ。「筑紫系庄内甕」は、私の用語では「筑紫系纒向甕」のことで大和由来の纒向甕の製作者が筑紫に移住し、その子孫が筑紫で生産した土器である。ということは、大和から筑紫に移住した大和人の子孫か、その類縁者が大和の王権祭祀に参画したことを示し、三世紀の大和と筑紫の連携を考えさせ重要である。

（2）　韓式系土器

纒向遺跡、巻野内地区の三世紀の導水施設に隣接する第90次調査地から三五点の韓式系土器の小片が出土している（橋本・村上二〇一一）。図化できた二点のうちNo.1は大型の瓦質の壺か甕の胴部破片で「弥生末～布留式期」に比定されている。

他にも別の調査地点から数点の韓式系土器片が検出されているが、北部九州に比べると極めて少ない。

4　宗像・沖ノ島祭祀と扶安・竹幕洞の海運祭祀（図2）

二〇一一年、絶海の孤島・沖ノ島に三世紀の近畿系土器群があることがはじめて紹介された。出土地点は、沖ノ島社務所前で船泊から八〇メートルほど上の平坦地で、岩上や岩陰での祭祀場よりは下方である。紹介された土器片は壺口縁部片二点と甕口縁部片七点で、甕は纒向河内型（庄内河内型）の特色をもち、纒向様式（庄内様式）の後半、纒向3、4類（庄内中葉・後半）＝三世紀中葉・後半に相当する。

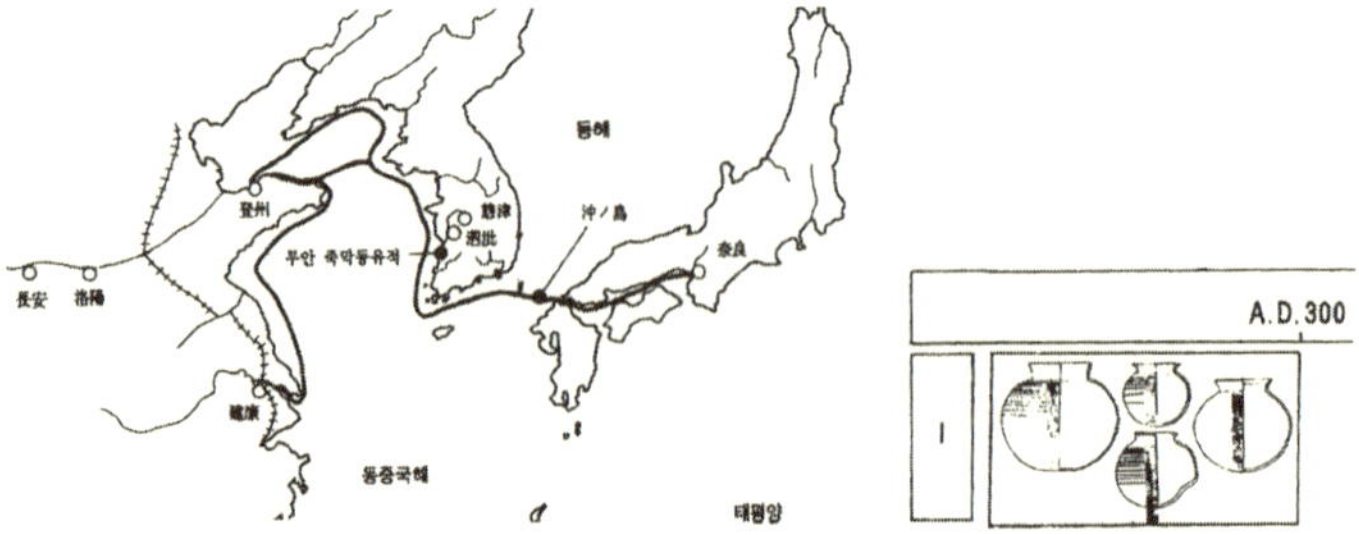

図２　魏・韓ルートと扶安・竹幕洞遺跡（国立全州博物館 1989）

図３　海から見た韓国、竹幕洞遺跡―丘上の建物の地域―
（撮影、椙山林継氏）

纏向河内型甕の完形品は筑紫本土の今川遺跡の例が紹介されているが、宗像地域にはそれ以外にも久原滝ケ下遺跡など纏向式土器が北部九州の中でも比較的顕著である。その上、二〇一六年に行った『邪馬台国時代の狗邪韓国と対馬・壱岐』（香芝市二上山博物館・ふたかみ史遊会）では、壱岐・原ノ辻遺跡と対馬出土の纒向型土器が紹介され、大和が玄界灘沿岸のクニグニと連携して対馬海峡をこえようとしていた一端が考えられるようになった（古澤義久二〇一六、俵　寛司二〇一六）。対馬海峡をこえれば朝鮮半島で、そこには三世紀の金海良洞里遺跡などの墳墓に倭製の広形銅矛が数多く副葬されており、その背景には四〇数本の銅矛をもつ対馬海洋民の存在が想定できる（井上主税二〇一四）。

半島南端から多島海を経て北上すれば全羅北道海岸に扶安竹幕洞祭祀遺跡（図3）が存在する（国立全州博物館編一九八八『扶安竹幕洞祭祀遺跡』同、発行）。

兪炳夏「竹幕洞遺跡で行なわれた三国時代の祭祀は土器が中心をなす露天祭祀である。祭祀を行う対象は、発掘された遺物中に中国製の陶器、倭系の石製模造品、そして水霊信仰と関連のある土製馬があるので海神と判断されており、遺跡の立地からみて海岸断崖の上が選ばれている。祭祀の主な目的は航海上の安全であったろう。」（二三頁）。「竹幕洞遺跡から出土した土器の上限は天安清堂洞遺跡の土器と類似する壺類の存在から三世紀代～四世紀中葉までの在地的規模の祭祀である。」（四二頁）。

河孝吉「竹幕洞遺跡出土の大甕は水甕として使われたようである。日本の沖ノ島遺跡出土遺物と類似性が見られることは、海岸地域どうしの漁撈形態、漁撈信仰はもちろん生活習慣さえ類似性のある一つの漁撈文化をなしていることが多いからである。」（九八頁）。

尹明喆「竹幕洞祭祀遺跡は単純な内海用ではなく、東アジアの古代国際航路の重要な役割を荷っており、他の地域とも関連をもつ可能性がある。」（一二八頁）。

同報告書で兪炳夏氏によって図字された中国・山東半島北岸から朝鮮半島西岸を経て、対馬―沖ノ島から日本列島に至る海路（図2）は同書に示された海流（一二六頁）と合わせてみると、三、四世紀の倭・韓・魏の交流ルートが暗示されている。

5 おわりに――三世紀後半～四世紀前半の韓・筑・和

四世紀以降に盛期を迎える宗像・沖ノ島と韓半島西岸の竹幕洞遺跡の祭祀に連動して想起されるのは三輪山麓から西南二キロにある四世紀の上之庄遺跡である（図4）。四世紀中葉（布留2式期）の旧河道の岸辺に「緑色凝灰岩製の管玉や滑石製の車輪石・臼玉・勾玉・管玉・双孔円板の製品および未製品が数多く出土」している（橋本二〇〇二）。

大神神社境内はじめ、三輪山麓に集中的に分布する子持勾玉を指標とする三輪山祭祀（寺沢一九八八）以前に滑石製品などの専用祭具を用いた三輪山祭祀が存在した。もっとも、それ以前の三輪山麓には二世紀末～三世紀後半を盛期とし、四世紀前半に及ぶ纏向遺跡があり、同遺跡内には旧河道に沿って調査した地域だけで三〇基余の三世紀を中心とする祭具を埋納する土坑群があって、三輪山祭祀との関連を想定した（石野一九七六）。

宗像・沖ノ島と扶安・竹幕洞の祭祀は、ともに三世紀にはじまるがともに四世紀代の国家的祭祀とは大きく異なる。しかし二世紀末～三世紀は、倭の女王・卑弥呼登場を契機とする倭国連合の成立期であり、三世紀中葉の男王登場をめぐる混乱を経た後に女王・台与が登場する倭国の混乱と安定の期間に相当する。台与の執政期である三世紀後半は北部九州の筑紫型纏向甕に象徴されるように筑紫と

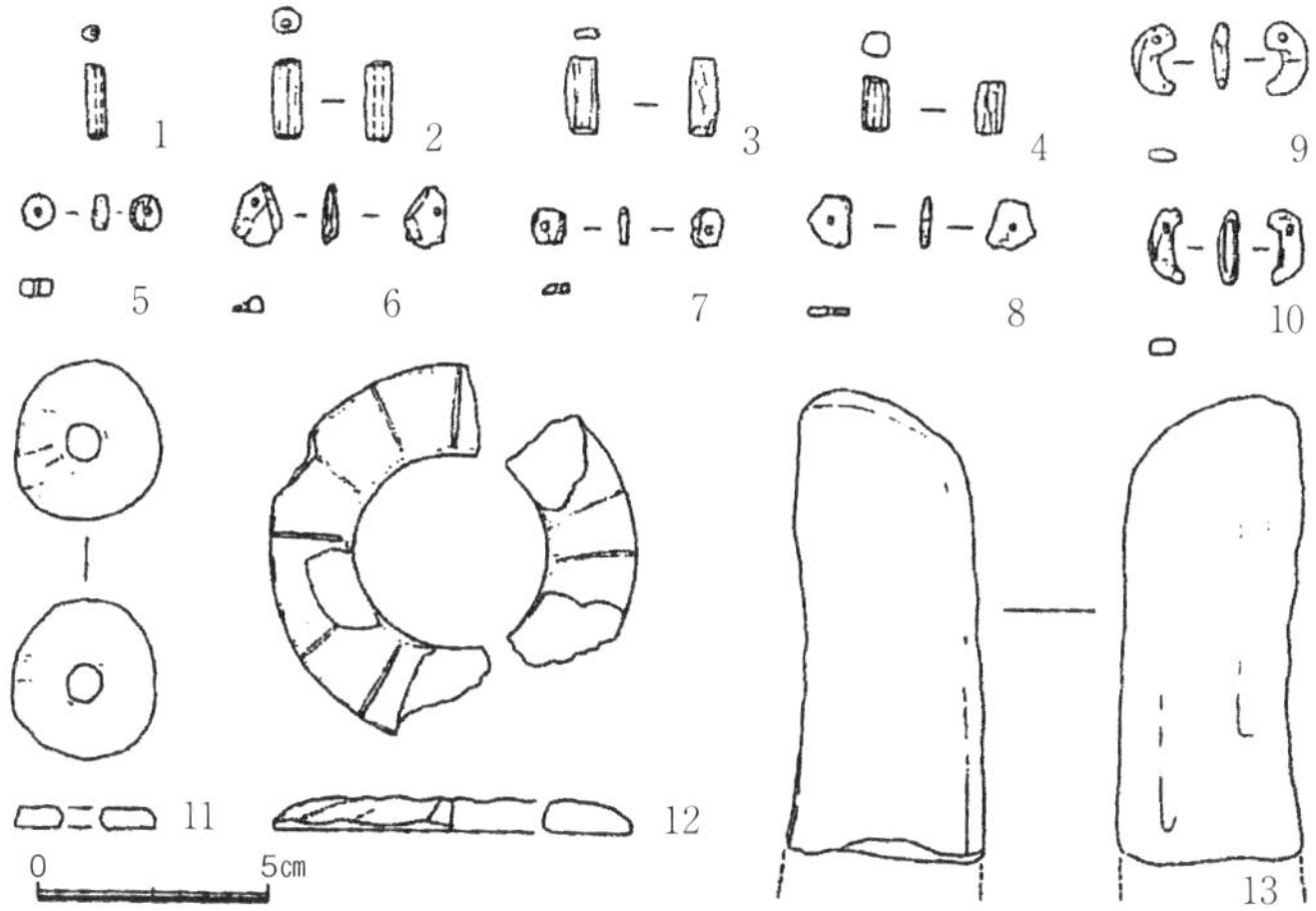

図４　上之庄遺跡玉造遺跡遺物実測図

大和はゆるやかな筑・和連合に入り、さきに述べたように筑紫型纒向甕が宗像・沖ノ島から壱岐・対馬に少量ながら波及する。三世紀後半の筑・和連合の成立は、四世紀に定着する沖ノ島と竹幕洞の航海安全祭祀の先駆けであった。その成果をうけて大和・三輪山麓の上ノ庄遺跡では、王権による玄界灘・朝鮮海峡の航海安全祭祀が執行されたのであろう。

【参考文献】

石野博信・関川尚功　一九七六『纒向』桜井市教育委員会
石野博信　一九七六「纒向式土器の設定と近畿赤焼土器の展開」『纒向』桜井市教育委員会
石野博信　一九七六「三輪山麓の祭祀の系譜」同上
井上主税　二〇一四『朝鮮半島の倭系遺物からみた日朝関係』学生社
橿原考古学研究所・博物館　一九八六『三世紀の九州と近畿』河出書房新社

香芝市二上山博物館編　二〇〇六『邪馬台国時代のツクシとヤマト』学生社
久住猛雄　二〇〇六「土器交流―ツクシとヤマト」『邪馬台国時代のツクシとヤマト』学生社、二三四頁以降
国立全州博物館編　一九九八『扶安・竹幕洞祭祀遺跡』同・発行
武末純一　二〇一一「沖ノ島祭祀の成立前史」『宗像・沖ノ島と関連遺跡群』所収
俵　寛司　二〇一六「邪馬台国時代の対馬」『邪馬台国時代の狗邪韓国と対馬・壱岐』香芝市二上山博物館、ふたかみ史游会討論会で発言
寺沢　薫　一九八八「三輪山の祭祀遺跡とそのマツリ」『大神と石上』筑摩書房
橋本輝彦　二〇〇二「三輪山山麓の玉造遺跡」『東アジアの古代文化』一一三号
橋本輝彦・村上薫史　二〇一一「巻野内遺跡群の特殊性と韓式系土器」『大和・纒向遺跡』第三版、学生社
花田勝広　二〇一二「宗像地域の古墳群と沖ノ島祭祀の変遷」『沖ノ島祭祀と九州勢力の対外交渉』九州前方後円墳研究会
福岡県・市教育委員会　一九八五～二〇〇三『西新町遺跡』県・市で八冊以上
古澤義久　二〇一六「邪馬台国時代の壱岐」『邪馬台国時代の狗邪韓国と対馬・壱岐』香芝市二上山博物館、ふたかみ史游会

シンポジウム

三世紀の魏・韓・倭

〈司会〉石野博信

井上主税　来村多加史

久住猛雄　高久健二

福永伸哉　藤井康隆

森岡秀人

石野　ふたかみ邪馬台国シンポジウムを「ふたかみ史遊会」として始めてから、二上山博物館の歴史と同じくらい古いのですが、一七年にもなります。ようやく洛陽にたどりつく所まで来ましたので、これで打ち上げようかということになりました。

今回は無理を言って急遽ここにおられる方々に集まっていただきましたが、最初は、来村、高久、久住、福永各氏には去年の秋頃にお願いしたのですけれども、井上、藤井、森岡各氏には今年に入ってから急遽お願いしたということで俄造りになってしまいました。今まででしたら二日間掛けてやっていたのを今回は一日だけということになりました。発表時間が短くて言い足りないことが一杯あると思いますので、それは討議の中でお願いしたいと思います。

今回出席されていない東潮さんが、現在は中国に行っているそうで、「この日だめだったら、原稿くらい書いてよ」ということで、無理やり誌上参加として第五章の原稿を書いてもらいました。それから、このシンポジウムの常連の一人であります寺沢薫さんもお願いしていたのですけれども、先約があって無理でした。

ふたかみ邪馬台国シンポジウムは、今回で最後になりますので、さまざまな思いがありますが、これからの討議の中で庄内式土器であるとか布留式土器などという土器型式の年代については久住さん、福永さんに話していただきましたけれども、それには今回踏みこまないでおこうかと思っています。ただ皆さんさまざまなご意見をお持ちですからそれぞれのテーマの中で、これだけは許せないとか、これであれば許せるということがあれば当然出てくるだろうと思います。

私自身は庄内式とか布留式という言い方は福永さん、久住さんの話しにありました、西暦でいうと何時頃になるのかということ、あるいは布留式土器で常に意見が違うのが寺沢さんですが、布留0式という言い方は彼が提案したのですが、私は、あれは土器論その物で言いますと間違いだと思っています。布留様式の土器は、布留0式と称する段階には無いのです。但し、時代変化としては寺沢説の方が判り易いです。土器は変わっていないけれども時代は変わっている。

これは、私は明治維新だと思っております。明治維新を起こした人達は江戸時代の器を使って政治改革を行った訳です。だから、土器が変わらなければ時代が変わらないということはない訳で、そういう点では、布留0式という寺沢さんの命名は時代変化としては非常に判り易い、しかし、土器論その物で見ると何も変わっていない、という風に私は考えております。そのような違いとかはありますが、その辺はこれから討議の中で皆さんから出てくると思います。

討議の進め方ですが、最初に三人の方にお一人ずつテーマについて発表していただいて、その後、そのテーマについて討議していただくという形で進めて行きたいと思います。それでは、藤井康隆さん、お願いします。

テーマ1　倭の遣魏使がみた中国中原

藤井康隆

名古屋市博物館の藤井と申します。学生の頃から、中国の考古学をやりつつ、併行して古墳時代の研究もやってきました。中国での専門分野は魏晋南北朝を勉強していますが、なかでも本来の私の主な研究対象は長江中・下流域、中国南方の六朝と呼ばれる地域・王朝です。つまり三国の呉、その後の東晋、南朝の四つの王朝、併せて六つの王朝を六朝と呼びますが、この六朝の研究が私の研究のフィールドだということです。石野さんから「遣魏倭使が見た洛陽城」というテーマをいただいていましたが、洛陽城のことを語るほど私の知識は及びませんので、もう少しザックリと「中国中原」として、華北地方の王権の中枢域全般という漠然としたタイトルに変えさせていただきました。洛陽城に関しては、最初に来村さんがお話しくださった通りですので改めて私が申し上げるようなこともありませんけれども、私なりに説明をさせていただきます。

1　洛陽周辺の風景

まず、洛陽周辺の風景ということですが、魏の曹操は、今の河北平原に位置する鄴という所に都を造っています。ですから皇帝と称して、後漢を廃して魏王朝を建てる以前の曹操時代の王都はこの鄴にあるわけです。一方で曹操の後を継いだ、王朝として建った後の魏の曹丕は都を洛陽に移して、荒れ果てた洛陽の都を再建するといった状況です。来村さんのお話にありましたように、洛陽は荒廃していたのを復興はしたものの後漢時代の繁栄を取り戻す程にはいたりませんでした。実際に倭から魏に行った卑弥呼の使いが、どのような風景を見たのかわかりませんけれども、まず都に関しましては第1章図5の来村さんの図にありますような構造をしております。南の方に霊台、明堂、辟雍、太学という学問施設であったりあるいは儀礼、礼制的な行為をおこなう施設であったりするものが位置しています。そのうち太学には、魏の正始年間に尚書、春秋、左伝などの中国の基本的な教養を身につけるために必須の漢文資料の石刻が太学に建てられていたと伝わっていますし、実際にその石刻の残片というものが発見されております。

それからもう一つ大きな変化は図1の左下の金墉城という、長方形が三つ繋がったような城郭施設ですが、同じ図1の上の地図の洛陽城の左上に飛び出ているところがあるのが金墉城で、左下の図はこれを拡大したものです。この金墉城は、二代目の明帝曹叡の時に増設したといわれます。これによって洛陽城は、一つは非常に高くて厚い城壁をもった子城を敷設することによって威厳を高めるということと、もう一つは防御機能を大幅に高めるという、二つの大きな改良を実現したといわれております。この金墉城の城壁の周りから洛陽城本体の北壁と西壁にかけては、城壁の外側に馬面と呼ばれる張り出しが一定間隔ごとに多数設けられておりまして、それが防御能力を格段に高めており、城郭における馬面という施設の本格的な登場を示唆する資料として重要視されています。洛陽は平原の地勢が洛河に向かってずるずると下がっていて、背後には邙山という山が一段高くそびえる地形を

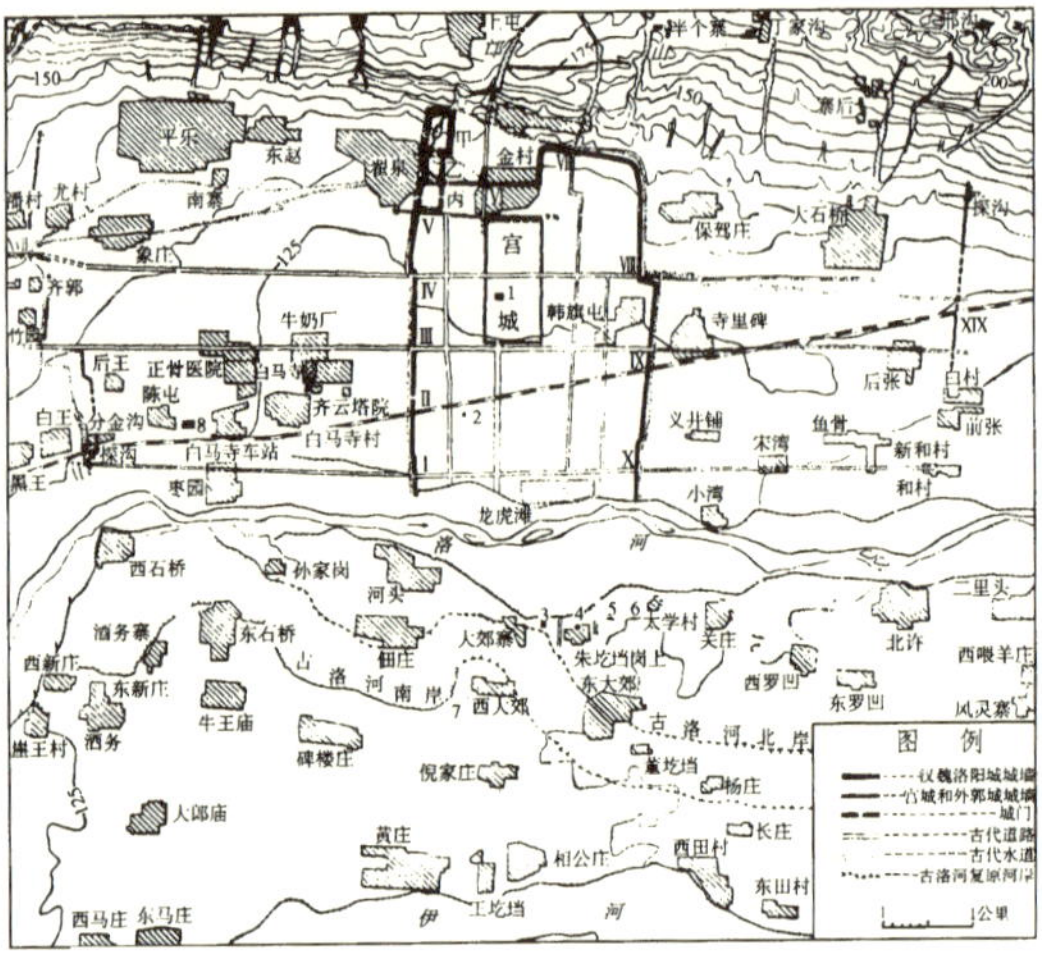

1. 宮城　2. 永寧寺　3. 霊台　4. 明堂　5. 辟雍　6. 太学　7. 刑徒墓地　8. 白馬寺東漢墓園

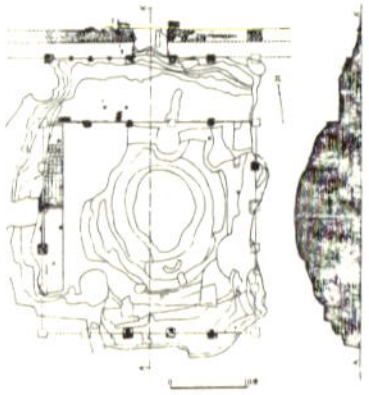

霊台跡

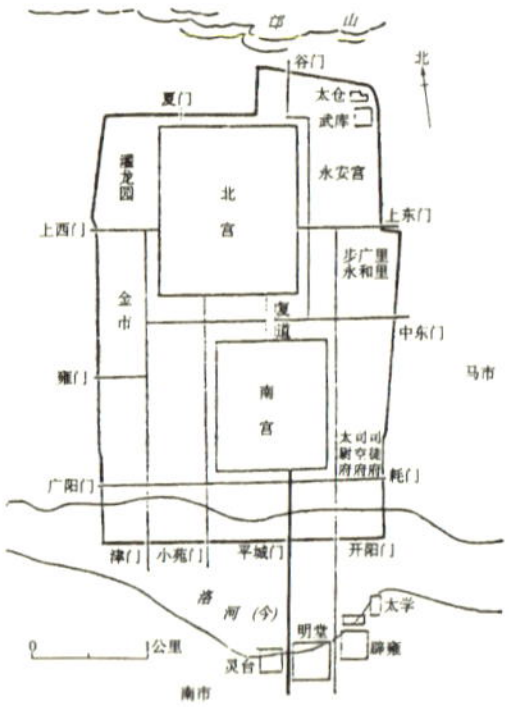

東漢洛陽城

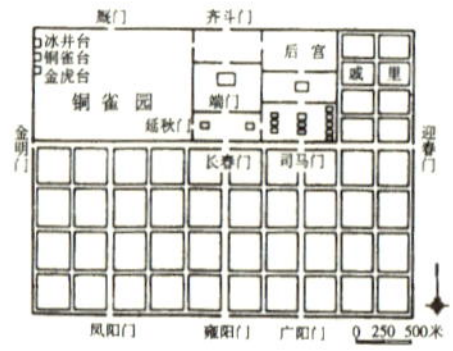

曹魏鄴(北)城

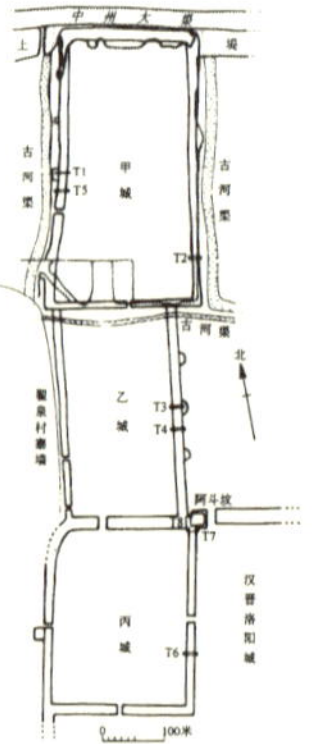

金墉城

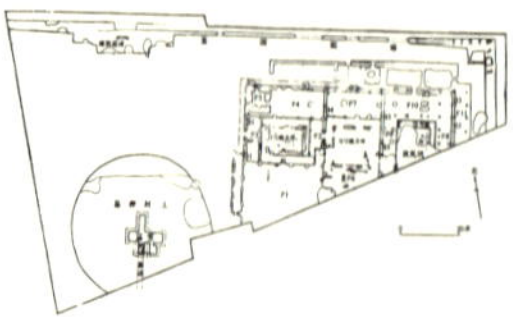

白馬寺東漢墓園

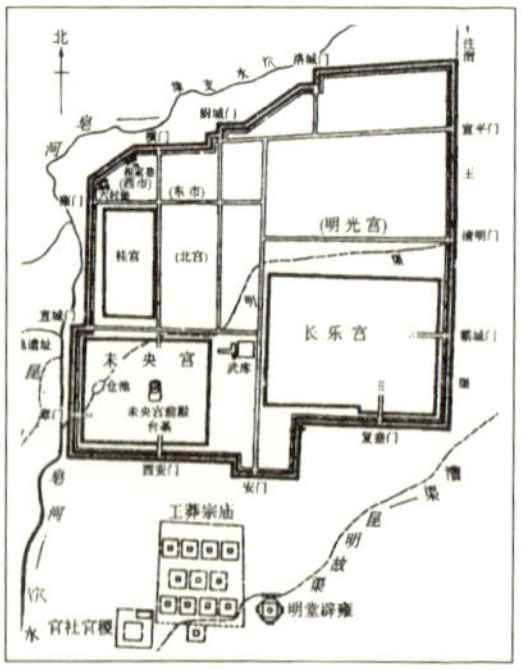

〈参考〉西漢長安城

図1　漢魏洛陽城とその周辺

しております。そのため、この金墉城の部分は洛陽城の中では比較的標高が高い所で、そこに高く厚い城壁をもった子城を造ることで、そこからの洛陽城の景観というものもある程度見渡せるような眺望の効く位置であったといわれております。この背後の邙山、山といっても急峻な山ではなくて丘陵性の山でありますが、その上には一定の広い平坦な高原のような地形が広がっております。そこに漢代以来、歴代の中国の陵墓あるいは高級貴族墓が多数造られていて、古来洛陽北邙の地といえば、埋葬の理想の地とされてきた場所であります。そして倭からやってきた使いは洛陽に謁見に来る道すがら、こうした邙山の風景あるいは洛河の流れ、どこから洛陽城に入ったのかわかりませんが、儀礼建築、進んだ学問、あるいは文字に関する知識というものを、ひょっとすると見聞したかもしれない、ということが一つの風景として物語れるのかなと思います。

2　曹魏・西晋の帝陵・貴族墓

近年、お墓に関していいますと曹操の墓であるとか、曹休の墓であるとか、曹魏の時代を代表するような人物の墓が洛陽や鄴の地域で発見されておりまして、それらが図2、3になります。図2に曹操の墓、図3に曹休の墓を挙げております。実は曹操の墓と曹休の墓というのは、規模はほとんど変わらないわけです。曹操ほどの人物ならば、その一族とはいえ最高級の将軍クラスである曹休の墓とは、我々の感覚からするともっと規模に差がついていてもいいのではないかと思ってしまいますが、実際には良く似た同等の規模なのです。ただ、墓の中の構造として見た時には、曹操の墓はまず前室

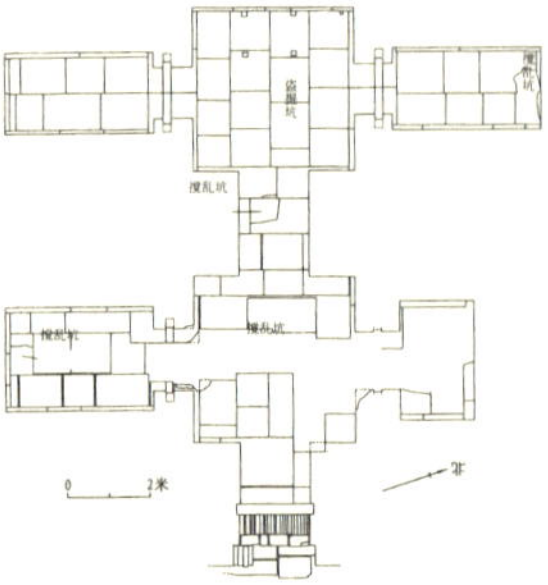

墓葬平面図

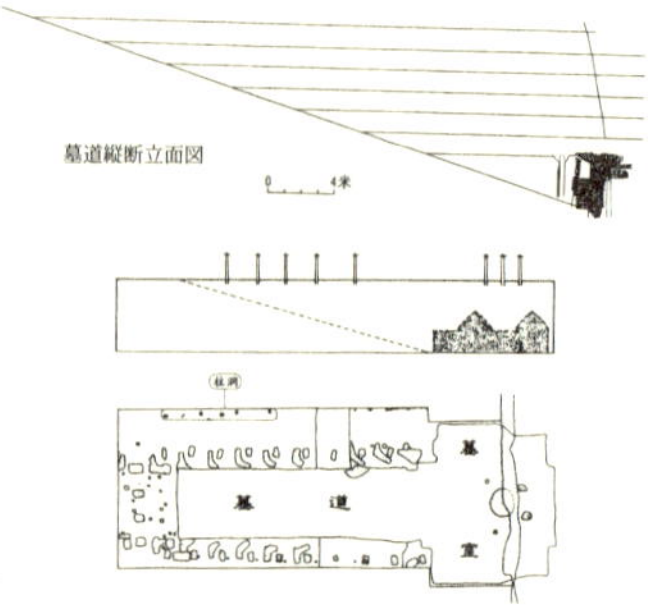

墓坑・地上建築遺構平面模式図　断面（上）・平面（下）

図２　河南省安陽西高穴村２号墓（曹操墓）

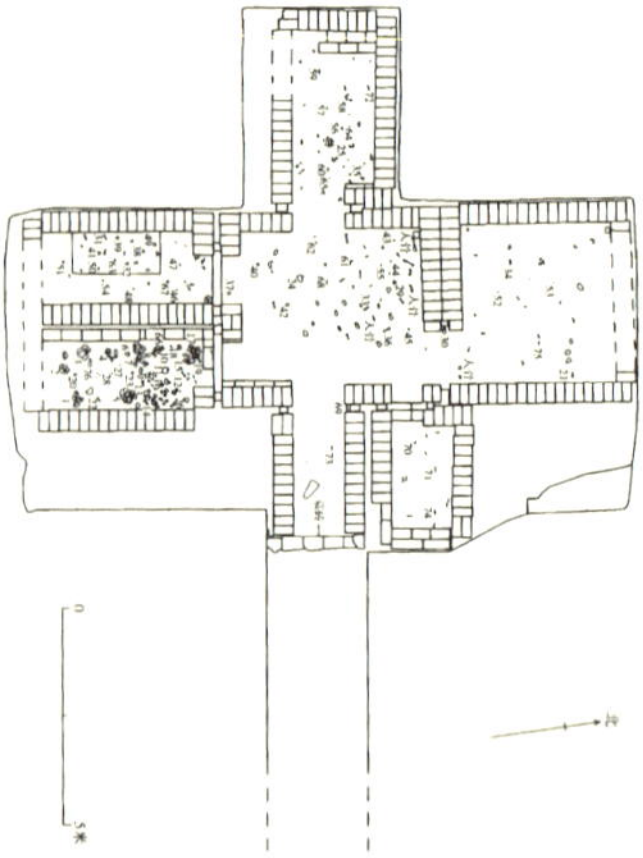

墓葬平面図

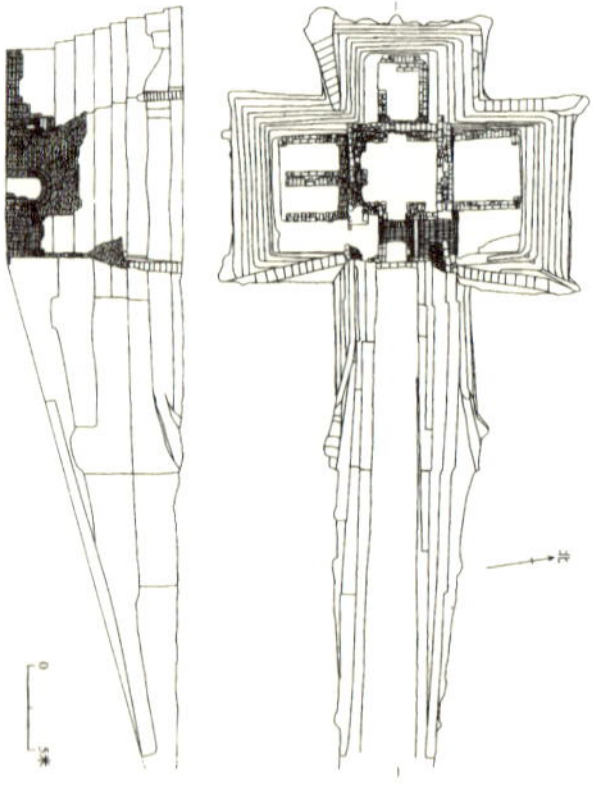

墓坑平面・断面図　平面（左）・断面（右）

「曹休」銅印拓影（原寸）

図３　河南省洛陽三十里鋪村曹魏墓（曹休墓）

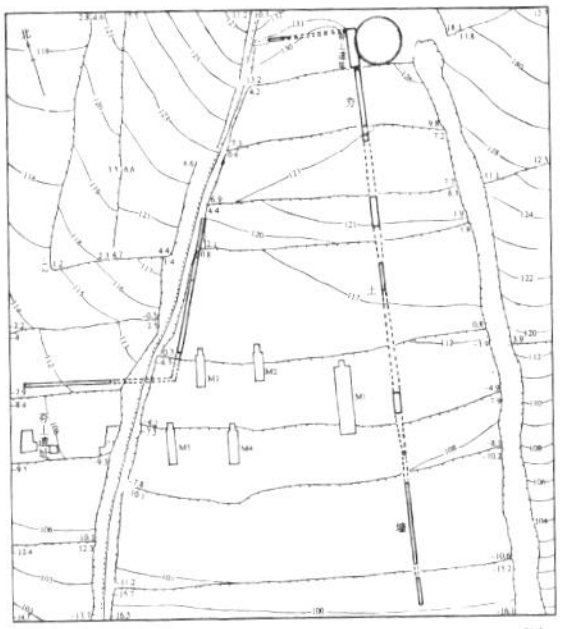

2　枕頭山西晋文帝崇陽陵の陵域（1/6,000）

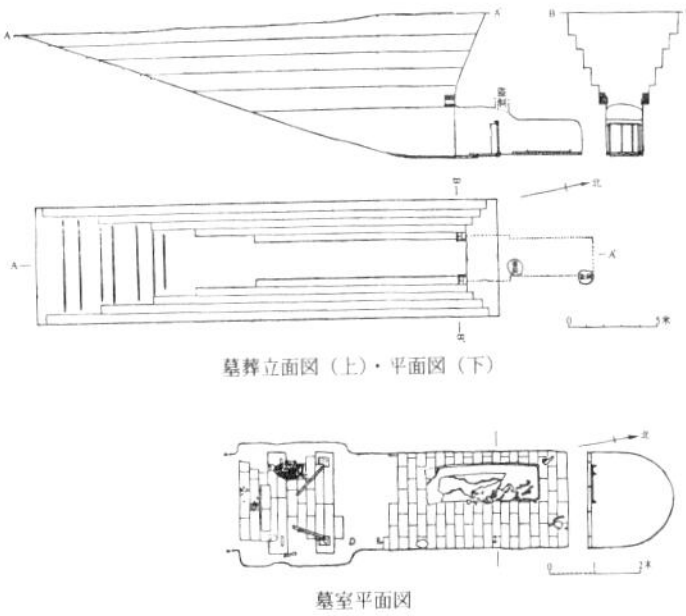

3　枕頭山西晋文帝崇陽陵 M4 墓

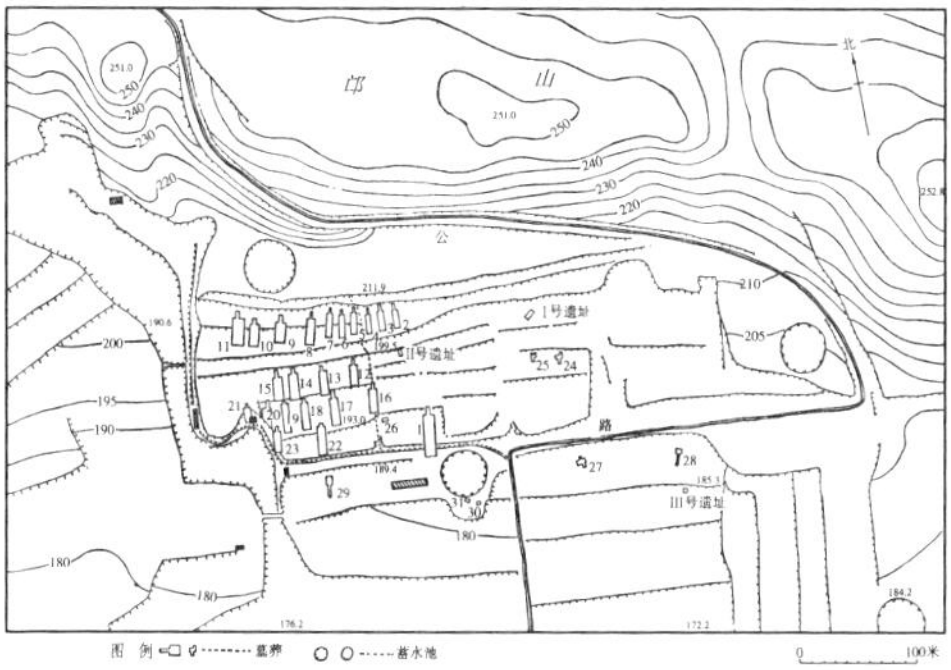

図４　洛陽邙山西晋陵墓の陵域

があって、通路を通って後室に入って、さらに両側の耳室にたどり着きます。つまり、一番奥の耳室にたどり着こうとすると、前室、通路、後室、耳室という三ステップを踏まないと行けませんが、曹休墓に関してはいきなり前室があって、前室の奥に奥室、前室の横に耳室というふうになっておりますので、二ステップで一番奥の部屋までたどり着くことができます。このように、規模は大差ありませんが、構造としてはより複雑になっている、かつ人の動線からは離れたところに奥の空間があるという点で、曹操墓の方がより格の高い構造と考えられます。西晋の墓についても図4に載せていますが、西晋の墓は墳丘をもちません。長大な斜坡墓道（スロープ状の墓道）を設けて、墓室規模はきわめて小さいものになります。だいたいこの図に載っているもの、これは皇族あるいは后の墓と思われるものでありますが、墓室の長さはせいぜい五〜六メートルくらいで、一方で墓道の長さが三〇メートル位です。そういう点を考えると一〇メートルを越える規模の墓室を造っている曹操墓など曹魏の時代の陵墓に比べると、西晋の墓というのは非常に小さく、墳丘を造らないという、埋めてしまえばどこにあるかわからないような構造であったわけです。こういう陵墓を当時の人達が見ることができたのかということについては、一つの問題であるように思います。

3　鬼道の文物

最後に日本との関係で、鬼道の文物について紹介したいと思います。通称『魏志倭人伝』に、卑弥呼は「鬼道に事え」という表現が出てまいりますが、鬼道というのは実際に三国志の中で出てきまして、四川・漢中に勢力をもつ張魯の五斗米道のことを鬼道という表現で述べている部分があります。その鬼道というのがやがては六朝の時代に初期道教に結びついていきます。最近、久住さんから福岡に変わったものがあるよというご教示を得て「一度見に来ない」というお誘いをいただき、拝見しに行きました。それが図5の1にある博多遺跡群第五〇次の出土品で、鉛製の「觚」という三〜四セン

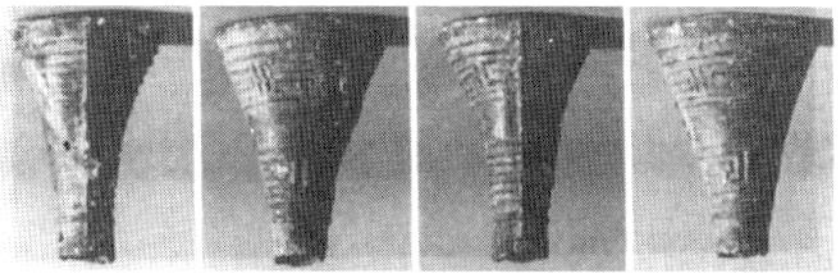

1　鉛觚（福岡市・博多遺跡群第50次945号遺構）
（福岡市教育委員会 1991 より）

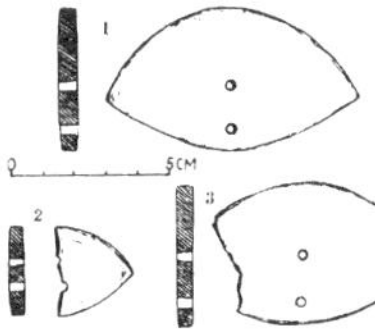

「玉葉」

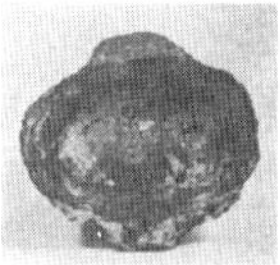

2　鉛耳杯（湖北武漢市・武昌任家湾
東呉黄武六年道士鄭丑墓）
（武漢市文物管理委員会 1955 より）

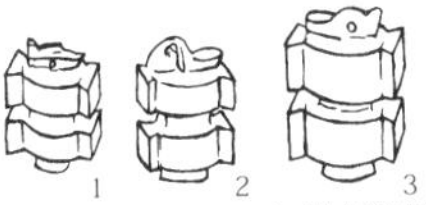

（いずれも縮尺任意）
1・2　河北定州市・定県43号墓
3　安徽亳州市・鳳凰台1号東漢墓
3　漢代の司南佩（王正書 2003 より）

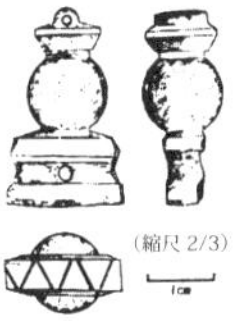

（縮尺 2/3）
「五輪塔形石製品」
4　桜井茶臼山古墳出土の特殊な石製品
（豊岡卓之 2010 より）

図5　漢魏晋の“鬼道”の文物

チほどの小さなものです。中国でロンググラスのような形の青銅器を「觚」と呼んでいますが、福岡でその「觚」の形をした鉛製のミニチュア品で外側に雷文が入っている変わったものが出土している。これは一体何だろうと久住さんと話をしていたわけですが、はたと思い当たったのが中国南方の湖北省武漢という所で呉の時代の道士、つまり政権の要職などではなくて道術に長けた一宗教家であるにも関わらず、かなりの高級貴族と同じような大型の墓に葬られた人物がいまして、その墓から鉛製の耳杯という耳付きの器が多数出土しています。それがこの図5の2です。これもやはり模様が鋳出されておりまして、六朝の本場・南京のあたりで現地の専門家に話しますと、ちゃんと報告されている例はないけれどもとくに不可解な出土遺物ではないということでありました。それで、どうやら福岡で出ている鉛製の觚は、その模様から言っても変わった形から言っても恐らく中国の鉛製の耳坏等と関連する文物だろうと思われます。こうした鉛製の特殊なミニチュア品などは、道教に関わる文物であるということは中国の六朝研究者の間でよく知られている事実でありまして、その一連の流れで捉えることができると考えています。そうしますと、博多遺跡群で出土しているものは、だいたい布留1式くらいの時期ですので四世紀の比較的古いところになるのだと思われます。中国の初期道教の流れをくむ思想であるとか、あるいはそれに関わる文物が四世紀前半あたりの時期に少なくとも北部九州には到達している。そして、かなり宗教的、思想的な影響を受けている可能性があるといえます。

日本列島に他にそのようなものがあるのかというと、奈良県の桜井茶臼山古墳には従来から知られている、町田章先生が中国製の玉製の葬送用具である目をふさぐ玉器である「玉葉」であろうとされた遺物が出土していますが、それと併せて用途のよくわからない「五輪塔形石製品」と呼ばれるものが出土しています。これについて私が関連を少し考えましたのが、六朝ないし魏晋の時代からある、図5の3にあります「司南佩」という小さな玉製の装飾品であります。これは辟邪の意味をもつ装飾品でありまして、それとの形状の類似などを考えるとひょっとしたら桜井茶臼山古墳の「五輪塔形石製品」も司南佩の影響下にあるような石製品かも知れないと想像します。そういった目で見ておりますと、日本列島でも、鬼道と呼ばれた初期道教の流れを汲む文物がピンポイントに、少量ではあるけれど存在しているらしいということがわかります。

そういうことから想像しますと、邪馬台国の卑弥呼が用いたという鬼道は、こうした中国からの思想的な流れを背景にしている可能性があるのかなと近年考えるようになりました。

石野　中国の三世紀代前後の時期のお墓や文物については私も、へエーそうなのかという感じです。最後に話していただきました図5にあります日本列島、博多湾や奈良から出ている文物が魏志倭人伝に出てくる鬼道に関連するものではないかということには大いに関心が寄せられます。この壇上の方で中国考古学に関心をお持ちの方もおられますし、その他の方でも、いま挙げられていますす日本列島出土の中国系の物、桜井茶臼山古墳の物も含めて藤井さんの話しのような鬼道に類するものかどうかということについてご意見はありませんか。

来村　私も中国の皇帝陵が専門ですので、似たことをしております。先ず道教ですが、道教は「まじない」から起った宗教でして、疫病を直すとか、そういう風なことを行いますが、直し方が二つあります。一つは符籙（ふろく）と言います。これはお札のことです。よくキョンシー等がお札を張られると能力が無くなるとか、家の柱などに貼ってある、そういう風な物で疫病を退散させるという物です。

それともう一つは霊水です。これも疫病退散の特効薬になるというもので、今お聞きしておりまして、これは水が入るのですか。液体が入るような中空なのですか。

藤井　中は普通の器と同じで、底があって中空です。

来村　では、なおさら使い勝手がよさそうですね。

久住　このネタを提供したのは私なのですが、実はこの鉛觚が出土した遺構からは、水銀朱付着土器が出ています。辰砂を磨りつぶして水銀朱にする石杵も出ています。

赤色顔料の専門家である本田光子さんが報告書でちらっと書いておられますが、これは「仙薬」を得る為の文物ではないかと書いておられます。実はこの鉛製品は、調査担当者が本当にこの時代でいいのかなと疑ったので（博多は上層の中世だとなんでもあるため）写真だけを載せて図を載せなかったのですが、藤井さんの最近の研究から、この時代で良いと考えています。

さらにもう一つ唐津市の柏崎貝塚でもほぼ同じものが採集されておりまして、古墳時代の層だろうと、採集した山崎純男さんが言っておられます。なので、こういうものが玄界灘沿岸に幾つかありそうでして、水銀朱との関係から仙薬との関係が考えられます。非常に都合がいい話です。

石野　水銀朱は色々なまじないに登場する訳ですが、高久さんどうぞ。

高久　仙薬の話が出てきたので補足をさせていただきます。楽浪郡の塼室墓に使用された塼《レンガ》のなかに、兎が仙薬を作っている様子を描いた玉兎という文様をもつものがあります。

それから、藤井さんのお話しのなかにもありました鉛器についてですが、これも楽浪郡の古墳から出土しています。鉛器はおもに塼室墓から出土しており、二世紀後半から三世紀前半の限られた時期だけに鉛器が副葬されています。容器や車馬具明器などを鉛で作って副葬しています。

藤井　因みに図5の2に出した湖北の武漢の鉛製耳杯とそっくりな物が楽浪からも出ていると思います。東大で所蔵している遺物の中にあり、楽浪でも同じ様な物が出土していますので、こういった鉛製のミニチュア品を用いた神仙的な思想の物というのは中国の南方から沿海部の東北部にかけて広がっているという様子なのではないかなと想像しております。

来村　図5の3の漢代の司南佩ですが、これを真上から見るとキャンディーを包んだような形になりますよね。これは西王母のシンボルです。西王母というのは、先ほど兎が仙薬を作るという話が出ましたが、それを飲んでいるのが西王母なのです。彼女は「勝《しょう》」という二つの髪飾りを付けています。円形の両サイドに三角形のものが付いている飾りです。それが二つ付いて二段重ねになっているのは、そういう意味かなと思います。そして、司南は上の方に方向を示す物品が付いておりますので、それから名付けられたものかと思うのですが、主体はヤッパリ西王母の髪飾りです。いわゆる不老長寿を願う物ではないかと思います。

一方、桜井茶臼山古墳から出た容器らしき物も、見ようによっては同じ様な形に見えますので、そういったものがセットになって出てきた場合は西王母を表す可能性が高い。西王母は道教の神様でありますので、道教がらみの物かなと思います。ただ一点だけ、玉葉と書かれたレンズ状のものがありますが、こういった物は中国では葬玉《そうぎょく》と言います。基本的に、体には九つの穴があります。顔に七つありましてその他を合わせますと九つになります。そういったものを全て塞がないと、カラダの穴から悪いものが入ってきて死体を食い荒らすという発想があります。そういった邪気を防ぐのが玉なのです。

葬玉は春秋・戦国時代以前からありますので、これは道教がらみでは無いと思います。もっと古くからの伝統です。

石野　いま話がありました桜井茶臼山古墳の報告書で玉葉と命名されたいわゆる碧玉製があります。

大きさが四・五センチくらいの物です。昭和二六年に発行された報告書で、玉葉という名前を付けられたということ自身、末永雅雄先生中心で作られた報告書ですけれども、その時に中国の思想を意識しておられたかどうか、残念ながら聞き洩らしました。その辺、それからこの問題に限らず藤井さんの発表あるいは他のことでも関連することがありましたらお願いします。

井上　この玉葉ですけれども、ご存じの方もいらっしゃるかと思いますが、これは元々葬玉と言われておりました。その後木製品などの検討を踏まえて、宮内庁の清喜裕二さんが玉杖状の木製品の受け部と玉葉のカーブの形状が一致することなどから、これはそういったものよりはむしろ玉杖の一部ではないかという報告があります。ですから私はそちらの方が、根拠があるのかなと思っております。

石野　忘れておりましたが、そういうレポートがありましたね。亡くなった人の眼を覆うという用具ではなくて、玉杖の頭部を飾る部品ではないかという報告がありました。他にも藤井さんの発表についてどなたでもお願いいします。

森岡　まったく想像めいた話しで恐縮ですが、来村さんの第1章の図5を見ていただいて、来村さんと藤井さんにお聞きしたいのですが、景初二年あるいは三年という説がありますが、難升米が洛陽に行って、実際に倭国からの献上品を差し出した行為の場、使いとして行った場所というのは、どういう風な想定になりますか。具体的にどういう場に入る所まで謁見を許されたのかという、全く想像の話しを伺いたいと思います。当時の使者の行動範囲に類することです。

来村　では、私の方からお答えします。実は私の発表の時に時間がありませんでしたので、図5を端折ってしまいましたが、これは後漢の洛陽城の絵で、曹魏の時代ではありません。ご存知の通り後漢の終わりに董卓という悪人が出まして、皇帝を連れて長安に移るときに洛陽の都を跡形もないほどに焼いてしまいました、その後に再建されたものですので、魏の時代の洛陽城はこのような姿ではなかったと思います。

ただ、周りの城壁は少しいびつになっていますが、これは後の北魏の時代にも継承していますので、城壁は残っていたと考えられます。宮殿は焼き払われましたので、この城壁の中にこれとは違う宮殿が建てられていたと考えられます、と思うのですが、現在発掘調査で出てきますのは主に後の北魏の時代の宮殿の跡で、それ以前のものが少ない。ですから北魏のものを遡って想像するしかないということです。

北魏のものでしたら、宮殿の前に前殿というものがありまして、皇帝がお成りになる所です。その両サイドに闕《けつ》というものがありまして、いわゆるツインタワーですが、その間が広場になっていまして、そういうところに蕃客、つまり外国からの使者が整列するという、そういう風なイメージかなと思います。皇帝の居るところとはかなりの段差があって、見下ろすような形で皇帝が謁見することになります。

石野　日本列島には中国の魏の時代のもの、朝鮮半島系のものが各地にあるということが、今日の発表にもありました。いま、聞きながら思い出したのですが、洛陽周辺で倭系のものの欠片でも、何もないのでしょうか。

来村　持って行ったものが、反物ですので、ほとんど残るような物ではありません。もう少し硬いものでも持って行っていれば別であろうと思いますが、たぶん残っていないと思います。

石野　織物が日本の場合であれば、金属器に付着して残っていることがわかっています。中国の金属器に付着した織物の研究というのは結構進んでいるのでしょうか。藤井さんどうでしょう。

藤井　恐らく織物の研究はそれほど劇的には進んでいないと思います。漢代までの出土資料は比較的ありますが、十六国より後の布は、西域のシルクロード辺りのものは少し残っていて研究はされているのですが、中国の中原あるいは南方のものはほとんど残っている事例は無いのであまりよくわからないというのが正直なところです。

石野　前から気になっているのが、文献の読み方です。魏志倭人伝にはさまざまな中国の贈り物が書いてありますが、はじめの方に書いているのが中国側から見て大事なもので、後ろの方のものは大したものではない。銅鏡百枚とか五尺刀、真珠等は後ろのほうに書いてあるのですが、文献の読み方として、そういう読み方は正しいのでしょうか。

来村　まず、この品々を並べる時に柔らかい物、反物から始めるというのは、ここだけの話ではなくて通例です。それから金属あるいは鉱物といったものは後回しになります。

ですから、ここだけの例ではありません。中国側から渡されたものも反物、日本側から持ってきたものも反物から並べられます。先ほど残らないといいましたけれども、唯一、孔青大句珠、いわゆる翡翠の勾玉ではないかと申し上げましたが、これを壱与が贈っておりますので、それはもしかしたら残るかもしれません。

ただ、魏は司馬炎にとって代わられて西晋になり、西晋は本当に見事に滅ぼされます。いわゆる五胡十六国の五胡の蹂躙を受けますので、そのときに宮廷の宝庫も荒らしに荒らされたのではないかと思います。残っている可能性は少ないですね。

石野　そうすると魏の皇帝周辺の人たちがよその国に贈り物をするときに、特に上等のものから書いてゆくという習慣は無いと、織物から書くという習慣はあるけれども、それが良い物か悪いものかで書く順番は無いということでよろしいですか。

ということのようで、私は最初に書いているので、錦のほうが上等で鏡は大したものではないのだと、中国側から見ればそうではないかと思いましたが、しかし、日本列島に残っているのは金属器がよく残っているものですからそれを研究の素材にして研究せざるを得ない、日本考古学にとっては非常に大事なものであるけれども、と思っていたのですが、そういう風には思わないほうがよいのだそうです。

来村　すみません。ちょっと付け足しでお話しします。鏡は卑弥呼さんに対する特別の贈り物ですので、他の諸外国については、鏡はほとんどありません。中国の人にとってみれば、鏡は日用品ですので、贈り物にするようなものではないということです。

石野　ということです。それでは、次のテーマに移ります。井上さんからお願いします。

テーマ2　倭の遣魏使がみた帯方・楽浪

井上主税

橿原考古学研究所の井上と申します。スライドを写せたらよかったのですが、この会場では難しいということで残念です。したがって、口頭で出来るだけ分かり易く説明したいと思います。

実は先ほどの来村さんの翡翠製の勾玉の話が気になっているのですけれども、近畿地方の古墳で翡翠の勾玉が出てくるのは卑弥呼の時代ではなくて、もう少し後の桜井茶臼山の段階からかなと思いますので、実際と記録ではどうかな、と気になっているところです。

1　狗邪韓国から金官加耶へ

本題に入りますが、私の与えられたテーマが、「倭の遣魏使がみた帯方・楽浪」となっておりますが、最初、石野さんから電話をいただいた時は、三韓の話をといわれておりました。帯方・楽浪は高久さんもいらっしゃいますので、私は狗邪韓国、現在の金海にあったと考えられております狗邪韓国、韓国の方では弁辰狗邪国といっておりますが、こちらを中心にお話をしたいと思います。

要点を申し上げますと、邪馬台国の時代を二世紀末から三世紀前半とした時に、記録に出てきます狗邪韓国というのが、どのような段階、どのような国であったかという問題があると思います。また、その後三世紀後半から狗邪韓国が金官加耶へと変化してゆくわけです。この変化というのは、恐らく邪馬台国から初期ヤマト政権へと移ってゆく段階とほぼ一致しておりまして、対外的な環境にも影響を及ぼしていたと考えられます。

それから狗邪韓国と邪馬台国との関係性はどのようなものであったのか、また狗邪韓国が金官加耶へと変わる時にその関係はどのように変化したのかという問題が気になる所かと思います。

次に狗邪韓国から金官加耶へということでは、二〇一六年の夏に邪馬台国シンポジウム一六で私が発表させていただきました時の発表要旨をご覧いただければと思います。狗邪韓国、弁辰狗邪国というのは記録上に出て参りまして、朝鮮半島南部の金海地域に比定されています。時期的には凡そ紀元前一世紀から紀元後の三世紀に当ります。

勢力基盤としましては、高久さんの発表にありましたように鉄素材を媒介として、恐らく国際的な交易を基盤として勢力を伸ばしたと考えられます。二世紀後半になりますと狗邪韓国では鉄生産が本格化するとともに大型木槨墓が造られまして、三世紀前半に最盛期を迎えることになります。この段階が良洞里遺跡で確認されておりまして、図1〜図6が大型木槨墓とその副葬品などを配置したものです。これは凡そ時間的な変遷を表しておりまして、良洞里162号墓から、これが二世紀後葉くらいだろうと思いますが、良洞里200号墓、212号墓が三世紀前葉くらい、それから280号墓、235号墓と続きます。この235号墓からは陶質土器が出現しているという高久さんの発表がありましたけれども、陶質土器の出現時期が問題にはなってきています。この辺りが恐らく三世紀中葉ないしはもう少し遅いかもしれません。

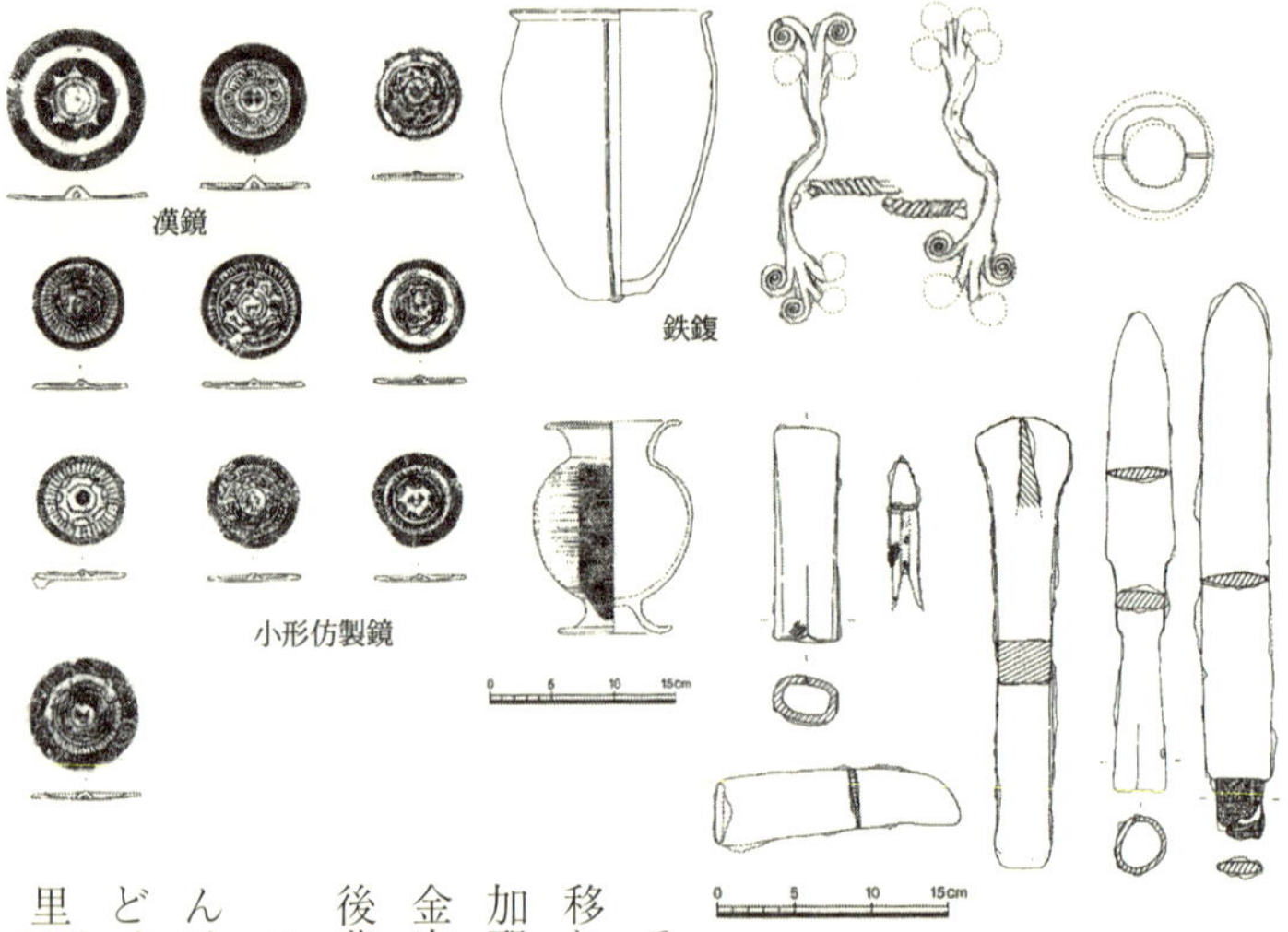

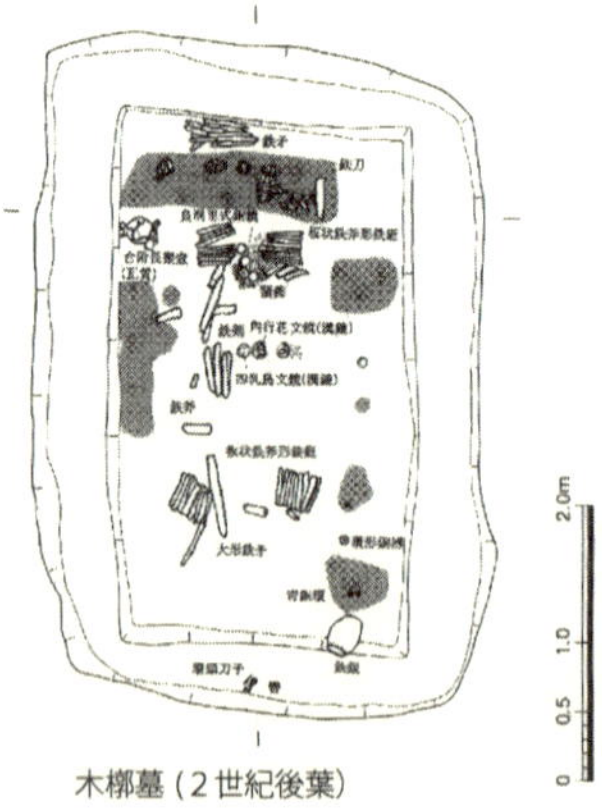

図1　良洞里162号墓
（東義大学校博物館2000）

その後、良洞里遺跡から大成洞遺跡に勢力の中心が移りまして、大成洞29号墳をメルクマールとして金官加耶が成立したと考えられます。これは狗邪韓国から金官加耶へと変化したということです。これが三世紀後葉から三世紀末ということでしょうか。

この中には中国系遺物ないしは楽浪系遺物、高久さんは漢式遺物といわれましたが、それから倭系遺物など、外来系の交易品が副葬されています。それが良洞里162号墓で後漢鏡、それから北部九州の小形仿製鏡などがあります。それから良洞里200号墓では広形銅矛です。良洞里235号墓では銅鍑です。それから大成洞29号墳でも銅鍑などが出ております。

次に金官加耶の成立というところでは、金官加耶の成立は大成洞29号墳の段階からと評価することに研究者間で大きな意見の相違は無いと思われます。時期的には三世紀の後葉から末にかけての年代が与えられています。

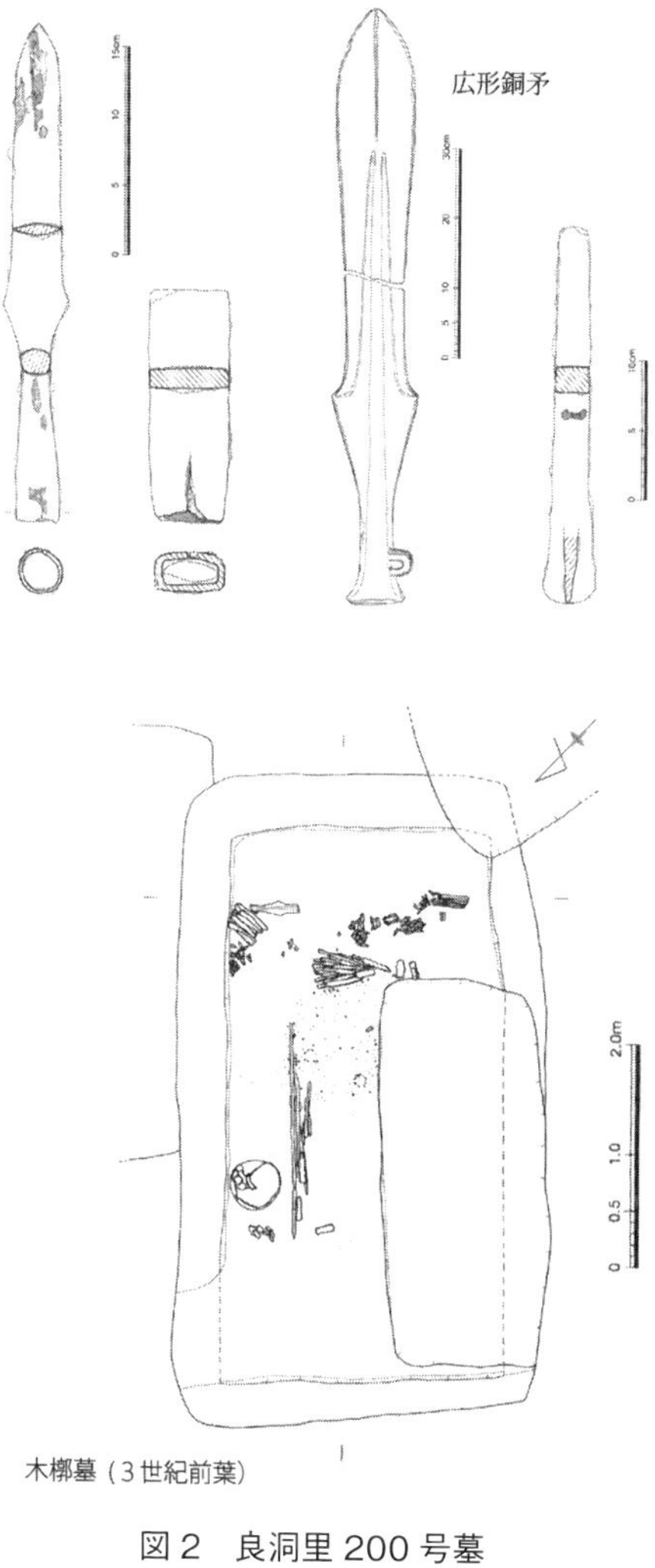

図2　良洞里200号墓
（東義大学校博物館2000）

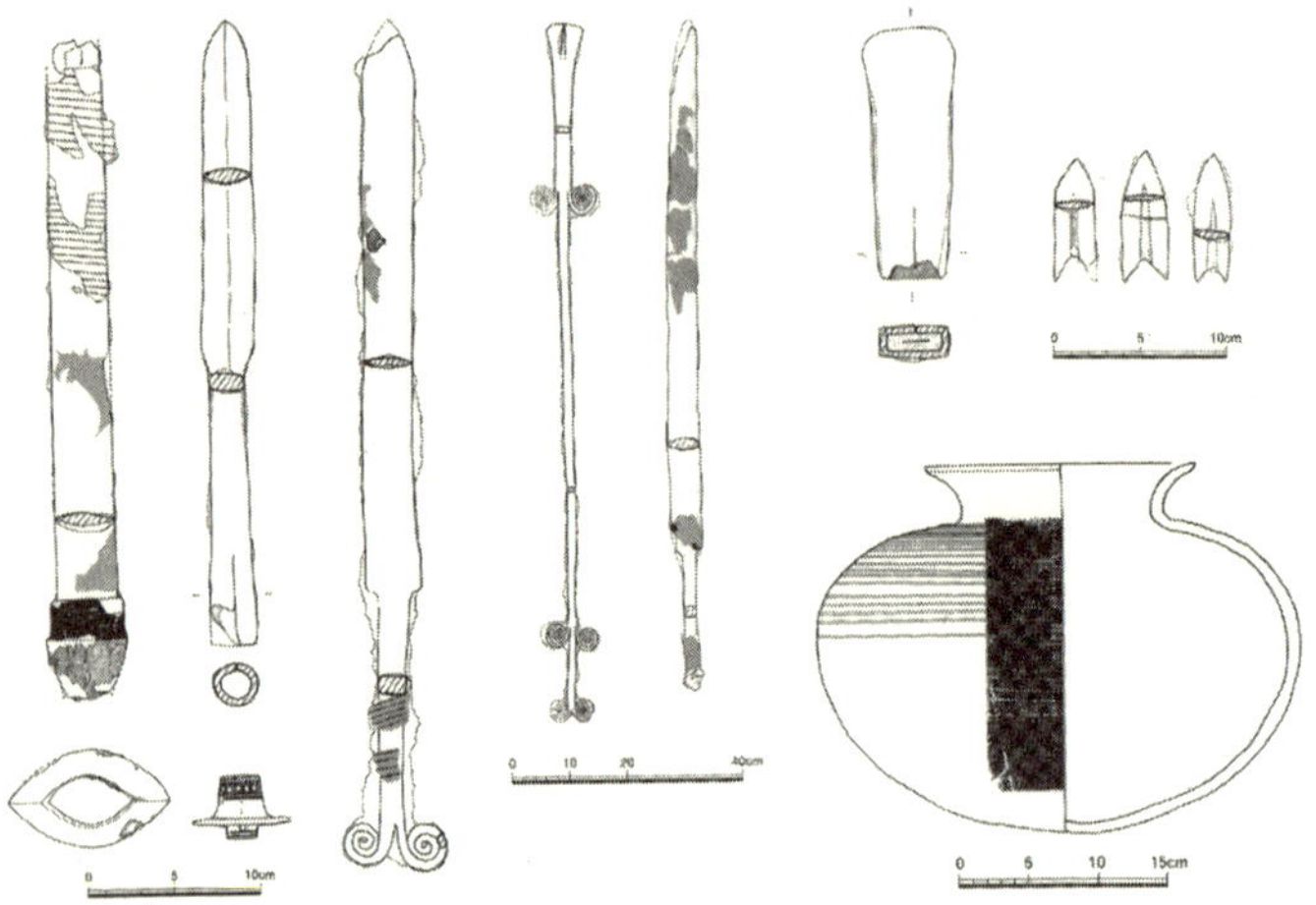

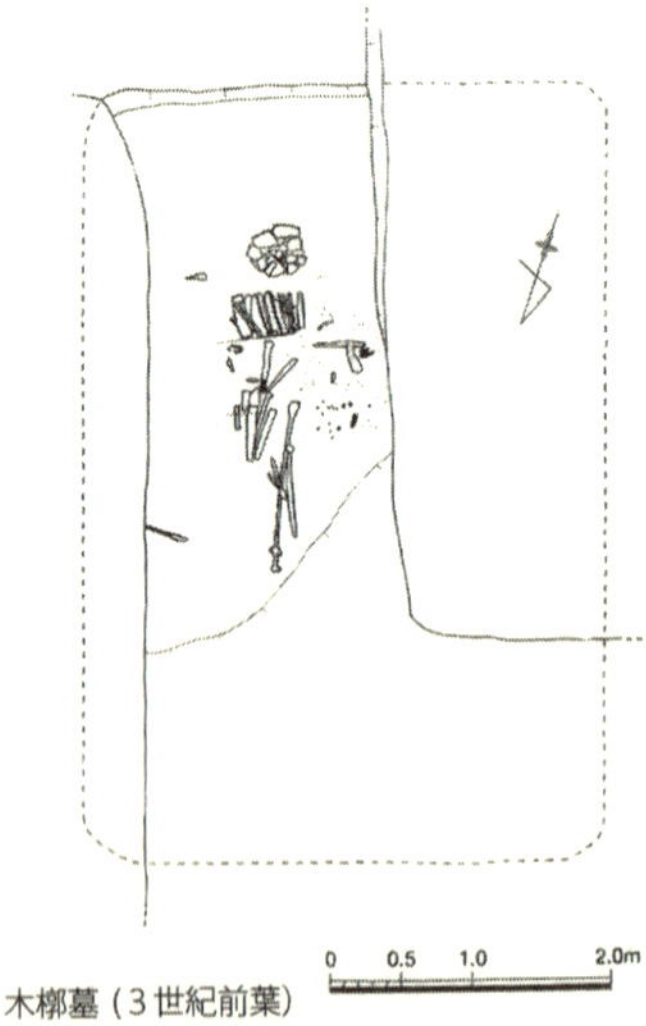

図3　良洞里212号墓
（東義大学校博物館2000）

発掘調査されました申敬澈さんは大成洞29号墳を土器の多量副葬（厚葬）の出現、それから陶質土器の出現、殉葬の出現、金工品の出現という風に、この古墳が大きな画期だと評価されております。これらの考古資料に見られる変革というものは特定民族、申敬澈さんは夫余族と言っておられますが、夫余族の移住によってなされ、彼らが新しい支配者集団になったと考えられております。

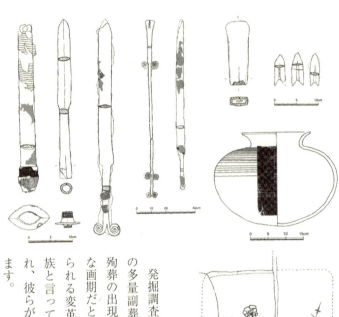

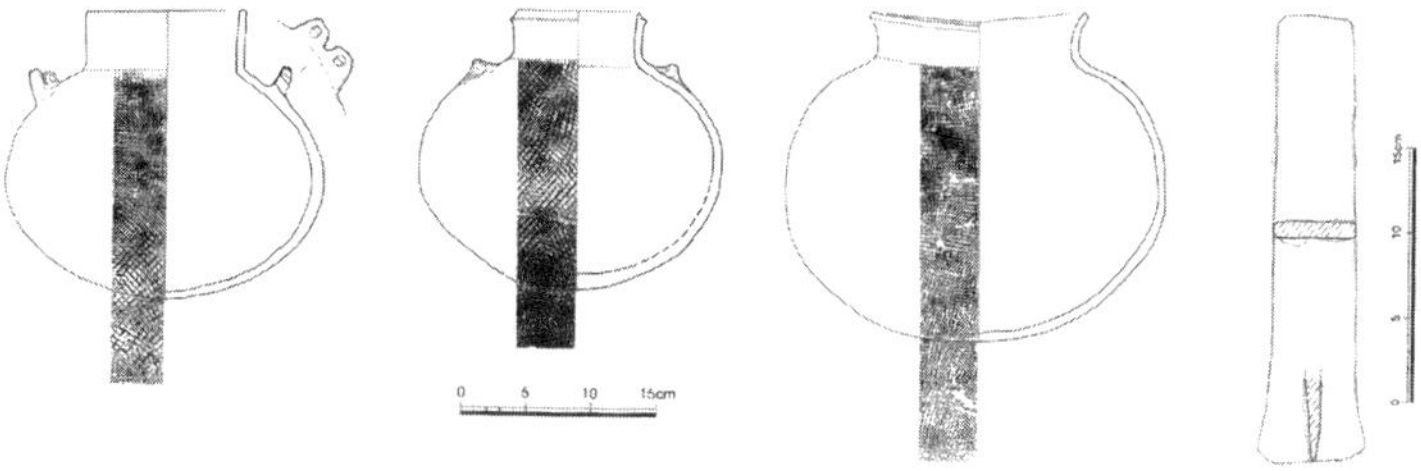

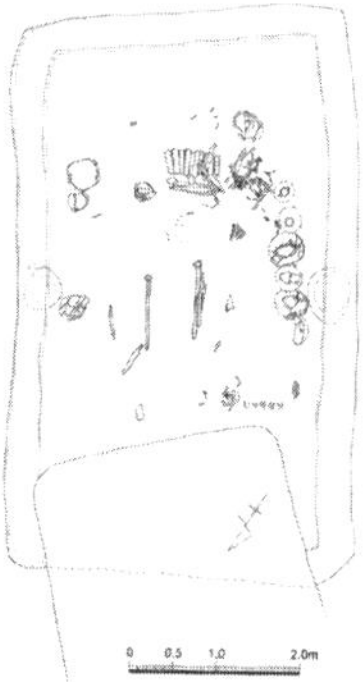

木槨墓（3世紀中葉）

図4　良洞里280号墓
（東義大学校博物館2000）

この見解に対しては、中国北方系とする要素そのものが批判されたり、もしくは考古資料に見られる変化というのは特定住民の移住の結果ではなくて交易とか交渉の産物ではないかと指摘されています。

良洞里遺跡では大型木槨墓、これが首長墓なのですが、三世紀後半になりますと、この首長墓が築造されずに、代わりに大成洞遺跡でその存在が確認されております。このことは金海地域の政治的主導権が良洞里から大成洞へと移動したことを表しています。そして大成洞29号墳の出現が金官加耶の成立を表すという風に言い換えることが出来ます。

ここで問題になるのが、なぜ同じ金海地域で主導権の移動が起こったのかということです。金官加耶も狗邪韓国も同じ様に鉄素材を媒介とした国際交易を勢力基盤とする点では共通するにもかかわらず、なぜこの時期に同一地域内で主導権の移動が起こったのかということが問

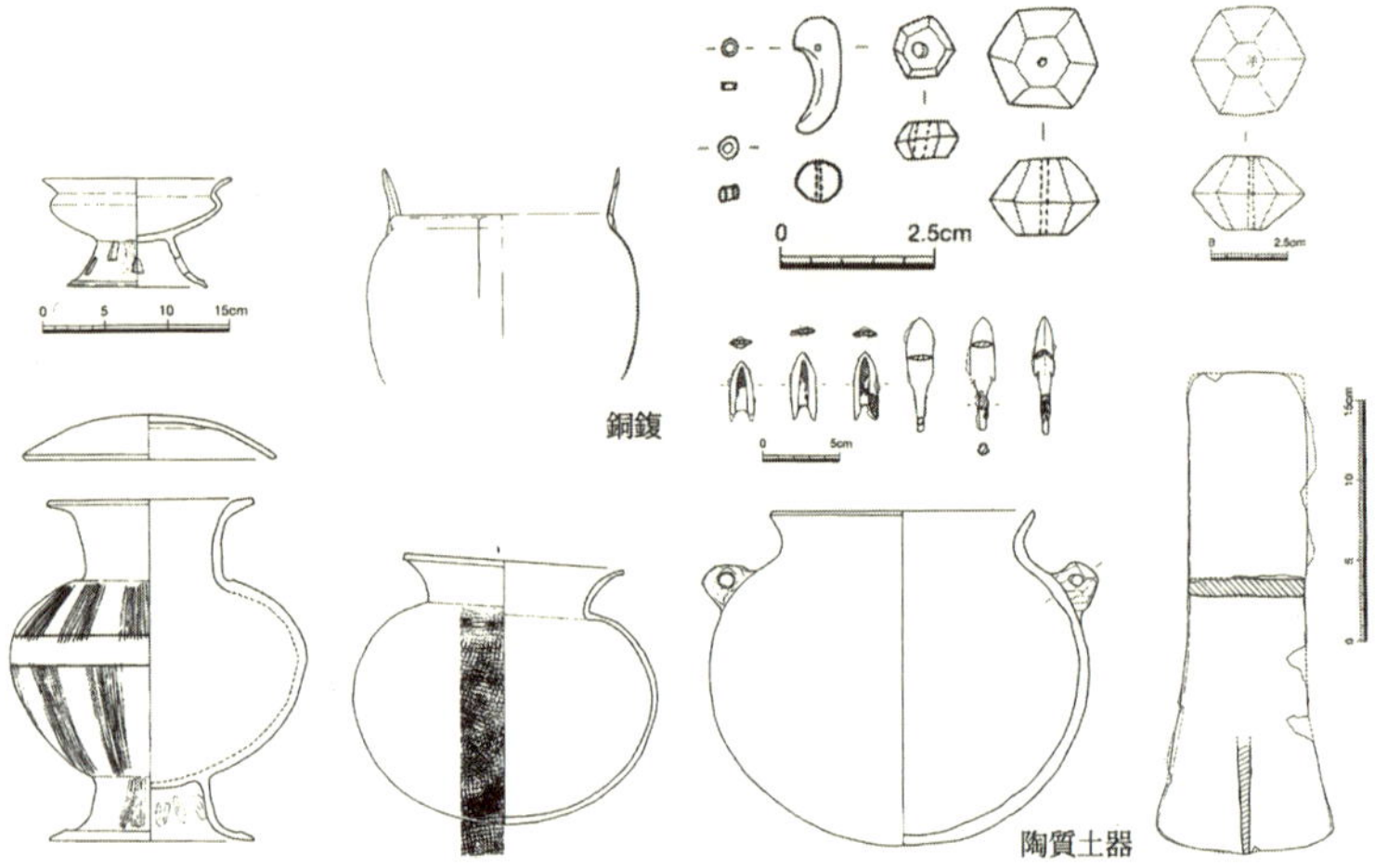

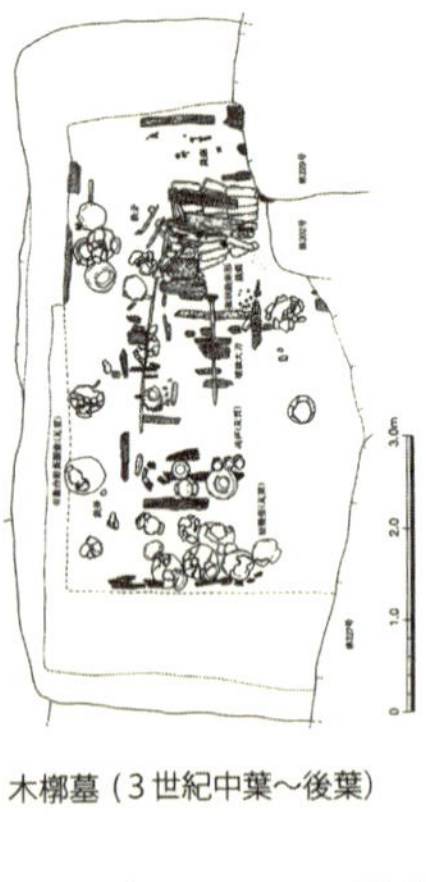

木槨墓（3世紀中葉～後葉）

図5　良洞里235号墓
（東義大学校博物館2000）

題です。

申敬澈さんは終始一貫して大成洞遺跡に中心墓域が形成されたという立場ですが、その場合でもこの時期の大成洞29号墳の段階というのは移住民による新しい支配者集団の登場という具合に大きく評価されています。この問題につきましては特定住民の移住の結果というよりは、私は交渉相手の変化あるいはそれに伴う先進的文化の選択的受容というのが社会的変動の要因として考えることが出来るのではないかと思います。

それを表すのが、狗邪韓国というのは、後漢その後の魏まで含むかどうかは問題ですが、後漢との対外交

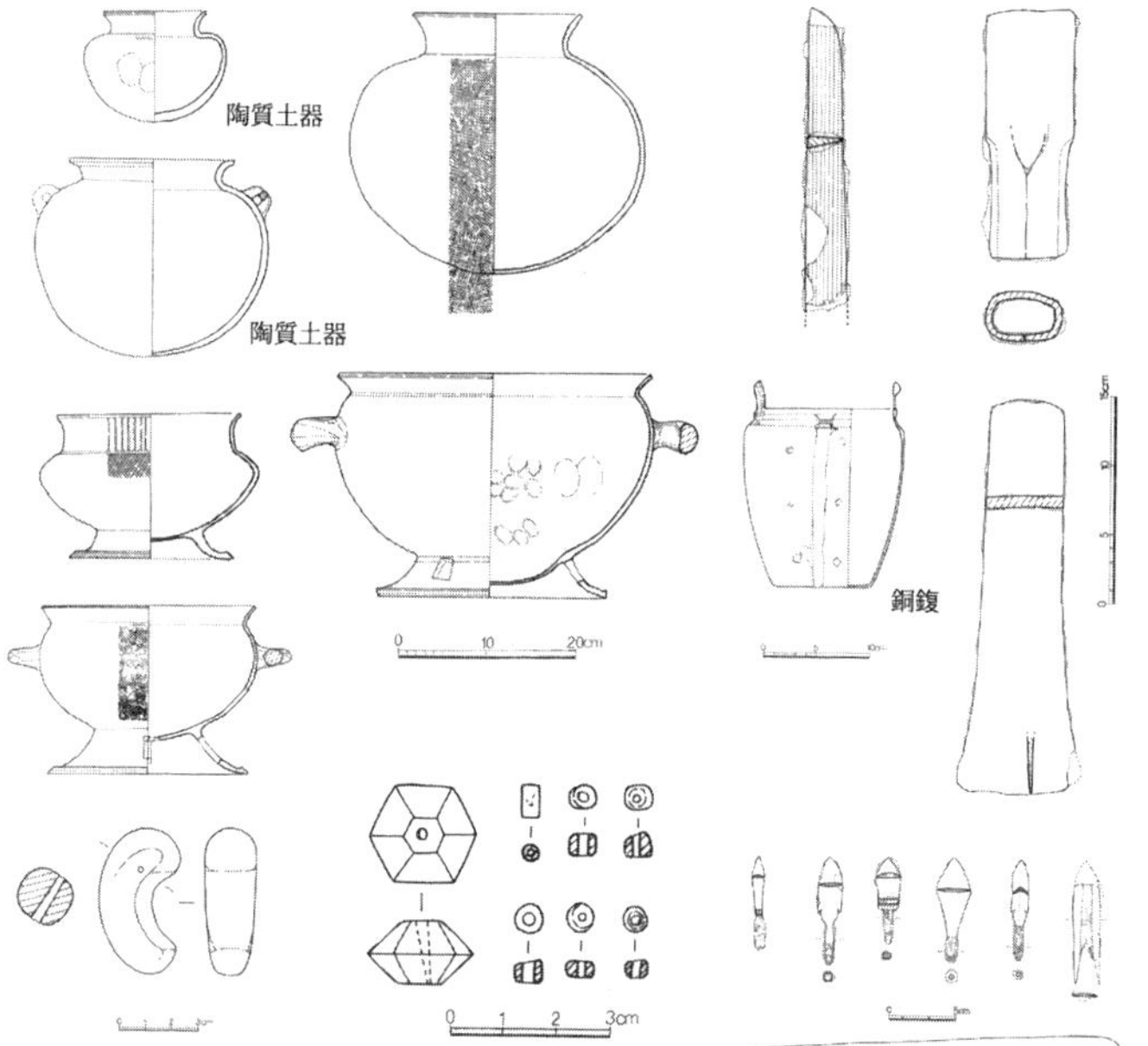

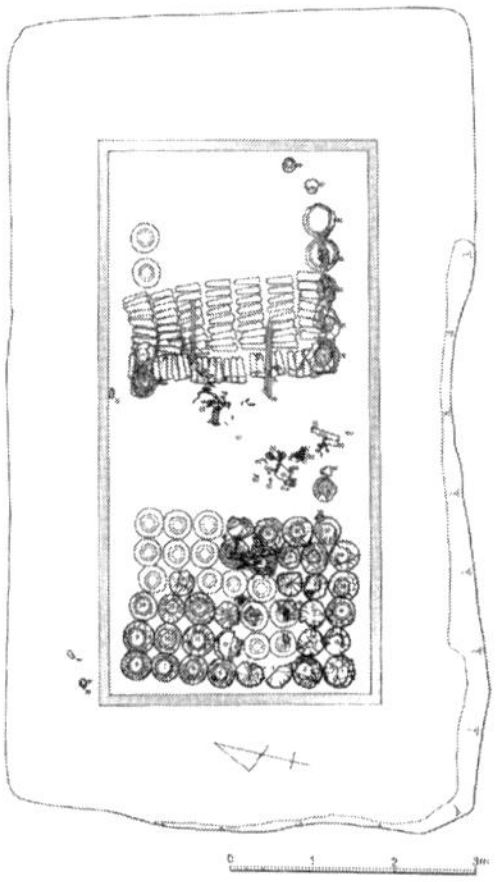

木槨墓（3世紀後葉）

図6　大成里29号墓
（東義大学校博物館 2000）

渉の主導権を握り楽浪郡を通じて中原と関連する外来系交易品を入手していました。その一方、金官加耶というのはすべてがそうだというわけではありませんが、中国東北地方、鮮卑とかもう少し後でしたら三燕と呼ばれるような国だと思いますけれども中国東北地方との対外交渉も進め先進文物を入手したというような違いがあります。中国東北地方との関係と言うのは銅鍑であったり、大成洞91号墳で出ています銅洗

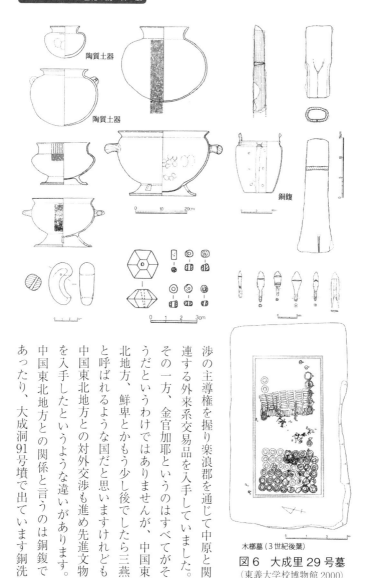

といった青銅器の容器類、それから三燕の馬具、三燕の馬具は金官加耶で在地生産もされておりまして模倣製作されているようなものです。

2　狗邪韓国と邪馬台国の関係

次の問題ですが、邪馬台国との関係について、狗邪韓国と邪馬台国の関係については、土器資料の少ない時期です。一方、北部九州系の小形仿製鏡、広形銅矛などが副葬されておりまして、これが三世紀前葉の良洞里200号墓で確認されております。ちょうど邪馬台国の時代というのはやはり北部九州との関係が中心であったのだろうと考えられます。

邪馬台国は公孫氏政権との対外交渉を行っていたと考えられ、また二三九年には魏に入貢するなどの外交を展開しています。狗邪韓国との関係というのは、その前の時代から継続して北部九州との、特に奴国との関係が主体であったといえるだろうと思います。その関係に変化が認められるのは金官加耶成立後の三世紀後半代でありまして、直接邪馬台国時代とはずれますが、初期ヤマト王権の時期です。

現時点では三世紀後半の古墳から倭系遺物の存在は確認できていませんが、集落では洛東江の対岸の釜山地域で東莱貝塚から布留0式期から布留1式期にかけての布留式系土器、あくまでも北部九州系ということなのですが、布留式系土器と山陰系土器が出土しております。

四世紀になりますとようやく鏃形の石製品、巴形銅器といったような倭系の威信財が大成洞古墳群に副葬されています。翡翠製の勾玉の副葬時期もこの頃からです。

これをまとめますと、三世紀前半代という邪馬台国の時代には倭系の土器が非常に少ない中で、青銅器には北部九州系のものがあるということ、三世紀後半になりますと釜山地域ではありますけれども土師器、布留式系の土器が出土している、土器以外の威信財的な倭系遺物は四世紀以降にみられるという状況にあります。

一方、日本列島の方でも、近畿地方中央部、纒向遺跡で三世紀後半くらいの朝鮮半島系の土器が出ています。これは、前回の邪馬台国シンポジウムの資料集の最後に橋本輝彦さんが関連土器を上げて整理されておりましたのでそちらをご覧いただければと思いますが、時期的には三世紀から四世紀前半くらいまでにかけての土器がわずかですけれども出ています。それが瓦質の土器、陶質の土器であるということです。地域は慶尚道地域の土器が中心ですが、全羅道ないしは忠清道の土器も一部あるということです。器種は貯蔵ないしは運搬具と見られる壺類が中心です。

以上をまとめますと、考古資料からは邪馬台国と狗邪韓国との関係というのは、前時期から継続して北部九州の奴国等との交渉が主体であった。三世紀後半になると金海地域の政治的主導権が良洞里から大成洞へと移動して金官加耶が成立します。そして副葬品も楽浪郡を経由した中原系の遺物から中国東北系の遺物が中心になってゆきます。その背景には、対外交渉面での変化があり社会的変動も大きなものでした。あわせて、倭との関係も三世紀後半から土師器系の土器が出土しておりまして、さらに四世紀に入ると近畿地方を中心に分布する倭系の威信財が大成洞古墳群に副葬されるようになり、その関係性も一層強化されたというように評価できます。

石野　三世紀の邪馬台国の時代の朝鮮半島の話をしていただきました。倭国連合から魏の国に使いを出したわけですけれども、倭から魏への遣魏使が朝鮮半島の中央部にあった帯方郡の役所に寄り、そこで色々な指示を受けた上で一緒に洛陽に行っている。そういう時に見聞したもの、あるいはその痕跡あるいは反対に帰るときに帯方郡の使節団が魏の使節団と一緒に九州にもやって来ているわけで、その人たちが九州で何を見たのか、何を感じたかというようなことも含めて、ご意見あるいはご質問をいただけたらと思います。

久住　三韓の考古学については井上さんの方が詳しいので下手なことは言えないのですが、年代観的にはたぶん私の考えている年代観と井上さんのとでは若干違いがあると思われます。私のほうが少し新しくて、私の年代観は釜山大学の申敬澈さんにこの時期に関しては近いです。

土器の話は余りするなといわれましたが、今、布留式の時期の前の土器はあまり行っていないと言われましたが、少し違います。北部九州の在来系土器と弁韓の沿岸部の軟質土器というのは、一見よく似ております。ところが細かくよく見ると、わたしは今そういう作業をしているのですが、たぶん井上さんが思っているよりも、北部九州系の土器が行っています。

交流や交易はありますので少しは行っているのです。それで併行関係も分かって来ていますので、日本で分かっている年代観に当てはめてみると少し新しくなると思います。

それと石野さんが言われた魏の使い、あるいは帯方郡の使いが何を落として行ったかということについては、一応考えられるのは楽浪土器です。楽浪土器の中には、楽浪土城などで出ていないタイプの物が、今宿五郎江遺跡などの一部にあって、帯方郡の土器ではないかとも言われております。その多くは弥生時代終末でも一番遅い時代です。

石野 今宿五郎江遺跡は博多湾岸ですかね。

久住 はい、博多湾岸西側で、糸島では東側になります。しかもそれが布留0古相の段階には急に減るのです。だから、多分二四〇年代の、魏使や郡使が倭に行ったり来たりしている時までは布留0にはまだなっていないだろうというように私は考えております。

井上 今、久住さんが仰った南海岸の土器は、確かに古くから日本の弥生土器と似ている、似ていないという話はあったと思いますが、今仰っているのは久住さんの言われる終末期、庄内式併行くらいの評価ですか、それとも弥生後期後葉とかというような時期の物なのでしょうか。

久住 弥生時代終末（庄内式併行）から、古墳時代初頭（布留0式併行）の北部九州の在来系土器と韓半島南部の軟質土器は一部の特徴がよく似ているものがあって（胴部の破片だと判りにくい）、でも違う特徴もあるが、ごく一部は北部九州から行った土器があるということです。

井上 私は北部九州の土器をたくさん見たわけではありませんが、非常に似ているのは似ていますが、ちょっと違うなというところもあって、土器の話は余りするなということなので、聞きにくいのですが、久住さんの土器の編年でどうしても聞きたいことがありますのでお許しをいただきたいのですが、よろしいでしょうか（笑い）。

石野　どうぞ（笑い）。

井上　久住さんの表1には、左端が推定暦年代となっておりります。そのとなりが李盛周、今大邱にありますの慶北大学の先生をされておりますが、この李盛周さんが瓦質土器をこういう形で編年されております。Ⅰ―1からⅠ―7まであって、次はⅡ―1からⅡ―4まであるのですが、Ⅰというのはおよそ木棺墓の段階に併行するもので、Ⅱというのが木槨墓の段階になるわけです。この李盛周さんの研究を見ますと、それぞれの時期というのは凡そ、たとえば二世紀の前葉、中葉、後葉という形で、百年を三つに割って時期を区分されております。たとえば、Ⅰ―1とⅠ―2というのは紀元前の一世紀前半と後半という形になっています。Ⅰ―3、Ⅰ―4、Ⅰ―5というのは紀元後一世紀の前、中、後葉という風になっていて、次のⅠ―5、Ⅰ―6、Ⅰ―7というのは二世紀の前、中、後葉という形で、Ⅱ―1とⅠ―7というのは同じ時期になっています。確かに木棺墓から木槨墓への変化というのは、恐らく木棺墓がありながら木槨墓で出ている段階があるのでその辺りの区別、段階を分けるのは難しいと李盛周さんは仰っておられますが、ちょっと幅が広くなっているのはそういう意味なのかなと思います。その後も若干、微妙に幅が違っていたりしてます。

　私が一番聞きたいのは、こういう形で編年表が作られていますが、韓国の瓦質土器と北部九州との併行関係が分かる例があって、単に点と点だけで段階設定がされているのか、あるいは極端にいえば一〇〇点くらいあってそれぞれの段階が押さえられているのか、これらの併行関係がどれくらいの点数をもって設定されているのかというのは、私にはその設定に疑問があるのですがいかがですか。

久住　なかなかいい質問です（笑い）。先ず、北部九州のⅡB期（布留0式新相併行）以降に併行する、李盛周さんの編年のⅡ—4以降の弁辰韓の土器は西新町など博多湾岸に大量にありますので、ここからはかなり確度が高く、併行関係はあまり問題にはならないと思います。それ以前（李盛周編年のⅡ—3期以前）は確かに仰るとおり、各時期一点とは言いませんが、せいぜい数点、いや時期によっては無いとか一点ということもあります。

逆に（弁辰韓の）Ⅰ期の古いほうは勒島など半島側での弥生系土器との関係で補えるのでいいです。ところが、Ⅰ—4期からⅠ—6期ぐらいまでは併行関係の証拠があいまいです。それは仰るとおりです。

ただ、最近は博多湾岸でも瓦質土器が増えていますのでもう少し経てば、併行関係案の点線が実線になってくると思います。ただ、ある時期は一点だから編年の併行関係表はできないとか問題だとか言い出したら列島の中の併行関係の編年案も出来なくなります。

だからこれは暫定案だと思ってください。これらを批判して少しずつ修正して行けばいいのです。何時も私はそういう風に言ってきました。よろしいでしょうか。

井上　たとえば、韓国の土器が日本で出た場合の時間はどれくらい見積もるのかとか、元々土器がもっている時期幅とかそういったことを言い出したらもっともっと検証を重ねないと難しいのではないかと思います。

久住　仰るとおりです。一般の方々に土器の別々の地域の様式と、様式の併行関係推定にはいろんなパターンがあるということを話しても分かりにくいと思います。井上さんには先日私がお渡しした文章をよく読んでくださいと言っておきます。

だからこれは暫定案なので、一点でもある時期にあったら（少なくとも一部は）併行する時期がある、しかし完全に相互の様式幅どうしが併行するとは限らないと私自身が書いております。だから異論があれば出してどんどん修正してゆけばいいのです。

たとえば特に最近、山陰地方と北部九州の併行関係について島根県の研究者の方とかなり摺り合わせをしておりますので、そういうようなことも金官加耶というか朝鮮半島の研究者と話し合って行けばいいと思っております。

石野　考古学の場合、出土するものには年号などは書かれておりません。したがって、併行関係、九州の古墳と近畿の古墳が同時期であるかどうかということについては、細かい研究が必要です。土器から考えれば、鏡から考えればということになって、考古学者の集まりになると、必ず最後に喧嘩になるかも知れないくらい、一歩も譲れないという様なことになります。

ですから、土器だけでも朝から晩まで論じなければならない訳ですが、控室で私は、それを遣ると会場の人達に迷惑を懸けるから止めておきましょうということにしていた訳です。とは言っても、どうしても触れなければならない点はありますので、これは大事な点でありますので辛抱して聞いていただかなければと思います。

そういうことで、土器のことも含めて井上さんの発表を初め、朝鮮半島の三世紀段階の倭国にとっての役割について、どなたかお願いします。

高久　井上さんにいくつかコメントしたいと思います。先ほど狗邪韓国から金官国へという流れについてお話しをされていましたが、やはり大成洞29号墳の段階が金官国の成立時期に当たるということについてはほぼ問題はないかと思います。四世紀以降になると、大成洞91号墳のように、中国東北部の三燕系文物が大量に出土するようになり、注目されています。

やはり、三燕との直接的な交流関係があったのかもしれませんが、先ほど申し上げましたように、四世紀には旧楽浪・帯方郡の地域に中国東北部からの亡命豪族がかなりいるのです。おそらく、このような中国東北部からの亡命豪族と大成洞遺跡における三燕系文物の流入には関連性があるのではないかと考えています。それ以前の三世紀代にも金海地域には銅鍑などが入ってきています。

楽浪郡の古墳からも銅鍑が出土していますので、これについても楽浪郡地域との関係が背景にあったのではないかと考えています。三燕地域から直接的に金官国に流入したとみるよりは、西北部地域の亡命豪族が仲介したと考えれば、スムーズに理解できるのではないかと思います。

久住　今の、三燕系がいきなり来るわけではないというのは、金官加耶の最初の段階の話しですね。三燕系が多く入る金官加耶のⅢ段階、Ⅳ段階の話しでは無いですよね。

井上　高久さんの指摘ですが、遺物がもつ系譜とか系統とかいった問題については、確かに中国東北地方にそのルーツがあるとは思うのです。しかし、それがどういう経路で、どのルートを通じて金官加耶にたどりついたかということは、すなわちある系譜をもっているとされるモノがどのようなルートで入って来たかという流入ルートの問題というのは一概には判断が付かないことがあります。

確かに高久さんが仰る様な中国から亡命した人達の存在というのは私も今後考えてみたいところです。ただ、気になるのは、楽浪郡、帯方郡が滅亡した後に大成洞には、まだ中国系、楽浪系の遺物もありますが、そういった遺物はどのように考えられるのでしょうか。

高久　そうですね、楽浪・帯方郡滅亡後に大成洞古墳群に副葬されている楽浪系遺物については、伝世とみる説もありますが、金官国の対外交流の在り方と直結する話なので、さらに検討することが必要です。

藤井　最近、金官加耶の大成洞古墳群の88号墳で中国系の遺物が出ています。代表的なのは晋式帯金具という物で、資料集に東さんが図（第5章図4）を出されておりますが、これはベルトの飾り金具です。

晋式帯金具というのは中国の西晋王朝と東晋王朝で作られている、晋王朝の様式の帯金具なので元は中国であることは間違いありません。ただその中に三燕での模倣製品というのがありまして、大成洞のものがいかなる系譜のものかということが話題になるところです。

この晋式帯金具については学生の頃から調べておりまして、私の見たところでは大成洞古墳群から出ているものは、三燕では無くて中国製品でいいと考えております。

東さんと私は晋式帯金具の編年も年代観も全然違うので、全くつじつまが合わない発言なのですが、恐らく大成洞古墳群には四世紀の前半代、東晋の頃に作られたものが入っています。それと大成洞に入ってくるルートはどういうものかといいますと中国製、東晋のものを三燕を介して貰って来たルートは無いとはいえませんが、何か文献にあらわれない直接的な中国と金官加耶との交流も無きにしもあらずであります。また、もう一つは先ほどの高久さんの楽浪、帯方移民の人達を介して入って来るというようなルートもあるのかもしれないと思います。

一方で間違いなく三燕の馬具、馬具の中でもちょっと変わった、龍文を透かし彫りした円形の金具など、明らかに三燕というか慕容鮮卑の系譜を引く金具がもろに金官加耶に入ってきている事実があります。三燕との交流はかなり濃いのだろうと思いますが、また中国製遺物が三燕を介さないで入って来るという未知のルートもあり得るということも事実であろうと思います。

石野　晋式帯金具という、魏晋時代の晋のタイプのベルトの部品の一部が出ている、ということで、近くですと隣の広陵町の新山古墳もそうだったと思いますが、その帯金具をテーマにした話でした。

他に如何でしょうか。井上さんの図2にある韓国で有名な、北部九州を中心として分布する広形の銅矛、一メートルも超えるような銅矛が海峡を越えて朝鮮半島南部からも数点出て来ている。これは、お墓に入れられた年代からいうと三世紀で、日本列島の場合は二世紀の終り頃には終っているというのですが、九州でも三世紀代に出るのですか、久住さん。

久住　まず、広形銅矛の生産の下限ですが、その鋳型の広形銅矛の製品は出ていないですが、「関《まち》」が二重になった未知の型式、多分一番新しい型式の鋳型が小郡市の津古遺跡から出ております。それが、こちら（大和）でいいますと寺沢編年の庄内の2式から3式に併行する時期の土器と一緒に出ておりまして、鋳型にも一応鋳造痕跡はあります。

石野　庄内2式から3式といいますと凡そ三世紀ですね。

久住　そうですね、三世紀前半というあたりですね。ですから、広形銅矛の生産は二世紀末で終るということではなくて、青銅器工房群がある須玖坂本遺跡の土器を見て、青銅器生産の下限についての小文（春日市の須玖岡本遺跡群の報告書）を書いたのですが、広形銅矛は那珂八幡古墳を作る頃位までまだ作っていたと考えられます（久住二〇一二a）。

石野　那珂八幡の時期まで作っているのですか。

久住　そうです、作っていると考えられます。多分その頃に作った最後の銅矛を含めて次の布留0式併行期くらいの対馬の墓に副葬されます。対馬だけは（他では埋納用になっても）、交易する海人の首長たちは何故かしばらく銅矛を副葬します。

ただ、韓半島（金官加耶）にはそれより古い中広形銅矛、つまり一世紀位までに作られた銅矛が四世紀の墓から出てくることがあるので、対馬とも少しまた違うのです。一応広形銅矛の生産時期の下限はその型式にもよりますが、三世紀前半までは作っているということはいえます。

それと一つ付け加えさせていただきますが、倭系の威信財は巴形銅器とか碧玉製の石製品が入るまでは三世紀後半の金官加耶には一時期無いと井上さんは言われたのですが、有稜系の定角《じょうかく》というと難しい話になりますが、そういう鉄鏃が、おそらく主に北部九州で作っているものが、半島での模倣品も少しあるのですが、そういう文物が大成洞など金官加耶で出ていて、それらは博多で中心的に作っている可能性があります。威信財としてはランクが落ちますが、首長と首長の交渉の何かの印としてもたらされている可能性はあります。

石野　一つは銅矛の話でありますが、弥生時代、何となく二世紀頃で終るものだと思っておりましたが、そうでは無くて三世紀までは使われている。それは九州でも同じであって朝鮮半島のお墓から出てくる物だけが新しい時代まで使われているということではないのだ、ということのようです。これで良いですか。

久住　広形銅矛は三世紀の前半まで作っています。生産量は減っていますが作っています。それで対馬では三世紀後半まで副葬されます。朝鮮半島では、加耶の辺りだけですが、四世紀まで副葬されます。だからそれはさすがに伝世だと思います。

石野　と、いうことであります。これから後半の話はどういうことでしたか。

久住　古墳の副葬品にあるような鉄鏃は、金官加耶では少数派の鉄鏃が、おそらく博多遺跡群で作っている物、そこだけと限定はできませんが、ただ、今のところ未製品が一番出ているのが博多なのでそう考えられます。

石野　時期は何時頃ですか。

久住　私のいうⅡB期、三世紀第4四半期位、金官加耶Ⅰ段階です。

石野　三世紀の第4四半期ということは、西暦二〇〇年代の後半の時期に福岡周辺で作られた鉄の鏃が半島の南部からも出て来ている、ということです。

そのこと、あるいはそれ以外のことでも、井上さんの話しあるいはこの時期のテーマについて、森岡さん、どうぞ。

森岡　今日の話の中で、鉄器というのは話題の中心になっていましたけれども、その中でも気になるのが国内産では無い、細身の板状の鉄斧、板状の鉄鋌みたいなものがあって、それが南関東の神奈川県まで達しているという事実がありますが、その間が埋められていない状態で、ルートとして太平洋ルートなのか北関東から、つまり新潟上越→長野（北信）→群馬→南下して南関東へといった内陸ルートで越後南部辺りから入ってくるのか、そういう長距離の流入経路の想定を井上さんが具体化されているかどうかをお伺いしたい。少数例でありますので判らないのですが、鉄器生産技術として良洞里200号などで報告されているようなものとどれくらい近いかどうかお聞きしたいと思うのですが。

井上　この板状の鉄斧ですが、これは近畿の例より北部九州で、赤井手遺跡とかで出ている物だと思います。それは久住さんに教えていただいたらと思いますが、高久さんが指摘された、根塚例や、馬形帯鉤（浅川端遺跡）の例というのは本当にピンポイントなので、私の意見ではありませんが、日本海ルートのような話とかもあるのでしょうか。根塚の場合は。

石野　根塚遺跡は長野県北部の木島平村で、鉄剣の柄に渦巻きの飾りのついている剣の話です。

高久　長野県根塚遺跡出土の渦巻文装飾付鉄剣はピンポイントにみえますが、長野県では他にも弥生時代後期後半の渡来系文物が出土しています。佐久市北一本柳遺跡H33号住居址では板状鉄斧が二点出土しており、上田市上田原遺跡40土坑では鉄矛が出土しています。また、長野市浅川端遺跡で出土している馬形帯鉤もこの時期にもたらされた可能性があります。

これらはいずれも船載品であると思われますので、長野県には弥生時代後期後半頃に朝鮮半島から渡来系文物が集中的に入ってきたのではないかと考えられます。

長野県では弥生時代後期以前にも、佐久市社宮司遺跡で多鈕鏡片にともなって短冊形板状鉄斧が出土しています。これは朝鮮半島の鉄器のなかでもとても古い時期に属するもので、東日本ではとても珍しいものです。そのようなものが長野県で出土しているのです。東日本への渡来系文物の流入過程を考えるうえで、たとえ内陸地域であっても決して「長野は侮れない」（笑い）ということを付け加えておきたいと思います。

石野　長野県北部に半島系の滅多に日本列島では出ない朝鮮半島系の鉄剣やベルト飾りの話です。群馬県の樽式土器と共通する特色をもった土器が長野県北部にもあって、そこに日本列島では滅多に出ない半島系の物をもっている人達が居る、という話です。

そういう点からいいますと日本列島の中でも、出雲の弥生後期にあるといわれている土器が半島から出て来ているということも含めて、三世紀段階の倭国と半島との交流の一つに、瀬戸内ルートだけでは無くて、日本海ルートもかなりあるのではないかということは考えておくべきことだと思います。その辺を含めて、如何ですか。

久住　日本海ルートというのは、特に長野の北部の根塚に出てくるのはどういうことなのだろうという風に思うのです。先ほど「二世紀後半」といわれたのですが、多分「樽式」といわれる土器は三世紀前半までの幅はあると思います。

その部分は誤解の無いようにしたいと思いますが、日本海ルートでは出雲ですが、出雲に楽浪土器とか、その後の三韓とか三国の前半の土器やその前の無文土器でも一番新しい出雲市山持遺跡なども結構出ております。北部九州の次に出ているところです。それが西新町遺跡に半島系の土器が集中する時期になっても、山陰にだけは出る、なおかつ西新町遺跡には列島各地から人が来ているのですが、山陰の土器が一番多いのです。

山陰の人達というのは外交とか交易の特権みたいなものがあったのではないかと私はすでに書いておりますが、これは眉つば的な話に聞こえるかもしれませんが、古墳時代前期前半に前方後円墳は山陰地方、日本海側の途中まで無いのですが、そういうことと関係があるのかなと。つまり北部九州というのは出雲が統括する日本海ルートと瀬戸内・近畿ルートと両方の接点で、うまく立ち回っているのではないかというのが「博多湾貿易」の段階で、山陰の出雲を中心とした勢力が、これは倭人伝につながる話しにして行かないとわかりにくいと思いますので、敢えて言いますが、私は出雲が「投馬国」であると思っています。

そこを経て日本海側からあちこちに、半島系の文物が行き、あるいは近江系土器が金海にあるのも、特異な鉄器が長野に行くのも多分そういうルートの関係かと考えます。

石野　邪馬台国が近畿にあっても無くても、あるいは、九州にあっても無くても、三世紀の卑弥呼、台与の時代に近畿が朝鮮半島、中国大陸のことを全く知らない、ということは無いだろう、と思うのですが、それに関してどなたか如何でしょうか。

具体的には楽浪系土器とか、伽耶系の土器とかが、奴国や伊都国の博多湾岸の地域にはかなりたくさんあるようです。しかし、楽浪系の土器があるといっても土器片が二つか三つあるのと、数十点、あるいは数百点あるのと交流の濃度が全く違います。あるか、無いかだけでは歴史にならないので、煮炊きに使う物も食事に使う物も全部セットで、狗邪韓国の物、あるいは帯方郡の物がセットで来ているのか。あるいは特定の器だけがある時期にドッと来ているのか、どれくらいの質、量なのか、その辺、久住さん教えていただけますか。

久住　それは非常に難しいことですが、今回表を出してないのですが、半島系の土器は、時期が良くわからない包含層とか溝から出た物を除いて、時期がある程度限定できる物を各地域各地域で数えた表を、二〇〇七年の「博多湾貿易の成立と解体」という論文に載せております（久住二〇〇七）。

それからいいますと、今までに西新町遺跡はその後の調査資料がさらに蓄積されて、またさらに原の辻遺跡では長崎県の古澤義久さんが、出土遺物のパンケースを全部ひっくり返して調査し直しましたので、またたいぶ増えてしまいました。新たに表にするのが（笑い）馬鹿らしくなってきたのですが、取りあえず全体的な傾向で行くと弥生後期から終末期は原の辻やカラカミ遺跡がある壱岐では、三韓土器と楽浪土器が両方ともたくさん出ます。ところが三韓土器は博多湾岸からも出るのですが、楽浪土器の方が多い傾向にあって、その中でも糸島に楽浪土器が集中する。さらにほとんどの遺跡では、楽浪土器に関して鉢（椀・坏）類、三韓土器に関しては壺が多いのですが、糸島西部の深江井牟田遺跡と三雲に関してはいろいろな器種が出ています。

なので、特に三雲に関してはまさに「郡使註まる所」ではないかといわれています。特に三雲の番上地区という所でたくさん出ています。ただ問題は、番上地区は卑弥呼が魏と交渉した時代（ⅠB期）には楽浪土器が出るような土器溜は無くなっていくので、（その時期の「群使註まる所」は）三雲でも多分別の地区に移ったのではないかと思います。

次の、私が「（前期）博多湾貿易」とする段階（ⅠB期からⅡA期）になると、楽浪土器は急に無くなっていっているという感じです。その代わりに今まで半島でも南の方、東南部（弁辰韓）の土器が多かったのが馬韓という、韓半島の西南部から西部、全羅道から忠清道の土器が博多湾岸で出てきはじめた、それがある段階（ⅡB期）から西新町に集中します。他のところでも出るのですが、西新町に異常に集中するという時期（ⅡB期からⅡC期、布留0式新相布留1式期）が確かにあります。

ただ、その時は原の辻にも半島系土器はまだ結構あるのです。だから原の辻を中継して西新町に集中する。そして西新町には日本列島の西側の各地の人がたくさん来ている。その中でも山陰の人が最もたくさん来ている。ただ、吉備の人、河内の人、大和の人、播磨の人もそして四国の人も来ているというような状況です。

ですから西新町の列島内外の土器の出方は異常であるといえます。ある時対外交易を西新町に集中させる何か、力というかシステムがあったわけです。その前の弥生後期の段階でも壱岐と糸島をそれぞれ一つのゲートとして、対外交易は他のところでも行われますが、中心的なのゲートとして受け入れる場所があり、そこから別の場所に集散するというシステム（「交易機構」）があったのではないかと私は考えておりますが、それぞれ自由に行っているという説（論者）もあります。

石野　西新町は福岡市の地下鉄の駅の名前にもなっていると思いますが、そこが一つの貿易拠点である。原の辻は壱岐の有名な遺跡です。ということでそろそろ次のテーマに移りたいと思います。森岡さん、お願いします。

テーマ３　倭からみた楽浪・帯方と魏
――倭人から邪馬台国への躍動――

森岡秀人

１　東アジアの歴史変動と倭人列島との交流

まず東アジアにおける異方向の歴史変動という観点から話します。中国は統一と分裂が繰り返された国家という特質があり、日本列島に継起した倭国はその第一次分裂期に逆に統合化の姿をみせます。この真逆の動きをみせる時期に卑弥呼は生き、彼女の生誕地である邪馬台国が存在しました。中国大陸における分裂の兆候は、後漢中平元年（一八四）の黄巾の乱の発生であり、後漢の政体が大きく揺らぎ始めました。その三六年先には、後漢王朝が完全に滅びます。黄初元年（二二〇）のことであり、替わって魏王朝が誕生しました。魏王に献帝が禅譲し、魏・蜀・呉三国鼎立の時代が始まったのです。正確には、蜀の建国は二二一年、呉の建国は二二九年のことです。

遠く隔たったヨーロッパでは、紀元二三五年、ローマ帝国が五賢帝の時代を終え、軍人皇帝の時代を迎えています。その後、帝国は分裂の方向へと向かい、二八四年のディオクレティアヌス即位で、さらに促進されることになります。ササン朝ペルシアがイラン高原のパルティア王国（『後漢書』に登場する「安息国」）を滅ぼしたのが紀元二二六年ですから、これもよく似た時期の滅亡劇と言えるでしょう。パルティア王国は、その土地で四〇〇年以上も続きましたので、前後の漢王朝期と時間的にもオーバーラップした命運を辿っています。インドに侵攻したササン朝はその北西部のクシャーン朝に急迫しました。中でも東アジア世界において長期間継続した漢帝国が消え去ったことは、外交権の一統化を進めようと飛躍した倭国情勢とは裏腹な状況をもたらしており、日本列島を中心とする倭人勢力は東夷の世界で目だった存在となっていました。

次に、長期間にわたる楽浪郡と倭人列島の交流に話題を移します。衛氏朝鮮の武帝攻撃による滅亡が契機となり、そのエリアを中心に漢の直轄地として郡県制が敷かれ、四郡が置かれました。すなわち楽浪郡は真番郡・臨屯郡とともに漢武帝元封三年（前一〇八）に開かれました（『漢書』地理志）。翌四年（一〇九）には玄菟郡が設置されます。地理志の註を重視して、遠隔地になるため、一年遅れたと考えられている点（佃一九九八）にも留意する必要があります。平壌市付近に楽浪郡治所があり、漢の直接支配が始まりました。しかし、昭帝始元五年（前八二年）には、臨屯・真番の二郡が廃止され、遼東の地に玄菟郡が移されて、直轄支配のやりよい楽浪郡のみが残り、領域を狭めつつ後漢末まで継続しました。その後は公孫子の支配下に置かれます。

倭から見た楽浪郡は中国文明が入って来る流入の窓口であり、楽浪文化の刺激は日本列島の弥生時代中期後半以降の社会進化に多大な影響を与えました。一方、倭人情報、列島事情は楽浪郡を通じて、前漢・新・後漢にもたらされ、紀元後はそれぞれが対外交渉の相手として認識し、具体的なクニや倭国王らが登場する具体相となって外交関係が飛躍します。

『後漢書』郡国志によれば、洛陽から楽浪郡まで「五千里」とみえます。実数ではなく、前漢の東夷管掌の基地として理念的に重視された場所との認識の顕れと思います。楽浪郡管轄下の二五県に関する戸口数（紀元前四五）と前年度比の増加や減少が記載された「楽浪郡初元四年県別戸口統計簿」木簡は貴重な史料ですが、前漢王朝の文書行政方式や各地の実効支配のシステムが遠い地域にも汎用されていたことが知られます。楽浪との接触は漢式器物の招来に繋がり、中国の商人や官人も往来する切っ掛けをなしたと考えてよいでしょう。勒島遺跡などは楽浪郡設置段階前後、交易経路の拠点地として栄え、朝鮮南部と楽浪郡、北部九州を強く結び付け、漢式鏃・前漢銭貨・楽浪系土器や多数の弥生土器が集中し、その機能の高まりを教えています（井上二〇一四）。

漢字文化や漢系文物の南下は韓半島南東端の茶戸里古墳群一号墳の前一世紀頃の出土資料、中でも筆や刀子などの存在が明証しています。伽耶の昌原地域が韓半島と倭人列島を緊結する鉄をめぐる重要なルート上の拠点として注目されます。金海地域は二世紀には良洞里遺跡、三世紀中頃前後からは大成洞古墳群が営まれ、鉄・鉄器供給の中枢を担い、楽浪から帯方へ変化する過程でも同様に交易ルートであり続けました。「倭韓交易」という視点で考えるなら、主たる交換の資源は韓の鉄と倭の穀物・木材（船材）を第一に挙げること（田中史二〇一六）も頷けます。「鉄は農具や工具となり、輸出される穀物や木材の生産、加工を大いに助ける」関係を相互依存状況とした田中史生さんの見立ては正鵠を射ていると思います。いずれにせよ、楽浪郡自体は後漢末の混乱により支配機能の低下を招き、周辺諸民族が郡から自立できるほどに弱まっていきます。

2　楽浪・帯方と公孫氏

楽浪から帯方への動きと公孫氏の活動をみてみましょう。遼東に勢力を持った公孫氏は、二三八年に魏に滅ぼされるまで、倭にとって大きな外交相手であり、近隣の驚異の一つでもありました。二三二年には、呉は対魏戦の背後に盤居する公孫子と結ぶ工作も行っています。

『三国志』公孫度伝には、遼東太守となった公孫度が東の高句麗、西の烏丸を攻め、初平元年（一九一）には漢王朝から独立し、遼東郡の分割などを行っています。二〇〇年代に入り、建安九年（二〇四）には、公孫度から公孫康へと交替します。そして、楽浪郡を二分して南部分に帯方郡を置いて、半島勢力の韓と濊を討ちます。朝鮮半島の経営、郡県支配を好転させた結果、「倭と韓は遂に帯方郡に属す」ことになります。属国化したわけではなく、漢王朝、漢の出先機関との交流が久し振りに絶たれたと考えてよいでしょう。帯方郡の位置については諸説がみられますが、『漢書』地理志の楽浪郡含資県に付く原註「帯水（漢江）西し、帯方に至りて海に入る」に基づく、漢江河口の現ソウル付近という有力説よりも魏晋代の塼室墓が集中する黄海道が該当地域と考える移動論（田中俊二〇一四）に私は与します。卑弥呼の治世前半期は、この帯方郡を介して公孫子の政権との通交を余儀なくされたと思われます。魏は西方戦線の蜀の威圧が和らぐと、景初二年（二三八）六月に追討軍を遼東に向かわせ、康の子、公孫淵を撃って二郡を支配下に治めました。この六月の卑弥呼による魏使派遣はすこぶるタイミングの良い行動で間髪を入れずに、戦闘の激戦中に帯方郡陥落下で通交関係が開かれた公算（田中史二〇一六）は十分高いと考えています。こうした国交の急転回が奏功したことは言うまでもありませんが、公孫氏と倭の交渉で銅鏡の授受など、対魏関係に継承されたことにも注意したいと思います。

周辺に散在する諸国の君主が中国皇帝から冊書を拝受して王・公に封ぜられる関係、つまり中国皇帝と君臣主従の関係を取り結ぶと外藩になりますが、それを冊封の関係、冊封体制と称しています。漢の異民族に対する支配構造の秩序は、①内臣、②外臣、③外客臣、④絶域朝貢国、⑤隣対の国の区別があります。例えば、②は後漢光武帝の建武中元二年（五七）の朝貢記事段階、後漢安帝の永初元年（一〇七）の倭国王帥升等の生口一六〇人献上などがあたるでしょう。

3　銅鏡研究と邪馬台国

後漢・三国・西晋段階の銅鏡事情に話を転じます。最近、この時期の銅鏡問題を進化させる論文が若手研究者から次々と発表されています。私見とも近い部分があるので、その成果に言及して、あらためて二世紀後半〜三世紀前半の楽浪・帯方・魏と倭との対外関係とどう擦り合わすことができるかについて、考えてみようと思います。鏡は日常必需財ではなく、一定の外交関係の下、盟主となった首長が一括入手する可能性が高い器物であります。一方においては、地方首長が大陸・半島との交流で経済的側面からも単数面の独自入手の機会を持ち得るものであって、東アジアの社会関係における倭の位置をなにがしか反映しています。三角縁神獣鏡は出現の上限が二四〇年前後の前者に帰属する銅鏡群であるとみるのは穏当な見方でしょう。その紀年銘鏡の集中する年代の一〇年余は特化されるものであり、その前段には魏青龍三年（二三五）銘の華北産方格規矩四神鏡が三面存在し、注意を促されます。

それらは魏と倭の正式折衝の駆動を魏からの働きかけにより日本列島に招来された記念物と考えており、その年は対蜀関係の西方戦線に収拾の節目ができた魏王朝にとっては政治戦略の転向点と言えるからです。したがって、公孫氏政権との外交を続ける倭に対する外圧的とも思える下賜であったのですが、卑弥呼政権がこれを直接授受したことを積極的に高唱する証左はまったく乏しい。大阪府安満宮山古墳の北近畿的様相に着目すれば、丹後など近畿北部勢力が単独一括入手を果たした鏡の蓋然性も大きく、最終副葬地においては年代も共伴銅鏡種も複雑な絡みの出てくる年代の下降を示します。こうした鏡種に先行する銅鏡群は後漢鏡の範疇で理解されることもありましたが、現今では後漢から魏への王朝交代を跨ぐ鏡として、その変化過程や製作動向、流入過程が時間的にも積極的に細分されている現状です。

上方作系浮彫式獣帯鏡・四乳飛禽鏡・斜縁神獣鏡・斜縁四獣鏡などを包括して「斜縁鏡群」と称されますが、三段階の製作変遷と実年代観が示されています（實森二〇一六）。すなわち、第一段階（上方作系浮彫式獣帯鏡六像Ⅰ式・四像Ⅰ式、四乳飛禽鏡A式）二世紀後半～一二〇年→第二段階（上方作系浮彫式獣帯鏡六像Ⅱ式・四像Ⅱ式、四乳飛禽鏡B式、斜縁神獣鏡Ⅰ期、斜縁四獣鏡）三世紀前半→第三段階（上方作系浮彫式獣帯鏡六像Ⅱ式〔途中まで〕・四像Ⅱ式、四乳飛禽鏡C式、斜縁神獣鏡Ⅱ期）三世紀中頃～二六五年の推移であり、列島流入の契機となった対外関係では、公孫氏との通交が重要視されています（實森二〇一二・二〇一五）。

画文帯神獣鏡については、特に環状乳神獣鏡の製作動向の研究が深化してきましたが（村瀬二〇一四・二〇一六a・二〇一六b）、公孫氏との関係が直截に示唆された点は慎重な検討がなお必要なものの大変興味深いものです。先に公孫氏滅亡の紀元二三八年に触れましたが、そのことにより「朝鮮半島における楽浪・帯方郡の実質的掌握が公孫氏から魏の直営となったことで、魏都洛陽の華西系作鏡集団が、朝鮮半島に配置された可能性」が考えられるようになったのです。これらは当然三国鏡であり、生産体制の再編が遂行され、グループ五の作鏡工房が倭国向けの生産活動を進める過程で、併行して三角縁神獣鏡が生産されたと説かれています。注目したい考え方です。

さて邪馬台国の位置は、生得的に考えてよいのではないでしょうか。最後に、邪馬台国論争とも関わる私の考え、立場を表明しておきたいと思います。邪馬台国は、中国中原から見て絶域の地、東夷の端のクニであり、その僻遠の地からの中国皇帝への手厚い朝貢は礼節のある蕃夷国と映ったに違いありません。中華の天子の徳を慕う国は隣国では価値が低く、遠国には高い評価が加えられていました。ましてや魏には呉・蜀との抗争の段階から東方戦略の最東端の要の地としての認識が形成されていたのです。それは距離にも反映されますが、実距離ではないと考えます。だから、倭人伝の里程記載が実際の距離と矛盾もきたす完数値であり、行程上は邪馬台国に到達する直近の部分（一千三百里）が最も端数処理がなされています。さらに言えば、端数が表に出ないような「陸行」「水行」表現に変換されており、遠絶感がより高まる手段と日数の組み合わせ記述に切り替わっているのです。

結果として、邪馬台国位置論争そのものが空虚な存在となります。邪馬台国はアプリオリに列島のより東の地域で考えられてよいと思います。机上的な話で済ませようとしているのではけっしてありません。古代中国の世界観そのものが非常に理念的なものであり、そのことへの喚起は既に東洋史的な研究では幾人もの研究者が論じているところです（渡邉二〇一二、東二〇一二、仁藤二〇一四、森岡二〇一五）。

『後漢書』西域伝にみえる西方絶域の大月氏国は、洛陽から「万六千三百七十里」の遠方に位置しますが、やはり観念上の距離数値とみられます。いずれにせよ、蕃夷の強化を目指した王化思想とも表裏の関係にある遠隔支配の原理が貫徹されており、東縁の海外である倭の邪馬台国は中国君主の高い徳が及ぶ土地として観念され、朝貢品以上の回賜の品目が官営工房生産には賜され、官職や銀印はその使者にも与えられました。種々の品々をあげる時間の余裕は既にありませんが、魏の官作の工芸品には目を見張るものがあったことでしょう。中国鏡の求心地の転移する時期や鏡種を考えれば、近畿の中央部に邪馬台国の比定地を求めることはまったく自然な算段です。

〔引用・参考文献〕

東　潮　二〇一二『邪馬台国の考古学』角川選書

東　潮　二〇一五「魏志東夷伝のなかの邪馬台国」『邪馬台国　古代史研究の最前線』洋泉社

井上主税　二〇一四『朝鮮半島の倭系遺物からみた日朝関係』学生社
河内春人　二〇一四「三世紀の東アジア・概論」『歴史評論』七六九　校倉書房
栗原朋信　一九九八「漢帝国と周辺民族」『岩波世界歴史』第四巻　岩波書店
實森良彦　二〇一二「斜縁神獣鏡・斜縁四獣鏡の製作」『考古学研究』第五九巻第三号　考古学研究会
實森良彦　二〇一五「上方作系浮彫式獣帯鏡と四乳飛禽鏡の製作と意義」『FUSUS』七　アジア鋳造技術史学会
實森良彦　二〇一六「漢末三国期の斜縁鏡群生産と画像鏡」『ヒストリア』第二五九号　大阪歴史学会
田中俊明　二〇一四「三世紀の朝鮮半島」『歴史評論』七六九　校倉書房
田中史生　二〇一六『国際交易の古代列島』角川選書
永田英正編　一九九八『アジアの歴史と文化』一　中国史―古代　同朋社
南健太郎　二〇一六「漢・三国・西晋期の銅鏡編年に関する新視角―特に方格規矩鏡と内行花文鏡について―」『ヒストリア』第二五九号　大阪歴史学会
村瀬　陸　二〇一四「環状乳神獣鏡からみた安満宮山古墳出土一号鏡」『「いましろ賞」入賞論文集』高槻市教育委員会
村瀬　陸　二〇一六a「菱雲文に着目した同型神獣鏡の創出」『古文化談叢』七七集　九州古文化研究会
村瀬　陸　二〇一六b「漢末三国期における画文帯神獣鏡生産の再編成」『ヒストリア』第二五九号　大阪歴史学会
森岡秀人　二〇一五a「卑弥呼治世に向けての倭国の変動」『邪馬台国　古代史研究の最前線』洋泉社
森岡秀人　二〇一五b「倭国成立過程における『原倭国』の形成」『纒向学研究』第三号　桜井市纒向学研究センター

渡邉義浩　二〇一二『魏志倭人伝の謎を解く』中公新書

石野　どうも有難うございます。森岡さんには、発表者であってもなくても第一回の二〇〇一年から本日まで毎回参加してくれております。それでは、暇なのかといいますと、全く暇では無くて、あちこちの会の会長とか役員なども引き受けておりますので大変忙しいのです。そういう環境でありましたが毎回参加してくれております。

本人にはいっておりませんでしたが、この一七年間続けてきたまとめという意味をこめて、倭から見た楽浪、帯方、魏、つまり、日本側から見た大陸、半島の状況というテーマを無理やり頼みました。ということでこのテーマに付いて皆さんのご意見をいただきたいと思います。鏡に付いての話が出ておりました。福永さん、願いします。

福永　今日は若い方の東アジアのご研究の進展を伺いながら凄いなと思いました。私は古墳の研究をしていますので、古墳から見たヤマト政権成立過程と東アジアの動きをどういう風に結びつけたらいいのかということを、先ほどからズッと考えていまして、どうもうまく結び付かないという部分も感じていました。今日帰ってから自分なりにチェックしようと思って、先ほどから黙っていました。

話が戻って恐縮なのですが、先ほど井上さんのお話をうかがっていて、朝鮮半島の南東部のエリアに二世紀後葉ころから九州系の貴重品が入って行く、その後四世紀に巴形銅器とか碧玉製の鏃形石製品であるとかいわゆる畿内系の貴重品が入って行くまでの間が空いているので、その間の交流はどうなっているのだろうと考えていました。久住さんは先ほど有稜系的な鉄鏃があると仰ったのですが、それはハッキリ言えば小物であって、それが半島に渡っていたとしても大きな驚きではありません。初期ヤマト政権の精良な仿製鏡などは半島に入らないですが、その後やや間をおいて巴形銅器の様な貴重品が入って行くようになるのです。その辺りの九州系から畿内系といわれる物に移行するプロセスと日本列島のヤマト政権成立過程のプロセスをどういうふうに、連動させてとらえたらいいのか、ということを先ほどからズッと考えて何も喋れなかったのです。

また、森岡さんのお話の中で大変驚いたのは、景初二年の六月に卑弥呼が既に朝貢に行ったという理解ですが、これはかつて古田武彦さんも指摘されたと記憶しています。ただ、魏が公孫氏を最終的に討伐したのは、確か景初二年、二三八年の八月であったと思いますが、そうしますとまだ、魏が公孫氏と最後の一戦を交えている六月に卑弥呼が朝貢して、どういうルートで行ったかは別として洛陽まで無事に行って、戦後処理をしている取り込み中に卑弥呼が、先ほどの来村さんの言われたみすぼらしい品々を持って行って、あれだけの厚遇を受けるという状況というのはチョット想像できないところがあるのです。さらに卑弥呼の使いが魏から帰ってくるのが正始元年（二四〇）という年なので、では景初二年から行って、正始元年まで向こうで何をしていたのかという気もしますし、この点については森岡さんのご意見を改めてお聞きしたいと思います。

それと鏡の問題は、京都大学の岡村秀典さんがいわゆる漢鏡7期という、二世紀後半以降の後漢代の鏡について詳しく編年をされて、漢鏡7期を三段階に分けて、第一段階は上方作系浮彫式獣帯鏡などを中心とするもの、第二段階は画文帯神獣鏡を中心とするもので、そこまでが後漢鏡であって、その次が三角縁神獣鏡という魏の鏡が出てくる段階だと整理されました。一方、最近の若い方の研究では、明確に第一段階、第二段階と分けられるのではなくて、ともに日本列島に入ってくるのは基本的に二世紀末の邪馬台国の時代からであるという風に割とシンプルに整理をされております。岡村さんは第一段階の段階では邪馬台国の活動といいますか、覇権というのはまだ成立していなくて、第二段階になって成立して行くのだという段階差を設定されていたのですが、最近の若い方の編年がもし合っているとすれば、少し岡村さんとは違って邪馬台国の中心性の成立は、上方作系獣帯鏡や画文帯神獣鏡などがともに一気に流入してくる二世紀末という時期が強調されてくるのだと思います。

それで森岡さんに伺いたかったのは、楽浪の地域で公孫氏が実権を握って、そこで独立政権的なものを打ち立てる二世紀の終わりから、楽浪郡南部に帯方郡を設置する三世紀初め、建安年間でしたか、そういうころから、最終的に西晋が成立する二六〇年代に至る間の朝鮮半島を含めた動きと日本列島のヤマト政権、或いは古墳時代成立過程がどういう風に連関させて整理出来るのかということです。これを時系列で整理して頂いたら大変ありがたいと思います。よろしくお願いします。

石野　では森岡さん。

森岡　いや、整理が簡単に出来るなら、入り組んだ話をすることなかったわけです（笑い）。歯切れの良い年表を作るようなことは出来ないので、この様な言い方になったのですが、まず、疑問に答えるとしたら、一つは、私が景初二年というのを重視しているのは、やはり青龍三年の影響が強くて、日本列島の倭人は青龍三年鏡の流入時点で東アジアの魏を中心とする政治情勢に疎いのではなくて、かなり鋭敏になっていたのではないかと思います。でないと一個所から三面入ってきている可能性が高いと考えられますから、それが踏み返された鏡というような議論になると少々複雑になってくるのですけれども、いずれにしても青龍三年という二三五年段階には、卑弥呼が東アジアの中国蜀、魏停戦情勢も含んで理解して積極的に朝鮮半島の公孫氏との連携を止める動きが熟してきたので、当然早くに、戦場に近いところになるのでしょうか使者が不具合な場にも赴き通過する、これは田中俊明さんの御意見も基礎に置いているところがあって、私はそれに乗っかっているところがあるのですけれども、タイミングが良いということを、二三八年という年代もタイミングが良い、二三九年も当然タイミングが合ったと思いますが、先行的に二三八年という時に積極的に韓半島に出て行っているという風に理解しています。これを誤植とか年号違いとかよく言われて、私たちは少数派でして、一〇〇人おれば九九人が景初三年と言われてかなり曲解されています。福永さんにはここに至って大事なことを聞かれているなと思います。これは答えられないというか、そういう考えに基づいているということであります。だから根拠を持って二三八年説に拘っていませんし、むしろ来村さんに、中国の魏の眼から見た時にどう考えられるのかということをお聞きしたい位です。それと日本の古墳時代の始まりとの関係ということになりますと、実年代が出てきますので、私の年代観を申し上げますと、基本は都出比呂志さんと福永さんの考えのように、庄内式を古墳時代には置かないという立場ではないということです。基本的には古墳時代の出現期の研究で大阪文化財センターが出されました本『古式土師器の年代学』（大阪府文化財センター二〇〇六）がありますが、あれを西村歩さんと編集した時に、区分としては庄内式以降を古墳時代と捉えて編んでおります。その点では画文帯神獣鏡と三角縁神獣鏡あるいは青龍三年鏡を含めて基本的に古墳時代からの動きと言う理解に立っているのです。継承性のある授受銅鏡で分断される時代区分というのは少し抵抗感があったということです。都出さんが強調される布留式土器の始まりというのも重要ですし、前方後円墳の巨大化、弥生墳丘墓との隔絶性というのも要点でありますが、私としては庄内式土器を出すものから大型前方後円墳不在の古墳時代ということを考えておりますので、その違いは明確にあります。そのような考えで咀嚼すると西暦二三〇年までの時期、二二〇年代、二一〇年代の公孫氏の活動期で、こちらの情勢がつかみにくいところがあるのですが、定点の一つは中平年銘の東大寺山古墳出土の鉄刀がアクションの大きな段階で「中平」年銘の時期に日本に入ってきていると考えていますので、その起点が古墳時代の始まりに近い卑弥呼政権の揺籃期と理解してもらったらよいと思います。時代区分をその辺りに置いています。その点は久住さんが言われた年代観とそれほど不整合では無いと思います。一八〇年から一九〇年位から土器の上では庄内式に入って古墳時代が始まるという風に考えています。したがって、画文帯神獣鏡などは原則的に一九〇年以降に比重がみられる入り方と捉えています。それは福永さんの編年観にも鏡の上では矛盾しないと思います。二世紀の末から三世紀の初めに潤沢に画文帯神獣鏡が求心力をつけるグループも含め導入されているということです。いずれにしましても、その起点、二三五年のインパクトがやや遅れて起っているのが私としては解決できないところで、本来二三五年鏡以前に鏡にもう一つ大きなインパクトがあっただろうと、それは上方作系獣帯鏡の分布状態、六像鏡と四像鏡、面径で中心性とか周辺性を考える福永さんの考え方は既に出されておりますので、画文帯以前、あるいは画文帯に併行する段階に、格差付けで言えば当然小さな鏡と大きな鏡等の流布している流通の二段階とか二重性とか或いは三重性と言っていることにも注目するものです。その中に銅鐸片を入れたりするのが福永説の俯瞰で私の異論ありとするところです。鏡と銅鐸片がほぼ同じサイズという点でランク付けをされていますが、銅鐸片などは省きたいなと、銅鏡システムと銅鐸片が入るのとは青銅器のシステム、格差付けの表示の中では弥生時代を研究している者から言いますと、違和感が多少あるということです。手際よくなにか段階を説明していないかもしれませんが、私が今思っている事柄を縷々述べましたので、来村さんとか福永さんとか、あるいは韓半島を究めておられる二人の方にお聞きしたいです。私は聞き出し役でいいという風に聞いたと思っているので、いろいろと聞くチャンスを頂いたのは大変ありがたいと思っています。

石野　では、来村さんどうぞ。

来村　森岡さん、私を頼られている雰囲気がしますが、私は福永さんと全く同じ意見です。景初二年、三年問題は、私の図2をご覧いただいたら良いのですが、三国志がどのような形で伝わって来たのかということを上げています。こういう風な正当な流れ以外に『梁書』や『日本書紀』の中に魏志倭人伝を含めた三国志が引用されている。その中では「三」という数字を出しています。そんなことを根拠に三年もありうるのではないかということなのです。

それと状況証拠ですが、二年の六月といえば、まだ公孫氏が生き残っています。それでいて、この六月の段階で太守劉夏と書いています。ですから、このままの状態でしたら、二年の六月の段階で、魏の勢力が遼東を放っておいて朝鮮半島に渡り帯方郡を乗っ取っていたことになる。それでないと、この状況は生まれないということです。

実際、公孫氏を滅ぼしたのは五丈原の戦で、孔明と対峙しました司馬懿、仲達です。彼が軍を率いて進んだ行軍経路は図1に挙げたような郡を縫う経路でして、今の北京辺りから渤海の北の沿岸を通り、そして遼河の方に進んでいます。このルートからしましたら帯方郡は後ろの方になりますので、今いったような展開は無理ではないかと。先ずは遼東を制覇してから楽浪そして帯方を制覇するということになります。こういうふうなことを考えましたらチョット景初二年六月は無理ではないかと思います。ですから三年の方が良いのではないかと思います。

ここでチョット暴れさせていただきます。攻撃対象は福永さんなのですが（笑い）、受けて立っていただけるでしょう。

いわゆる三角縁神獣鏡イコール卑弥呼の百枚の鏡説についてです。難升米たちが六月に帯方郡に行ってから二カ月くらい洛陽まではかかると思います。ですから、八月か九月位に洛陽に到着したことでしょう。この斉王の詔書が出ているのが十二月です。九月に到着したとしても、九、十、十一月位で百枚の鏡を仕上げないといけません。

私は東大阪・上田合金の上田富雄さんでしたか、銅鏡を作っておられる所ですが、あそこで見ておりましたら数時間で銅鏡ができましたので、銅鏡を作るのは簡単だと思うのですが、ただ銅鏡を作る際に「范」といいますか、鋳型を作らないといけません。鋳型というのは「模」という銅鏡と同じ形の製品を造ってからそれに粘土をあてがって范を作り、それに銅を流し込むという行程ですので、先ず模を作らないといけません。ですから模を作ってそして鋳型を作って銅を流し込んで百枚の鏡を作ることになります。模があればいくらでも同じ范は作れます。

董卓が洛陽を焼いたといいましたが、その時からこの二三九年までは大体四〇年余りあるのです。ですから後漢時代に盛んに行われておりました洛陽の工官、官営の工場は復活していたことでしょう。

その官営工場で銅鏡を作ったわりには出土した銅鏡の形式が少しずつ異なる。何故、違った形式の物を敢えて作ったのか、普通一気に作るのであれば、同じ模から作るはずでば、百枚程度なら、全く同じ物が作れるはずです。この辺のところ皆さん疑問に感じておられると思いますので、是非お答えいただきたいと思います。

福永　ありがとうございました。鏡の話は細かくなるし、時間もかかるのでと思って今日は出来るだけ避けていたのですけれども、まず、卑弥呼に対する詔書が出るのが、仰る通り景初三年十二月です。そこで銅鏡百枚を与えるということになりますね。まず、大前提として卑弥呼の使節が洛陽まで行ったのが何時かということですが、これは情報がございませんので、それが十一月に行ったのか途中で寄り道をして十一月に行ったのか、もっと早くに行ったのかということはわかりません。それで皇帝が卑弥呼を親魏倭王に制詔して、特に良いものを賜うということで、鏡とかを与える件の詔が出たのが、十二月ですね。それで鏡は十二月までに全部そろっていないといけないのか。それとも翌年、景初三年には後の十二月があってその後正始に改元するのですけれども、この翌年の正始元年になって遣使は帰ってくるわけです。ですから、鏡百枚は向こうを旅立つまでに基本的に用意ができていればいいのではないかということで、私は必ずしも詔書が出た十二月に揃ってないといけないという風には考えておりません。ですから景初四年鏡とか正始元年鏡などが最古段階の三角縁の一群の中に含まれてくるのはそういう事情なのだろうと思っているのです。

それで、どうして少しずつ違う物を製作したのかということですが、これはわからないのですが、基本的に三角縁神獣鏡は画文帯神獣鏡を作ろうとして出発して、文様を簡素化しながら最終的に粗悪なと言いますか、日本の鏡に比べればずっと良いのですけれども、中国の画文帯神獣鏡などと比べると随分模様の簡単な鏡になって定形化するわけです。おそらくそれは、沢山の鏡を早く調達しなければならないという要請だったと思いますが、やはりいろんな流派の工人が参加しておりますので、その流派によってそれぞれ表現が違ってくるということは岸本直文さんが指摘されている通りで、まずデザインが違う理由としては流派の違いということがあります。それからおもには同型鏡の技術で作っているのですけれども、やはり幾つかの文様パターンのものを並行して複数の型で作る方が一つの型を一つのグループが使いまわして作るよりは効率的に鏡が得られるのではないかと思います。そういう点で、早く沢山の物を作るために幾つものチームの、流派の違う者が関わってさらに同型鏡の技術を駆使しながらなるべく早く百枚の鏡を調達しようということで、少しずつ文様が違うのができたのではないでしょうか。しかし、文様が違っても非常にシンプルな神像や獣像ですから、画文帯神獣鏡の様には時間はかからなかっただろうということでなんとか正始元年の帰国までに間にあったのではないかと、これくらいに考えています。

来村 王仲殊先生の論著の中に『漢代考古学概説』（中華書局、一九八四年）という不朽の名作がありま
す。この中でとりあげられた後漢時代の漆器に漆の職人の名前とかあるいは組織が克明に記されています。王先生が復元されておりますが、かなりまとまった組織をもっています。いわゆる工官といわれる国家工場でありまして、そこでは分業化が物凄く進んでいます。

ですから、一人で作っているのではなくて、それぞれ工程ごとに職人がいるのです。そういう風に組織が確立されている中で、先ほど福永さんが仰った流派というのは、存在しえないのでないかという気がするのですけれども。

福永 これは岸本直文さんが小林行雄さんとは違う観点で三角縁神獣鏡を分類されました。小林さんは神獣像配置で基本的に分類、編年されたのですが、岸本さんは神獣像の表現の特徴が明らかに個体によって違っており、しかもそれがてんでばらばらに違うのではなくていくつかのグルーピングが出来ることから、幾つかの流派があるのではないかと考えられたのです。いくつかの流派があるというのは、その工人のあり方にも関係していると見ています。三角縁全体に共通している単位文様などはありますが神獣像という点では幾つか流派があって、その流派の分業で三角縁神獣鏡が作られてい

るのではないかということです。

青龍三年、二三五年には荒れた洛陽宮を大修築するということで、魏の明帝は、結構変人だったようでして、巨大な青銅の像を洛陽宮の周りに建てることを考えます。周囲の群臣たちが止めてもおれはやるのだと言ってそのようなものを建てるのですね。そのようなやり過ぎではないかというような大修築を始めるのが二三五年で、その時に、これは福山敏男先生が既に指摘されていますが、かなり青銅器工人を地方から徴発したと思われます。

三角縁神獣鏡というのは後漢の正当な鏡を引き継いでいる物とはいえず、後漢鏡のデザインを、真似をしながら、ですから少し妙な図文になったり、銘文が理にかなっていない物もあるのですが、それまでに携わったことのないような工人が真似をしながら作っているという状況が考えられます。おそらく大修築を契機に、それまでたとえば弩を作っていた工人とか鏡を作ったことのない工人などを含めて徴発されて、正当な図文はわからないから、手近な鏡からデザインを借用して作るといった魏の鏡作りが生まれたのではないでしょうか。二三五年以降は人材不足といいますか、熟練工人でない人達も集めて作らなければいけないという状況の中で作られたのが、三角縁神獣鏡なのであって、もし熟練工人が沢山いて関わったのなら画文帯神獣鏡のような精緻な鏡を揃えることもできたのではないかと思います。その一部が和泉黄金塚古墳の景初三年画文帯神獣鏡ですが、神原神社古墳景初三年三角縁神獣鏡になると、内区は画文帯神獣鏡のそれを踏襲していても外区は鋸歯文と複波文の単純な図形に早くも簡素化している。そしてさらに簡素化して定形化した三角縁神獣鏡が銅鏡百枚の殆どであったというふうに理解しています。どういうふうに銅鏡百枚を調達したのかということは色々意見のあるところで、以上のことは一つの仮説としてご理解頂ければと思います。

来村　有難うございます。

石野　倭人伝の銅鏡百枚に付いては、徹夜しても中々終らないものだと思います。そろそろ時間も迫ってきましたので、この辺りで全般の課題に付いて、邪馬台国シンポジウムの最後の会ですので一言ずつコメントをいただきたいと思います。森岡さんからお願いします。

森岡　一七回全部参加しました、順番までは覚えていませんが、近江と大和との関係論が一番最初だったと思います。最近、この近江と大和を最初に比較されたのが良かったなと思っています。何故かと言えば、近江という所は近畿地方ではかなり土器も異なり、東山道の端ですし、随分違和感を抱いた時期がありましたが、現在私の研究の中では、近江の受口口縁の土器とか近畿地方の中枢部のタタキの土器という言い方を止めて、近江の受口甕も東海のS字甕、タタキ甕も基本的には大枠組の大様式としては一緒に考えています。例えば、高坏とか鉢とか器台などでは弥生時代の後期辺りから継承されている物は変わらず、甕などの顔つきが違うわけで、それをこれまで明確に分け過ぎたのです。そのグレーゾーンの部分を都出比呂志さんが随分考えて頂いたわけですけれども、佐原真さんは琵琶湖地方の様式ということで、畿内様式と琵琶湖様式という分け方で『弥生式土器集成』ではきれいに分割して土器の研究を逆に少し距離を置いてしまった、という反省点があります。私なども分けて考えるということに陥ります。やはり邪馬台国の問題は、この三つの土器の統合の中で考えて行かないといけないということになります。大きな様式になりますけれども、叩き様式、受け口様式、S字甕の祖形様式、互いに関係性ある始まりを示す様式ということになります。それ以外のところは、より違うと言う認識をしていますので、私の畿内大和説と言いますか、土器に先ず起点があって、中国の地理観、歴史観、中国皇帝の外国に対する眼というものが、これは西域の大月氏を含めた朝貢国と一緒で東も西も、北も南も同じように距離感を持っています。それが一万二千里とか一万数千里というような遠方の距離感がありますが、それを念頭に置くと、定規やコンパスを使うような細かい計算は、私は一〇年ほど前から止めてしまっている、ということをこの際強調しておきたいと思います。そういうお話しをしたと思います。まとめにはなりませんが、北海道とか沖縄に入ることはなかったのは多分、弥生文化圏から外には出なかったと思います。この会計十七回は弥生文化の範囲を出ることはなく、邪馬台国は日本列島の中でもある程度端を考えながら、今日は一番遠い中国河南省の洛陽に辿り着いたということで意味があり、本当に良い機会になったと思います。私としては十八回目が是非あって欲しいな、というのを最後の言葉としたいと思います。

石野　何処かであるでしょう（笑い）。

森岡　長い伝統も築いてきたシンポです。あればと思います。

石野　では井上さんお願いします。

井上　私はシンポジウムでは前回の第一六回と今回の二回お話しさせていただきました。その中で、邪馬台国時代の狗邪韓国ということで、朝鮮半島の中でも狗邪韓国から帯方郡に行くまでのルートとしては南海岸を通って行ったと仮定して、馬韓の諸国とかソウル近郊とかで、今後倭と関係するような遺物が出ないかと期待しているところです。

その一方で質問したかったことがありました。それは高久さんがスライドで特に馬形帯鉤について、内陸路を想定されて、沿岸航路というのは危険で、恐らく中世等の沈没船などをイメージされたというお話しだったと思うのですが、陸路の可能性もどういう方法で、どういう遺物で考えるのかということも今後考えてみたいなと思いました。大変良い機会でした。

石野　それでは藤井さん、お願いします。

藤井　今日、私は中国の話しを少しだけさせていただきました。来村さんがいらっしゃるのに、今回私にも声をかけていただいて大変ありがたく思っております。私は特に長江流域を中心に研究していますので、文献上にはあまり表れてこないところですが、そちら側からも日本の古墳時代との交流というのは考えていきたいと思っております。

中国の話はそれだけなのですが、邪馬台国という話題で本日話しが行われましたが、せっかく名古屋から来たので一言申し上げたいと思います。濃尾平野を狗奴国というのはやめてほしいということであります（笑い）。これは私の個人的な思いです。

石野　福永さん、お願いします。

福永　今回で一七回目ということで、シンポジウムの資料集のデザインはずっと一貫していて統一感があって、私どもの研究室の書棚にも二〇センチ以上の厚みを取って置いてありまして、あのシンポジウムの資料はあそことというふうに条件反射で手が伸びるようになっています。同じフォントの背文字がずらりと並んでいるのを見ると、この素晴らしい研究会を、市民の皆さん方の力を石野さんがうまくまとめてこの二上山博物館の場で続けて来られたことは、これは学史に深く刻まれるものではないかと思います。

私は参加者としては、五回くらいは参加して、一度摂河泉の墳丘墓をテーマとした時に発表させてもらったこともあるのですけれども、この十数年間の間に随分この時期、邪馬台国時代の研究が進んだなと実感しています。かつて田中琢さんが庄内式を提唱された時は、その時期の内実はどういうものか実態が良くわからない段階での提唱であったのですけれども、今やそれが数十年或いは百年近くの継続期間をもっていて、その間にいくつかの段階もあって日本列島が国家形成に向かう大事な時期だということを実感できるまでになったのはすごい研究の進展だと思います。東アジアレベルでそういう議論ができるようになったのも非常に素晴らしいことです。私はもう定年が近いので、後は若い方に託してボチボチと研究を進めて行っていけたら良いと思います。

最後に一つだけ、最近私は大阪の百舌鳥・古市古墳群の世界遺産登録のお手伝いをしていて、その関係で海外の研究者と色々議論するのですが、二八〇メートルもある箸墓古墳の出現を正しく評価しないと世界では通用しないぞと、よく言われます。纒向石塚も重要でしょうけれどもやはり世界という目で見た時に巨大な箸墓古墳の築造をどのように評価するかということは、これからの日本考古学に課せられた大きな課題であるし、東アジアとのつながりでいうと親魏倭王卑弥呼に制詔されたことが、ヤマト政権の成立にとってどんな意味をもっていたのかという点も考古学側からもしっかり押さえておかなくてはいけないだろうと思います。

石野 どうも有難うございます。では、久住さんお願いします。

久住 言い忘れましたのですが、私は何故、邪馬台国が九州ではない、かということを言っておりませんでしたので申し上げます。

伊都国、奴国という凄い国、地域がありまして、邪馬台国というのは少なくともそれに肩を並べるか、それに影響力を及ぼすような国でないといけないのではないかということになるのですが、しかし九州の他の国というのは伊都国、奴国の影響下にあると考えております。佐賀平野とかその他にも地域勢力はありますけれども、そこまで伊都国、奴国ほどの勢力はないわけです。

ところが庄内式並行期に、纒向も最初の頃はそれほどでもないと思っているのですが、纒向2式の中頃以降になりますと（纒向石塚が庄内2式）、大きな古墳が造られ始めてきて、それは那珂八幡古墳よりも大きいわけです。そうなるとやはり邪馬台国は倭国の都として纒向が造られて、私は東遷説の様なことを考えておりますが、そういう風に考えた方が良いのではないかと思います。

ただ、平原というのは特別ですので、平原については、柳田康雄さんとか最近は南健太郎さんとか、私もそうなのですが、実は新しいということになると漢鏡7期（二世紀後半〜高期末）相当の「倣古」鏡群になります（柳田さんはその時期の「仿製」説ですが）。画文帯神獣鏡はないけれども方格規矩鏡の後漢の中での復古鏡みたたいなものが作られて平原にあるいるということになると「漢鏡7期」

の分布が変わってしまうのです。そうするとあれは（ある時期の）「倭の女王」でよいのではないかということになりますので、そうなると「卑弥呼」というのは何人かいたのではないかという結論になります。

それと箸墓なのですが、二四七年頃に作られたとするのは年代観的に少し厳しい。これに対して、福永さんは微妙な言い回しではっきりとは発言されていませんでした。福永さんの暦年代観の表が発表で出てきましたが、布留0式が二六〇年頃からということになっていたので、それだと箸墓の年代は卑弥呼とは違うことになってしまうのですが、一方で卑弥呼の墓は箸墓とも言っていましたね。でも先ほど言いましたように寺沢さんの整理によると、箸墓古墳は布留0式古相の中で造り始めて、布留0式の新相の直前に完成したとなると、やはり卑弥呼の墓とするには少し難しいのではないかなと思います。

それから、すみません、たくさん言いまして二言、三言では終わらないですね。それから狗奴国につきましては、今回、肥後の話は討論では全く出てきませんでけれど、今回、狗奴国は肥後とする説を申し上げました。この時期（弥生終末期頃）、物凄い集落が多くあります。まぁ、鉄器の量はもの凄くあります。技術的には北部九州よりやや劣りますが、量は凄いです。

しかも戦時体制下のように環濠集落があって、鉄鏃がたくさん出るというような状況でありまして、私が言いましたように難升米というのが奴国の人間で、それまで伊都国の勢力と（瀬戸内から）東方の勢力との間を取り持つように立ちまわっている人物として重要人物だったとすれば、肥後の狗奴国と争っていたとして、魏の軍旗＝黄幢をもらって来たのは難升米ですから、それを持って肥後に対峙していたと考えると面白いのではないかと思っています。

それから翡翠ですが、先ほど井上さんが、桜井茶臼山古墳以前は畿内にないと言われましたが、一応あることはありますね。京都府の芝ヶ原古墳とか唐古・鍵にありますね。ただ、翡翠の勾玉というのは、弥生時代中期から後期に唐津（＝末盧国）あたりで古墳時代につながる形式の系譜を作っているのではないかということが判ってきて参りまして、さらに古墳前期前半にはまだ北部九州には多いのです（確かに畿内はまだ少ない）。（翡翠は魏への献上品にもあるとされるので）そうすると倭国の外交団のトップに北部九州のリーダーになった奴国の人間が関わっていたら整合するのではないかということです。

それと、「東遷説」への批判で言われる、ヤマトの土器は、北部九州は関係ないのではないかということについてですが、その理由については、トップ（王族）だけが移ったという仮説で説明できます。たとえば、楯築からヤマトに遷ったとする説もありますが、吉備の日常土器はそれほど移っていないということをどうするのか。さらに、森岡さんは土器からは難しいと言われたのですが、「原倭国」が近江とする森岡説だと、何故纒向に近江系の受口口縁土器が流行らないのでしょうかね。

その辺も疑問でして、他の地域からヤマトへの強い影響や王権移動を考えるとやっぱりどこでも同じようになってしまうので（北部九州だけをダメとは言えない）、倭王を列島全体で共立したとか倭国、列島の東の方まで含めた広域の交易ネットワークとか諸国の関係の上での倭国の都としての邪馬台国あるいは、倭国の成立を考える場合にはもっと高レベルの事象を考えて置く方が良いのではないかというのが私の主張です。

石野　では、高久さん。

高久　今回、このシンポジウムに初めて参加させていただきまして、とても光栄に思います。私が担当した楽浪・帯方郡地域は、現在の朝鮮民主主義人民共和国ですので、実は最新資料がほとんど手に入らない地域なのです。しかし、非常に重要な地域ですので、楽浪・帯方郡地域がブラックボックスのようになってしまってはいけないと思っています。

三世紀という時期は、国際関係のバランスが重要な時期であるので、周辺地域の状況から楽浪・帯方郡の実態を把握できるのではないかと模索しています。先ほど、井上さんから朝鮮半島の内陸ルートのお話が出ました。もちろん、『三国志』魏志倭人伝には西海岸のルートが記されていますが、この内陸ルートというのも無視できないと思っています。

内陸ルートについては、李成市先生も「朝鮮半島の仮想交通軸」として早くから着目しておられました、弥生時代中期の北部九州の甕棺墓から出土している多数の前漢鏡も、おそらくこの内陸ルートを通って、弁辰韓地域を経て北部九州にもたらされた可能性があるのではないかと考えられます。邪馬台国の卑弥呼による遣使もおそらくこのルートを利用した可能性があるのではないかと思います。

石野　では、来村さんどうぞ。

来村　一七回目にして初めて出て参りましたが、あたかも噛犬のような存在でしたね。福永さんに噛みついたのはあくまでも会場を沸かせるためで（笑い）して、個人的な恨みは全然ありませんのでお許しください。難升米と都市牛利が最初に行って、二つの銀印を貰っています。それから八人が行き、その次には二〇人が行っています。いずれも銀印を貰っています。全部合わせて三〇個、それに卑弥呼さんと壱与さんがそれぞれ金印一個、合計三二個のハンコが日本にあります。いずれ何処かで出てくるのではないかと思っています。みなさん期待しましょう。と、いうことです。

石野　親魏倭王の印の印影は藤貞幹『好古日録』のものが有名です。中々解決の着かない、そして楽しく議論できる物の一つが邪馬台国問題だろうと思います。

私はここ数年、邪馬台国は何処にあってもいいというような言い方をよくします。邪馬台国が三世紀の日本列島の何処かにあるという前提で考えれば、各地域の政治、文化を比較して行けば良いのだろう、と。三世紀の日本列島で全長一〇〇メートルクラスの古墳が集中しているのが大和です。だから邪馬台国が何処にあろうが大きな墓を造った、大きな墓を造るのがそんなに偉いのかという人が居ても良いのかもしれませんが、大きな墓を造り、それに伴う文物を持っている点ではやはり大和なのだろうと思います。

そう言いながら一七年間も邪馬台国シンポを続けてきたのは、やっぱり多くの考え方を聞いておかなければいけないだろう、勉強しておかなければいけないと考えました。それぞれの地域に三世紀段階のそれぞれの文化がある、それは当然です。そういう文化をある時期に誰がどういう風に統合して行ったのかという点では、これから各地域、或いは日本列島、東アジアの中で検討して行けば良いと思います。

二上山博物館の史遊会が一つのテーマとして一七年間やってきましたが、これで邪馬台国シンポジウムは終ります。来年から何処かで引き継いで検討して行こうという所があれば大いに歓迎ですし、或いは一〇年、二〇年経ってから、少し間を置いて、資料を整理し直して、再び遣ろうかというのが出てくるのもまた楽しいと思います。

日本列島の初期のクニと呼ばれる地域が何時どのようにして生まれてきたのかというのはやはり大事なテーマであり楽しいテーマでありますので、皆さんの中でも大いに頑張ってもらえたらと思います。ということで本日、午前中から今迄有難うございました。会場の皆さん、発表者のみなさんどうも有難うございました。これで終わります。（拍手）

あとがき
――ヤマトからの邪馬台国シンポジウムを終えて――

二〇〇一年から始めた奈良県香芝市二上山博物館の邪馬台国シンポジウムは、二〇一七年の「魏都・洛陽から『親魏倭王』印の旅」として終結することとした。終結に当り、七名の論者と一名の誌上参加を得て本書を構成することができた。

来村多加史さんには魏・呉・蜀三国時代の魏都・洛陽に突然到来した倭使一行への対応を、高久健二さんには朝鮮半島の楽浪郡と帯方郡と倭との交流状況を、それぞれ語っていただいた。

そして、久住猛雄さんには海路・半島と通ずる北部九州・チクシと半島のクニグニとの交流関係を、福永伸哉さんには三世紀の中国鏡を通じての日・中・韓関係を要約していただいた。

そのうえ、シンポジウム当日が近ずぃてから急遽お願いした藤井康隆・井上主税・森岡秀人さんら三名の方々には、倭からみた中・韓の状況を寄稿いただき、対談にも加わっていただいた。さらに、当日参加できなかった東　潮さんには、早くに朝鮮考古学の立場から原稿を寄せていただいた。

二上山博物館による「邪馬台国時代の〇〇と大和」は、近江から始まった。たまたま一九九八年から二〇〇〇年にかけて滋賀県の高月町小松古墳（現、長浜市）や能登川町神郷亀塚古墳（現、東近江市）、新旭町熊野本古墳群（現、高島市）などで三世紀の邪馬台国時代に係わる古墳群の調査が行われ、現地を見学した。それを契機に、調査関係者に集まっていただいて始めたのが、一七年間に及ぶ邪馬台国シンポジウムの始まりだった（表）。

当初、二上山博物館には予算がなく、博物館友の会のふたかみ史遊会会長の矢野達生さんと相談し、史遊会と博物館共催で行うこととなった。共催といっても、講師謝金から資料集作成経費まですべて史遊会で、その上、当日の受付から会場設営・整理まで史遊会役員の方々をはじめ多くの会員の努力による。

第一回シンポジウムから発表者の協力があって資料集を事前に作成していたが、討論の成果を含めて本にしたのは出版社の要請もあった第五回の〝ツクシとヤマト〟が最初で、以下七冊を刊行した。今となっては、すべての討議記録と関連資料を刊行していないのが惜しい。

とくに要請が多いのは、吉備・出雲と摂津・河内・和泉だが、私としては、関東・甲・信・越と〝みちのく〟が類書が少なく、期待にこたえたいところだ。とくに〝みちのく〟では、宮城県名取市野田山遺跡の近畿系纒向甕の完形品や石巻市新金沼遺跡の東海系S字甕と北海道系後北C２・D式土器の共伴、会津盆地の北陸系土器主体集落と古墳など、邪馬台国に関心の深い方々には見逃せない資料が一部の研究者にしか広まっていない。

本シリーズでは、〝邪馬台国はどこか〟ではなく、三世紀の日本列島各地に存在した独自の地域文化を各地の研究者の協力を得て描き出すことを目的とした。残した課題は、弥生時代末から古墳時代初頭の〝筑紫と出雲〟〝越と濃・尾・勢〟〝北信濃と毛野〟〝房総と陸奥〟などなど、大和を介しない三世紀の地域間交流がある。

それぞれ、各地域の研究者間で一層進めていただくことを期待しよう。

二〇一九年八月　吉日

石野博信

ふたかみ邪馬台国シンポジウム開催記録

回	テーマ	開催年月日	発表者（誌上参加者）	資料集編集	資料集発行	成果刊行
1	邪馬台国時代の近江と大和	二〇〇一年七月一日	石野博進・植田文雄・横井川博之・黒坂英樹・近藤広・青木勘時・橋本輝彦・萱谷文則・赤塚次郎・寺沢薫・森岡秀人	二上山博物館	ふたかみ史遊会	
2	邪馬台国時代の吉備と大和	二〇〇二年七月一三・一四日	石野博信・秋山浩三・青木勘時・亀山行雄・合田茂伸・合田幸美・清喜裕二・安川　満・松木武彦・寺沢　薫・高橋　護・（小柴治子）	二上山博物館	ふたかみ史遊会	
3	邪馬台国時代の出雲と大和	二〇〇三年七月五・六日	石野博信・湯村　功・中川　寧・米田敏幸・岡林孝作・森岡秀人・豊岡卓之・宇垣匡雄・渡辺貞幸・（青木勘時）	二上山博物館	ふたかみ史遊会	
4	邪馬台国時代の越と大和	二〇〇四年七月二四・二五日	石野博信・岡本淳一郎・北林雅康・古川　登・田嶋明人・橋本博文・橋本澄夫・橋本輝彦・市村慎太郎・寺沢薫・（堀　大介・青木勘時・山川　均）	二上山博物館	ふたかみ史遊会	
5	邪馬台国時代の筑紫と大和	二〇〇五年七月一七・一八日	石野博信・武末純一・常松幹雄・柳田康雄・寺沢　薫・村上恭通・森岡秀人・高島忠平・山尾幸久・（青木勘時・久住猛雄）	二上山博物館	香芝市教育委員会	学生社・二〇〇六年
6	邪馬台国時代の阿波・讃岐・播磨と大和	二〇〇六年一〇月一四・一五日	石野博信・森岡秀人・山田隆一・岸本道昭・大久保徹也・菅原康夫・岸本直文（林田真典・森　清治・的崎薫）	二上山博物館	香芝市教育委員会	学生社・二〇一一年
7	邪馬台国時代の丹波・丹後・但馬と大和	二〇〇八年一月二五・二六日台風により延期開催	石野博信・高野陽子・山本三郎・石崎善久・瀬戸谷晧・小山田宏一・杉原和雄・寺沢　薫・（青木勘時・小池香津江）	二上山博物館	香芝市教育委員会	学生社・二〇一一年

8	邪馬台国時代の摂津・河内・和泉と大和	二〇〇八年七月二〇・二一日	石野博信・西村　歩・豊岡卓之・森岡秀人・森下章司・米田敏幸・福永伸哉・（松宮昌樹）	二上山博物館	香芝市教育委員会	
9	邪馬台国時代の西部瀬戸内と近畿	二〇〇九年七月一九・二〇日	石野博信・田端直彦・田中裕介・梅木謙一・橋本輝彦・苅谷俊介・古瀬清秀	二上山博物館	香芝市教育委員会	
10	邪馬台国時代の東海と近畿	二〇一〇年七月一八・一九日	石野博信・松宮昌樹・和氣清章・赤塚次郎・辰巳和弘・寺沢　薫・（高尾好之・山本恵一・渡井英誉）	二上山博物館	香芝市教育委員会	学生社・二〇一二年
11	邪馬台国時代の南九州と近畿	二〇一一年七月一七・一八日	石野博信・中園　聡・北郷泰道・村上恭通・柳沢一男・森岡秀人	ふたかみ史遊会	ふたかみ史遊会	
12	結集　邪馬台国時代のクニグニ	二〇一二年七月一五・一六日	石野博信・高橋浩二・赤塚次郎・高野陽子・武末純一・寺沢　薫・村上恭通・松木武彦・仁藤敦史・天野幸弘	ふたかみ史遊会	ふたかみ史遊会	青垣出版・二〇一四年
13	邪馬台国時代の関東と近畿	二〇一三年七月一四・一五日	石野博信・深澤敦仁・大村　直・西川修一・比田井克仁・赤塚次郎・森岡秀人	ふたかみ史遊会	ふたかみ史遊会	青垣出版・二〇一五年
14	邪馬台国時代の甲・信と大和	二〇一四年七月二〇・二一日	石野博信・廣田和穂・直井雅尚・小林健二・赤塚次郎・三木　弘・笹澤　浩	ふたかみ史遊会	ふたかみ史遊会	
15	邪馬台国時代の〝みちのく〟と大和	二〇一五年七月一九・二〇日	石野博信・青山博樹・吉田博行・植松暁彦・辻　秀人・阿部明彦・赤塚次郎・（青柳賢治・芳賀英美）	ふたかみ史遊会	ふたかみ史遊会	
16	邪馬台国時代の狗邪韓国と対馬・壱岐	二〇一六年七月一七・一八日	石野博信・井上主税・川上洋一・古澤義久・俵　寛司・（橋本輝彦）	ふたかみ史遊会	ふたかみ史遊会	
17	魏都・洛陽から『親魏倭王』印の旅―楽浪・帯方・三韓から邪馬台国へ―	二〇一七年三月二五日	石野博信・来村多加史・高久健二・久住猛雄・福永伸哉・藤井康隆・井上主税・森岡秀人・（東　潮）	ふたかみ史遊会	ふたかみ史遊会	雄山閣・二〇一九年

本書は、二〇一七年三月二五日に行われた、ふたかみ邪馬台国シンポジウム17『総別シンポジウム』「魏都・洛陽から『親魏倭王』印の旅―楽浪・帯方・三韓から邪馬台国へ―」の講演及びシンポジウムを編集・加筆したものである。

［編者略歴］

石野博信（いしの　ひろのぶ）

一九三三年宮城県に生まれる。

関西学院大学文学部卒業。関西大学大学院修了後、兵庫県教育委員会、奈良県立橿原考古学研究所部長、同研究所副所長兼附属博物館館長、徳島文理大学教授、香芝市二上山博物館館長、兵庫県立考古博物館館長などを歴任、現在、奈良県立橿原考古学研究所研究嘱託、兵庫県立考古博物館名誉館長。

主な著書は『古墳文化出現期の研究』『古代近畿と東西交流』『邪馬台国と古墳』『対論　銅鐸』『古代葛城とヤマト政権』『唐古・鍵遺跡の考古学』『大和・纒向遺跡』『古代の海の道』（以上学生社）、『古代大和へ、考古学の旅人』『全国古墳編年集成』『古墳時代史』『古墳時代を考える』（以上雄山閣）、『日本原始・古代住居の研究』『邪馬台国の考古学』『邪馬台国の候補地』など（編共著を含む）多数がある。

【執筆者紹介】

石野　博信　編者略歴参照。

東　　潮　一九四六年生まれ。徳島大学名誉教授

井上　主税　一九七二年生まれ。関西大学准教授（シンポジウム当時・奈良県立橿原考古学研究所）

来村多加史　一九五八年生まれ。阪南大学教授

久住　猛雄　一九六九年生まれ。福岡市経済観光文化局埋蔵文化財課

高久　健二　一九六七年生まれ。専修大学教授

福永　伸哉　一九五九年生まれ。大阪大学教授

藤井　康隆　一九七五年生まれ。名古屋市博物館学芸課

森岡　秀人　一九五二年生まれ。関西大学非常勤講師、古代学研究会代表

2019年 10 月25日　初版発行　《検印省略》

魏《ぎ》都《と》・洛陽《らくよう》から倭《わ》都《と》・邪《や》馬《ま》台《たい》国《こく》へ

—『親《しん》魏《ぎ》倭《わ》王《おう》』印《いん》の旅《たび》—

編著者　石野博信
発行者　宮田哲男
発行所　株式会社 雄山閣
〒 102-0071　東京都千代田区富士見 2-6-9
ＴＥＬ　03-3262-3231 / ＦＡＸ　03-3262-6938
ＵＲＬ　http://www.yuzankaku.co.jp
e-mail　info@yuzankaku.co.jp
振　替：00130-5-1685
印刷・製本　株式会社ティーケー出版印刷

ISBN978-4-639-02689-1 C0021
N.D.C.210　256p　19cm